CARL HERTZER

Drei Jahre China
Zuhause in einem fremden Land

Carl Hertzer

Drei Jahre China

Zuhause in einem fremden Land

Wenn der Wind der Veränderung weht,
bauen die einen Mauern und die anderen Windmühlen.

Chinesisches Sprichwort

EINLEITUNG

Um ein Mann zu sein, muss man einen Baum gepflanzt, einen Sohn gezeugt und ein Buch geschrieben haben, heißt es bei uns. Andere Kulturen legen andere Maßstäbe an. In China muss man auf der Chinesischen Mauer gewesen sein, und in Malaysia heißt es, dass man geheiratet haben muss, um eben dieser Mann zu sein. Da haben wir schon den ersten Unterschied in den Kulturen.

Natürlich ist ein alter Spruch nicht Grund allein für mich gewesen, dieses Buch zu schreiben.

In Asien leben über 60% der Weltbevölkerung, und der Kontinent wird in seiner Bedeutung für die Welt immer wichtiger. Viele Strömungen kommen und kamen schon immer aus dieser Region. Wir bewundern oft die Gelassenheit der Asiaten, die Weisheit. Uns fasziniert östliche Philosophie auch als Hilfe bei der Suche nach uns selbst. Wir glauben manchmal, dass die Menschen im Osten eher den Weg zum Lebensglück gefunden haben als wir hier im Westen. Von Konfuzius haben wir alle schon mal gehört. Allerdings spotten wir auch über die „Asiaten", wenn sie in Heerscharen knipsend in München, Heidelberg oder Rothenburg ob der Tauber einfallen und ihren Stadtführern mit Schirm oder Fähnchen hinterherrennen. Und manchmal sehen wir Asien als Bedrohung, haben Angst vor einer Weltmacht China oder dass alle unsere Arbeitsplätze dorthin verschwinden.

Es sind jedoch immer nur kurze Momente der Begegnung mit den Menschen oder den Themen Asiens. Im Grunde wissen wir wenig und verstehen noch weniger vom eigentlichen Leben dort.

Wir machten uns auf, um in dieser fremden Welt zu leben, sie kennenzulernen und zu verstehen. Mein Beruf führte mich dorthin. „Wir" sind eine vierköpfige Familie, die beiden Kinder zum Zeitpunkt der Abreise sechs und sieben Jahre alt. Der Auslandsaufenthalt sollte in etwa drei Jahre dauern, dass es einmal sieben Jahre in Asien werden würden, drei Jahre China und vier Jahre Malaysia und Südostasien, wussten wir damals selber nicht und hätten es vermutlich nicht geglaubt.

Auf den nächsten Seiten werde ich erzählen, was wir erlebt haben, wie es uns erging in diesem fremdartigen, aber so faszinierenden Land China. Vielleicht stehen Sie auch einmal vor der Entscheidung, nach Asien zu ziehen und wissen dann ein wenig mehr darüber, was Sie dort erwarten kann.

Mein Interesse gilt dem Reisen und dem Interkulturellen, weshalb die Berichte unserer Fahrten durch China einen großen Teil dieses Buches einnehmen. Wir haben viele Gegenden besucht, die nicht Bestandteil der Standardtour durch China sind, nicht einmal der großen. Allerdings entdeckt man gerade in Gegenden wie der Seidenstraße, Tibet oder Yunnan die große Diversität dieses Landes, und auf diesen Touren haben sich für uns viele Merkmale des chinesischen Lebens erschlossen. Es würde mich freuen, wenn die Darstellungen Sie zu ähnlichen Expeditionen verleiten.

Ich schildere in diesem Buch unsere Erlebnisse als Familie. Das muss nicht zwangsläufig allgemeingültig sein, ist es häufig allerdings doch, und Gott sei Dank war es oft amüsant, und das möchte ich Ihnen nicht vorenthalten. Manche Dinge gehen mit Humor einfach leichter, und das gilt ebenfalls für das Lesen dieses Buches. Mir ist wichtig, Sie nicht nur über dieses faszinierende Land zu informieren, sondern Sie dabei auch zu unterhalten.

Ziel der nächsten Seiten ist es nicht, einen Reiseführer mit exakten Daten zu liefern, denn unsere Ausreise liegt jetzt schon einige

Jahre zurück. In dem dynamischen Umfeld Asiens ändern sich die Dinge schnell, von daher mag einiges nicht mehr ganz so sein, wie wir es damals kennengelernt haben. Mir lag es jedoch am Herzen, genau das zu beschreiben, was wir erlebten.

Dieses Buch befasst sich ausschließlich mit unseren Jahren in China. Zu einem späteren Zeitpunkt werde ich von unserer Zeit in Malaysia und Südostasien berichten. Die Jahre in Asien haben mir nicht nur das Leben dort nähergebracht, sondern ich habe durch den Blick von außen bei manchen Sachen in Deutschland erst verstanden, warum sie bei uns so sind, wie sie sind. Und natürlich hat diese Zeit mich und mein Denken verändert.

Erleben Sie mit mir meine bisher eindrucksvollsten Lebensjahre.

ÜBERSICHTSKARTE CHINA

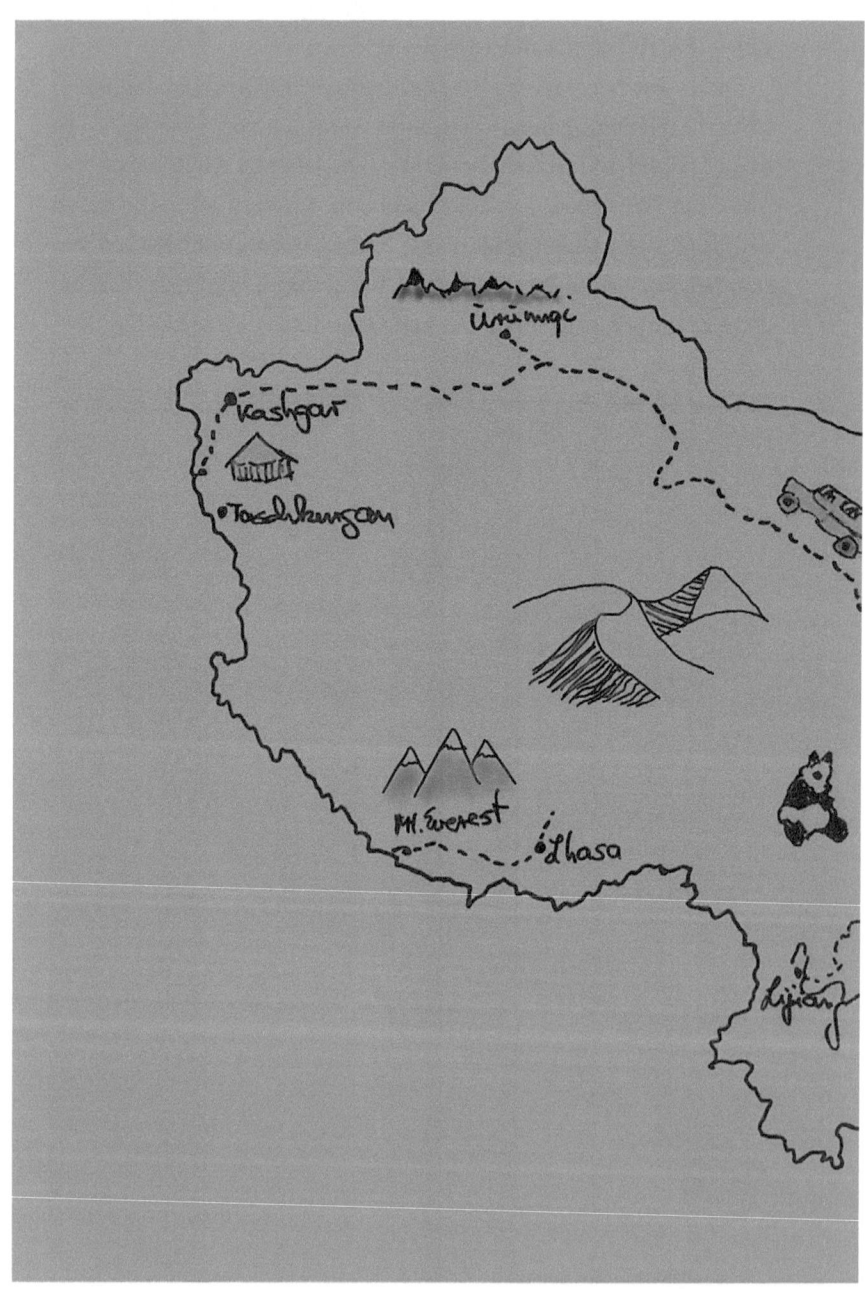

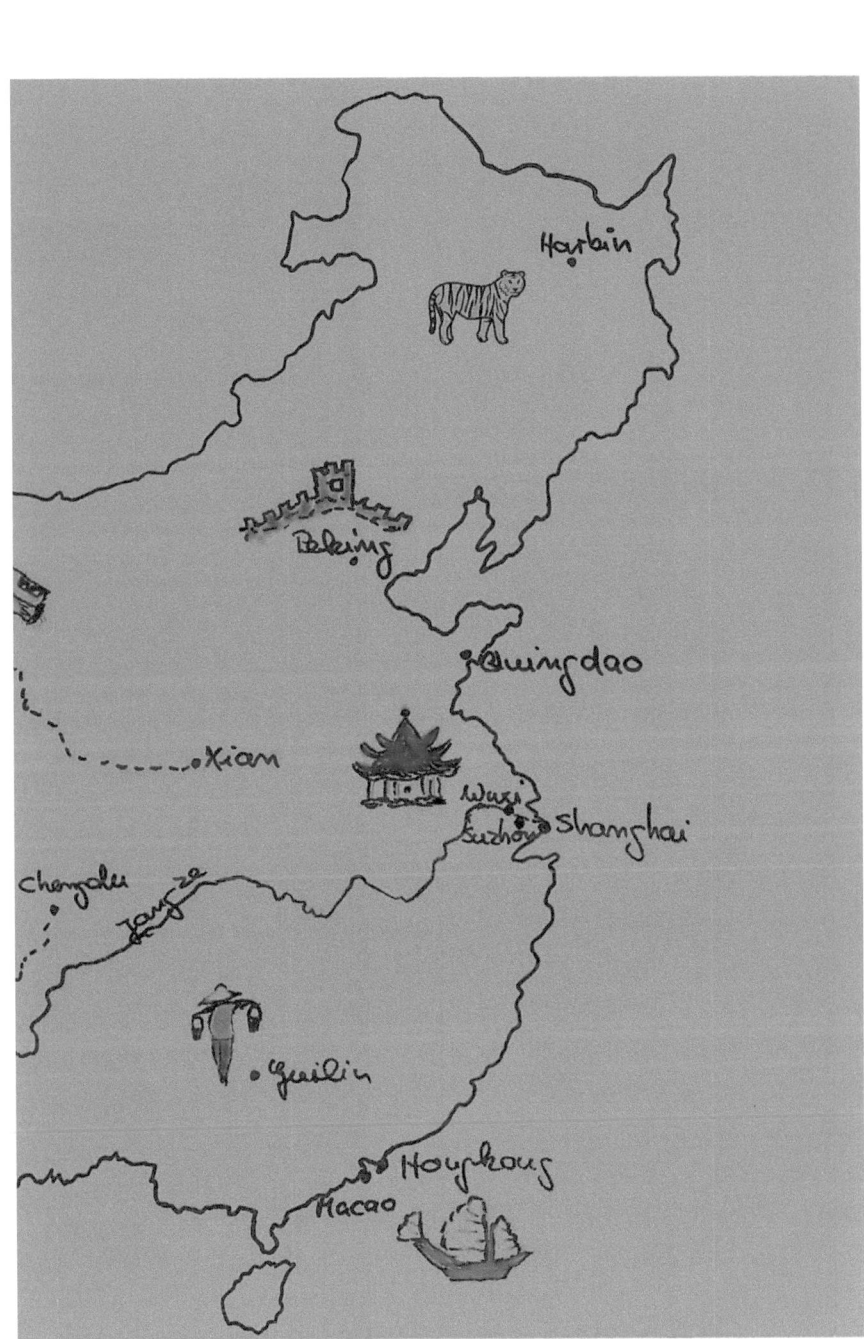

Teil 1
In der neuen Heimat

ANKOMMEN

1. Abflug

Der Wagen voll bis unters Dach. Klar, wir wandern aus, verlassen Deutschland für ein paar Jahre, da kommt schon eine Menge Gepäck zusammen. Ich arbeite für ein großes deutsches Unternehmen und habe einen Job im Ausland angetreten. In China. Ich bin Anfang 40, mittelgroß, mittel-schlank, die Haare haben beschlossen, auszufallen, statt grau zu werden. Ich habe ein Allerweltsgesicht; das ist gut, wenn man nicht wiedererkannt werden will, allerdings blöd, wenn man sich das dritte Mal derselben Person innerhalb von zwei Wochen vorstellt. Im Grunde bin ich sehr durchschnittlich. Manche halten mich für eine graue Maus. Würde man zehn Leute fragen, welchen Beruf sie mir zutrauen, würden sieben garantiert auf Buchhalter tippen und die anderen drei auf Verwalter eines Archivs.

Ganz anders Anne, meine Frau. Sie ist der Paradiesvogel. Mit dem Erkanntwerden hat sie keine Probleme. Noch nach Jahren wird sie mit „Ich kenne Sie doch" begrüßt. Sie ist 40, hat sehr hübsche und markante Züge, ihre Haare sind blond und kurz geschnitten und sie ist immer bereit für einen flotten Spruch und ein Gespräch. Sie ist zupackend und nicht etepetete. Wer das ist, sollte lieber nicht in den Flieger steigen, um in China ein paar Jahre zu verbringen. Abenteuerlustig ist sie, eine Eigenschaft, die sich auch hinter meiner grauen Fassade verbirgt und die viele überrascht. Und ein weiteres Talent bringt Anne mit, das in China äußerst nützlich ist und dort, dank der vielen Gelegenheiten, zur Perfektion entwickelt werden kann. Sie kann verhandeln wie keine zweite. Davon werden wir während unseres Aufenthalts noch oft profitieren.

Es ist meine erste Stelle im Ausland, allerdings habe ich ein Faible für fremde Kulturen und bin schon viel gereist. Das „Fremde" ist mir also nicht ganz fremd. Meine Frau ist aus ähnlichem Holz geschnitzt. Sie ist eine ehemalige Reiseleiterin. Als wir darüber gesprochen haben, eventuell nach China zu gehen, war sie erst neugierig und anschließend ganz aufgeregt. Sie geht mit viel Vorfreude in das neue Land.

Und dann sind da zwei, die wurden nicht so richtig gefragt. Sie haben Bücher in englischer Sprache bekommen, Spiele in Englisch und Kinderbücher über die Chinesische Mauer und einen chinesischen Kaiser. Wir haben ihnen Bilder gezeigt und es geschafft, dass auch sie gespannt mitgehen. Alena ist sieben und ein hübsches Mädchen. Lorenz ist sechs, ein kleiner Hänfling, ebenfalls blond, ziemlich süß und meist gut gelaunt.

„Drive-Through Check-in", ruft Anne, als wir den Flughafen München erreichen und deutet auf ein Schild, das zu einem Schalter draußen weist.

Gott sei Dank, denke ich. Ich hatte nämlich nicht unbedingt Lust, die ganzen schweren Koffer und Taschen auf Trolleys zu laden und durch den Flughafen zu schieben, während die Kinder vorne draufsitzen, abhauen, weinen oder andere kindertypische Sachen machen würden.

Also nichts wie hin an den Schalter, ein Geschenk Gottes. Ja, Deutschland verabschiedet sich standesgemäß.

„Ich mach' zu", brummt es hinter einem Bart hervor. Der Bart gehört zu einem Mann, der dort am Außenschalter steht und offensichtlich der Zuständige ist.

„Warum zu, was meinen Sie?", frage ich.

„Ja, zu. Da steht's: Schalter ist bis acht Uhr besetzt", kommt es im schönsten bayerischen Dialekt zurück.

„Ja, aber es ist doch erst zehn Minuten vor acht Uhr!"

„Bis wir fertig sind, ist es nach acht Uhr und ich habe Dienstschluss."

Das darf ja wohl nicht wahr sein. Da bin ich mit kleinen Kindern vor einem großen Schritt in meinem Leben, aufgeregt, ein bisschen müde, und der Typ erzählt mir, dass ich jetzt Sack und Pack durch den Flughafen schieben soll.

„Wir reisen aus, wir haben einen Haufen Sachen dabei, sehen Sie da auf den Wagen; Sie können nicht schließen!"

„Sage ich ja, viel zu viele Sachen, da werden wir nie bis um acht Uhr fertig. Gehen Sie zum Schalter sieben, ich mach zu." Sagt`s, geht und lässt uns einfach stehen.

„Danke München, danke Deutschland, dass du es uns einfach machst, zu gehen." Auch wenn nicht das ganze Land mit solchen Vollidioten bevölkert ist, erleichtert uns das den Abschied und gibt dem neuen Land gleich einen Bonuspunkt. Dass mir als Bayer dies ausgerechnet in Bayern passiert, kratzt etwas an meiner Ehre.

Die Abschiedsfeiern sind gefeiert, die Abschiedstränen sind geweint, jetzt am Flughafen sind nur noch meine Schwester, mein Schwager und meine Mutter für das finale Ade dabei. „Asiatisch oder bayerisch essen, zum Abschied?", ist die wirklich ernst gemeinte Frage meiner Schwester. Die Wahl ist klar und die Leberkäsesemmel schlecht. Weich und fettig. Kein netter Gruß zum Abschied aus Bayern.

Dann die Passkontrolle, die Flugsicherheit – und ein neuer Lebensabschnitt beginnt.

Rein in den Flieger.

„Ihre Bordkarten, bitte", flötet eine nette Stewardess. „Danke, bitte links zur Business Class." Ja, es geht komfortabel nach China. Die Firma lässt es sich einiges kosten, damit ihre Entsandten mit einem guten Gefühl in der neuen Heimat ankommen. Die Kinder waren schon Tage vorher aufgeregt und fühlen sich so richtig bedeutend, dass sie Business Class fliegen dürfen. Und so sitzen sie wie Prinz und Prinzessin in ihren großen Sitzen, fahren die Lehnen rauf und runter, schauen wichtig und sind absolut begeistert, ihren eigenen Fernseher für den ganzen Flug zu haben. Da hat das Zielland schon den nächsten Bonuspunkt gesammelt.

„Möchtet ihr etwas zu trinken?" Für die nette Stewardess ist es vermutlich eine Abwechslung, nicht nur Männer zu bedienen, die überheblich schauen, ernst sind oder rumbaggern, sondern mal ein paar kleine Gäste, die das Verwöhnprogramm absolut genießen. So verläuft der Flug für uns alle äußerst angenehm.

2. Ankunft in China

Gut geschlafen haben wir, und die Kinder sind fast enttäuscht, dass der Business Class-Aufenthalt schon vorbei ist. In Zukunft gibt es wieder Normalbehandlung.

Anne und ich kennen China schon. Vor der endgültigen Entscheidung, eine Auslandsstelle anzutreten, schickt einen die Firma zur sogenannten „Orientierungsreise". Dabei lernt man die Arbeitsumgebung kennen, aber, genauso wichtig, die Lebensumstände, die Schulen, mögliche Häuser oder Wohnungen, Einkaufsläden und Restaurants. Ein bisschen wird dabei ebenfalls die Werbetrommel gerührt, man möchte den Mitarbeiter ja in der Regel gewinnen. Die Reise bietet die Chance, dass eine der beiden Seiten sagen kann: „Na ja, das ist nicht das, was wir uns vorgestellt haben." Wir haben den Ausflug gemacht und uns danach auf diesen Aufenthalt sehr gefreut, da wir China dabei als äußerst spannendes, interessantes Land erlebt haben.

Ich hatte darüber hinaus im Anschluss weitere Möglichkeiten, China kennenzulernen. Meine Aufgabe ist es, in China eine neue Fertigung für Automobilteile aufzubauen. Dazu bin ich im Laufe des vergangenen Jahres bereits einige Male dort gewesen, um den Start der neuen Fabrik vorzubereiten und Personal einzustellen.

Für Anne und mich sind die Eindrücke bei unserer Ankunft also nicht ganz neu. Für die Kinder schon.

Wenn man in die USA einreist und an die Immigration kommt, stellt sich meist ein sehr beklemmendes Gefühl ein. „Wird er mich reinlassen?" – „Ob ich was Unerlaubtes dabeihabe?" – „Hoffentlich sage ich nichts Falsches." Umso mehr ist man von Grund auf bei der Einreise nach China befangen, wenn man an die Schalter der Passkontrolle tritt. Der Staat, der alles kontrolliert. Kommunistisch. Meine Großmutter lebte in der DDR, ich habe genügend Einreisen in einen kommunistischen Staat hinter mir, um mir eine gewisse Befangenheit erlauben zu dürfen.

Ni hao! (Guten Tag) – *Ni hao!* Wir haben eine Beamtin erwischt (an der DDR-Grenze waren das meist die schlimmsten, weil sie wohl beweisen wollten, noch bissiger, noch härter als die männlichen Kollegen zu sein). Sie blättert durch unseren Pass, findet das Visum und scannt den Pass ein. Die Kinder lächelt sie breit an (das wird uns künftig oft passieren, da Chinesen sehr kinderlieb sind und es ihnen ganz besonders westliche, blonde Kinder angetan haben). Anschließend stempelt sie alle Pässe, sagt: „Danke, auf Wiedersehen", lächelt erneut und wir dürfen einreisen. Es ist sogar ein Bewertungsknopf da, mit dem wir den Service beurteilen dürfen: *Smiley, neutral, frowny.* Das wäre mal ein Verbesserungsvorschlag für die deutsche Passkontrolle. In den kommenden Monaten und Jahren reise ich sehr oft ein und aus, und jedes Mal werde ich an der Immigration sehr freundlich behandelt.

Jetzt sind wir wirklich da. Wir laufen durch den Flughafen Shanghai, die Kinder ziehen die Handgepäckskoffer hinter sich her. Am Kofferband sind wir der absolute Spitzenreiter. Ich wünschte nur, das Band wäre ein Spielautomat. So viele Treffer: „Das ist auch unseres!" 15 Gepäckstücke und zwei vollbeladene

Wagen später geht es durch den Zoll (ebenfalls nur freundliche Beamte) und wir treten in die Halle, wir treten nach China ein.

Wie üblich empfangen uns Gewusel, Stimmengewirr, Gerüche und eine riesige, drängelnde Menschenmenge am Ausgang. Die meisten Leute warten dort mit Schildern in der Hand, auf denen Firmen- oder Hotelnamen oder nur die Namen von Ankommenden stehen. Die Mehrzahl der Reisenden sind Geschäftsleute. China entwickelte sich damals gerade endgültig für den Westen als Industrienation. Natürlich startete dieser Aufbruch bereits in den Achtzigerjahren mit der Wendung von Deng Xiaoping hin zur Wirtschaft. Zunächst wurden sogenannte Sonderwirtschaftszonen geschaffen, in denen besonders wirtschaftsfreundliche Rahmenbedingungen galten. Von dort breitete sich das Wachstum langsam auf andere Teile des Landes aus. Bei einer Kernspaltung würde man sagen: Die kritische Masse wurde erreicht, als Anfang des 21. Jahrhunderts eine exponentiell zunehmende Anzahl von westlichen Industriefirmen nach China zog und das Wirtschaftswachstum fast explodierte. Wer zuvor bei uns Sinologie studiert hatte, war ein ideologischer Spinner, danach war er ein gefeierter Star, um den sich die Wirtschaft riss. Und in dieser Zeit machte das Leben in China eine riesige Wandlung durch. Spricht man mit Expats (ausländische Mitarbeiter, die – wie ich – für eine begrenzte Zeit im Ausland arbeiten), die Ende der Neunzigerjahre in China waren, bekommt man das Bild gemalt, das lange in vielen Köpfen vorherrschte: fahrradfahrende Chinesen in Maokluft und Industrie, die ausschließlich zum Himmel stinkt, dreckige Straßen und seltsames Essen. Uns jedoch empfängt eine ganz andere Welt, dort, wo wir leben werden: in Suzhou. Hier ist sehr viel moderne Industrie angesiedelt und es gibt inzwischen viele westliche Annehmlichkeiten.

Auch für uns ist ein Schild dabei. Darauf steht unser und der Firmenname. Ein mittelgroßer, etwa dreißigjähriger Mann, schlank, wie die meisten Chinesen, mit Stoffhose, Hemd und

Jacke (ebenso typisch für den chinesischen Mann) hält es hoch. Als wir auf ihn zugehen, hebt er es noch etwas höher, und nach unserem zustimmenden Nicken lächelt er uns an. Sofort nimmt er einen der schwerbeladenen Wagen und grüßt: „*Ni hao*, willkommen in China."

Dies ist Mr. Li oder *Li xiansheng* (Herr Li), unser Fahrer für die nächsten Jahre. Zur Zeit unseres Aufenthaltes ist es üblich, dass Firmen in China den ausländischen Mitarbeitern Fahrer stellen, da der gerade beginnende Autoverkehr zu chaotisch, das Fahren zu unfallträchtig und zu gefährlich ist. Das wird sich später ändern, der Verkehr wird etwas zahmer werden und auch die meisten Expats werden selber fahren.

In China ist der Fahrer gleichzeitig eine der wichtigsten Bezugspersonen. In der Regel absolut ergeben (das sind in China allerdings die meisten der einem direkt unterstellten Personen), immer für einen da, dienend, unterstützend und verschwiegen. Verschwiegen sind im Übrigen die allerwenigsten Leute in China. Wer bisher glaubte, die Lichtgeschwindigkeit sei die schnellste Geschwindigkeit, der messe mal die Zeit, in der sich in China eine Neuigkeit ausbreitet. *Li xiansheng* zeigt sich als absolut freundlicher, immer helfender Mensch, dem wir sehr schnell Vertrauen schenken und dem Anne bald unsere Kinder auf Fahrten ohne Begleitung anvertrauen wird.

„Suzhou?", fragt Mr. Li.

„Ja, Suzhou", sage ich. *Li xiansheng* spricht kein Englisch und wir nur so viel Chinesisch, wie wir im Sprachkurs gelernt haben. Unsere erste gemeinsame Fahrt wird also nicht sehr kommunikativ. Wir beladen das Auto, einem koreanischen Minivan mit sieben Sitzen, und los geht es nach Suzhou, rund zwei Stunden vom Flughafen Pudong in Shanghai entfernt. Die Kinder haben wohl zu viele Filme geschaut und schlafen bald ein.

Da *Li xiansheng* um die schwachen Nerven der westlichen Besucher im Straßenverkehr weiß, fährt er für chinesische Verhältnisse sehr zurückhaltend. Links und rechts wird überholt, die sechsspurigen Zufahrten zur Mautstation werden auf 15 Spuren angefahren, mit rund drei Nanometern Abstand zur Seite und zum Vordermann, es wird gehupt und es wird geschnitten. Und trotzdem manövriert Mr. Li eher passiv durch den Verkehr und lässt auch mal, untypisch für den chinesischen Fahrer, andere Verkehrsteilnehmer vor.

Wir bewegen uns auf einem achtspurigen Autobahngürtel um Shanghai im Süden herum. Hohe moderne Wohnblocks säumen die Schnellstraße. Einmal macht es kurz „Zummmmm": Die Magnetschwebebahn, die den Flughafen Pudong mit der Messe Shanghai verbindet, ist an uns vorbeigeflogen. Gebäude mit Glasfassaden, Wohnanlagen mit römischen Säulen, monotone saubere Wohnblocks und auch ein paar alte Häuser ziehen an uns vorbei. Wir passieren meist normale Autos, hauptsächlich neue und größere Limousinen und nur wenige Kleinwagen, aber ebenso motorisierte Dreiräder oder einen total überladenen LKW, der auf der Überholspur mit 20 Stundenkilometern dahinkriecht.

Dann geht es aus Shanghai heraus, zunächst durch die industriellen Vororte, wie Anting, in dem VW zusammen mit dem chinesischen Unternehmen SAIC unter dem Namen „SVW" VWs herstellt. In genau derselben Stadt baut auch GM zusammen mit eben dieser SAIC unter dem Namen „SGM" GMs. Im Übrigen die zwei produktionsstärksten Automarken in China – und so viel zu eindeutigen, transparenten Strukturen in der chinesischen Wirtschaft.

Hinter diesen Vororten kommt ein wenig freies Land. Sehr flach ist es hier und mit viel Wasser durchzogen: Kanäle, kleine Tümpel und Seen. Zahlreiche Felder, auf denen vereinzelt Bretterhütten stehen. Dies ist eins der Dinge, die mich in China am meisten überrascht haben: Das Nebeneinander von absolut moderner Architektur und einfachen, etwas heruntergekommenen alten Häuschen, manchmal nur wenige Meter voneinander getrennt. In beiden Bereichen leben die Menschen zufrieden nebeneinander und miteinander.

Jetzt sehen wir wieder Häuser und Orte, diesmal die Vororte Suzhous, beispielsweise Kunshan, in dem inzwischen Shimano, der unangefochtene Weltmarktführer aus Japan für Fahrradschaltungsteile, einen Großteil seiner Produktion hat. Danach kommt unsere Ausfahrt (Suzhou Industrial Park). Zu diesem Zeitpunkt ist das Straßenschild noch rein in chinesischer Schrift, ein Jahr später wird es schon in Pinyin ergänzt sein. Pinyin ist die phonetische Umschrift der chinesischen Worte auf Basis des lateinischen Alphabets. Für uns „Westler" eine ganz große Erleichterung im Alltag. Je weiter man sich von den Ballungszentren entfernt, umso weniger Hinweise in Pinyin gibt es. Wenn man selbst fährt, erhöhen die rein chinesischen Schilder den Abenteuergrad und den Spaß immens (es sei denn, man kann die chinesischen Schriftzeichen lesen). Man versucht, sich auf der Straßenkarte signifikante Zeichen oder Teile des Zeichens zu merken, diese anschließend auf den Schildern wiederzuerkennen und ist stolz wie Harry, wenn es klappt und man richtig abbiegt oder am gewünschten Ziel ankommt. Das ergibt besonders bei mehreren gesuchten Orten die empfohlene Tagesdosis an Erfolgserlebnissen und Selbstbewusstsein. Für *Li xiansheng* ist es kein Problem, die richtige Ausfahrt zu finden.

Weiter geht es, vorbei an riesigen Fabrikhallen und an Freiflächen, auf denen später einmal weitere riesige Fabrikhallen stehen werden. Nichts in Deutschland ist auch nur annähernd vergleichbar mit den Ausdehnungen dieser Industriezone. Es sind immer wieder Menschen zu sehen, meist Bauarbeiter, die auf einer der unzähligen Baustellen in Containern wohnen und gerade zu Fuß oder auf dem Fahrrad irgendwohin unterwegs sind. Viele von ihnen kommen ursprünglich aus dem chinesischen Hinterland, arbeiten jetzt in den Ballungszentren auf den Baustellen und versorgen mit dem verdienten Geld die Familien zu Hause. Einmal im Jahr zu Chinese New Year (das „gefühlte" chinesische Weihnachten) fahren sie zurück, um ihre Angehörigen und Freunde zu besuchen.

Nun fahren wir an Hochhäusern, Geschäften und Restaurants vorbei, und dann hält Mr. Li an einer Schranke vor dem großen Parkplatz eines modernen Hochhauses. Ein uniformierter Guard grüßt militärisch zackig, Mr. Li und er wechseln ein paar Worte, die Schranke geht auf, wir fahren durch und sehen unser erstes Zuhause.

3. Unser erstes Zuhause

Ein Hochhaus mit 35 Stockwerken, und unsere Wohnung befindet sich in der 31. Etage. Dort werden wir solange leben, bis wir unser endgültiges Heim in Suzhou gefunden haben.

Zum ersten Mal in meinem Leben wohne ich in einem Hochhaus. Bei uns in Deutschland ist das Wohnen in Hochhäusern nicht immer positiv belegt. Oft wird es mit sozialen Brennpunkten in Verbindung gebracht, besonders, wenn es sich um ganze Hochhausviertel handelt. Solchen sozialen Brennstoff gibt es in China in diesen Vierteln nicht. Ich erkläre mir das so: In China, wie in fast allen fernöstlichen Staaten, ist das Leben in der Gruppe wichtiger als das Ausleben der eigenen Persönlichkeit. Das wird von den meisten so akzeptiert, mehr noch, es wird als richtig angesehen. Das Zusammenleben ist harmonischer, die Gruppe wird als etwas Positives empfunden. Ein weiterer Grund aus meiner Sicht ist, dass in China die Distanzzonen zwischen den einzelnen Personen geringer zu sein scheinen, als es bei uns der Fall ist. Die Überschreitung der persönlichen Distanzzone wird allgemein als unangenehm empfunden und führt unter Umständen zu Aggressivität. In China kommen sich die Menschen viel näher, ohne dass dies eine aggressive Reaktion hervorruft. Selbst ich habe das in China adaptiert, mir durften die chinesischen Mitmenschen enger „auf die Pelle rücken", als es in Deutschland der Fall gewesen wäre, ohne negative Gefühle auszulösen. Zu guter Letzt spielt vermutlich ebenso eine Rolle, dass die zivile Disziplin aufgrund der kommunistischen Regierung und des härteren Strafsystems höher ist.

„Die Koffer bitte einfach hier abstellen", sage ich zu *Li xiansheng* und deute auf den großen freien Platz neben dem Esstisch. Unser Fahrer hat uns geholfen, unser Gepäck nach oben zu bringen. „Vielen Dank. Morgen würden wir gerne ab neun Uhr ein wenig die Gegend kennenlernen", ergänze ich.

„Kein Problem, ich bin um neun Uhr da und warte unten", antwortet Mr. Li. „Kann ich heute noch etwas für Sie tun?" Ich verneine und Mr. Li verabschiedet sich.

Wir machen zunächst eine Wohnungsbegehung. Vom Essbereich geht es ab in eine moderne, helle, gefliste Küche mit allen erforderlichen elektrischen Geräten und neuen Küchenmöbeln. Zur anderen Seite ein großes Wohnzimmer mit einer dunklen Couchgarnitur in Leder, zwei helleren Stoffsesseln, einem Mahagoni-Wohnzimmertisch, einem ebenfalls dunklen Schrank und einem großen Fernsehen. Auf den Beistelltischen neben dem Sofa sind eine chinesische Vase und eine Frauenfigur platziert. Vom Wohnzimmer geht es weiter in unser zukünftiges Schlafzimmer mit Doppelbett, Nachtkästchen, großem Kleiderschrank – alles in hellem Holz und mit Zugang zu einem modernen Bad.

„Da will ich schlafen!" und

„Da will ich schlafen!" kommt es von hinten. Gott sei Dank, die Kinder haben sich selbstständig auf ihre Zimmer geeinigt. Jedes Kind hat seinen eigenen Raum, jeweils mit Bett, Schrank, einem kleinen Tisch und Stühlen. Die Kinderzimmer gehen vom Essbereich ab, zwischen ihnen liegt ein weiteres Bad. Komplettiert wird die Wohnung durch ein Büro.

Grandios ist der Ausblick vom 31. Stock. Wir blicken aus Alenas Zimmer. Direkt schräg vor dem Gebäude ist eine freie Wiese, auf der Lichtspiele aufgestellt sind. Das sind Säulen, auf denen buntes Licht hinauf und herunter wandert und Kreise, deren einzelne Segmente abwechselnd beleuchtet werden. Das Licht läuft nachts in verschiedenen Farben über die Flügel, sodass der Eindruck eines sich drehenden Windrades entsteht. Es ist ein tolles Schauspiel, das einen, aus dem 31. Stock beobachtet, fasziniert und besser als manche Fernsehshow unterhält. Die Kinder werden nachts manchmal im dunklen Zimmer sitzen und begeistert dem Farbenspiel, dieser kleinen Zauberwelt, zuschauen.

Hebt man den Blick, sieht man weitere Häuser. Das ist ein anderer Aspekt des Industrieparks. Es gibt viele Wohnkomplexe, in denen hauptsächlich die hier Beschäftigten wohnen. Dies beginnt bei einfachen Wohnheimen für die Arbeiter, geht über sehr ordentliche Wohnungen in Hochhauskomplexen für die Angestellten und reicht bis zu Highend-Wohnungen oder ganzen Häusern in Wohnanlagen, sogenannten Compounds, für die reicheren Chinesen oder die Expats aus den verschiedenen Ländern. Die Mitarbeiter der Firmen im Industriepark werden ermutigt, Wohnungen dort zu kaufen. So wird ein Teil des Gehaltes von den Firmen in einen Fond im Industriepark einbezahlt, der für die Mitarbeiter nur wieder zugänglich ist, wenn sie sich eine Wohnung kaufen.

Von unserem Wohnzimmer aus blickt man hauptsächlich auf die Fabrikgebäude des Industrieparks, alle nicht älter als zehn Jahre und daher in gutem Zustand. Suzhou hat zwei Industriegebiete: Eines ist der „Suzhou Industrial Park" (SIP), 290 Quadratkilometer groß, in dem wir leben, und das andere der „Suzhou New District" (SND) mit ca. 270 Quadratkilometern. Die Fläche des SIP allein entspricht damit in etwa der Größe des gesamten Stadtgebiets von München. Dort leben und arbeiten eine ähnliche Anzahl von Menschen wie in Bayerns Hauptstadt, nämlich 1,2 Millionen. Über 20.000 Unternehmen sind hier angesiedelt, darunter rund 100 der 500 größten Unternehmen der Welt mit Fabriken oder Niederlassungen. Dazu zählen unter anderem Samsung, Motorola, Siemens und Foxconn, bei dem Apple die iPhones und iPads produzieren lässt. Die Wirtschaftsleistung entspricht in etwa der des Bundeslandes Bremen. Wohlgemerkt: Dies sind alles Zahlen allein für den SIP, nicht kombiniert mit SND oder für die gesamte Stadt Suzhou. ASUS hat in Suzhou ein Werk mit 40.000 Beschäftigten, (ich komme aus einer Stadt, die hat 35.000 Einwohner). 2005 kommt in etwa jeder zweite Laptop dieser Welt aus Suzhou. In dem Industriegebiet sind aber nicht nur Fabriken, sondern auch Schulen, Ausbildungsbereiche, Universitäten mit mehreren 10.000 Schülern und Studenten, Wohnungen, Häuser, Restaurants, Hotels, Parks. Dies alles sind Größenordnungen, die jemanden, der aus Deutschland kommt, fast sprachlos zurücklassen. Die Industrie ist nur ein Teilaspekt der Stadt Suzhou. Suzhou ist eine der ältesten Städte Chinas mit einer langen Geschichte, die im Stadtbild noch erhalten ist.

Aus unserem Schlafzimmerfenster erblicken wir den Jinji Hu, einen See mit einer Fläche von sieben Quadratkilometern, der ebenfalls im Industriepark liegt. An seinen Ufern finden sich weitere Wohncompounds, Gebäude, Restaurants, Geschäftsviertel und parkähnliche Anlagen. Dieser See erfährt im Laufe unserer drei Jahre in Suzhou einige Verwandlungen und wird, zugespitzt formuliert, zu einem überdimensionalen Gartenteich in einer extrem faszinierend gestalteten Umgebung mutieren. Jeglicher Ursprünglichkeit beraubt, ist die Natur so gestaltet, dass sie zusammen mit Bauten und Anlagen ein wunderschönes Ensemble ergibt. Es ist in China üblich, die Natur so zu zähmen und zu formen, dass ein harmonisches Gesamtbild entsteht. Das geht so weit, dass in Parks Vogelgezwitscher über Lautsprecher eingespielt wird, um fehlenden Vögel auszugleichen. So schön der Anblick dieser Naturarrangements oft ist, für mich als Naturliebhaber war die ungezähmte Natur eins der Dinge, die ich in China am meisten vermisst habe.

Eine weitere „Sehenswürdigkeit", schaut man steil hinab aus unserem Schlafzimmerfenster, ist die tägliche, ungefähr 200 Meter lange Schlange vor dem Arbeitsamt des Industrieparks: Menschen, die lukrative Arbeit suchen.

Aus Lorenz' Zimmer schließlich sieht man das Gebäude der Stadtverwaltung, im klassizistischen Baustil errichtet, und den Park drumherum. Der Blick geht bis zum Stadtzentrum, das rund vier Kilometer entfernt liegt, und den dortigen Doppelpagoden. Bei guter Sicht ist sogar manchmal die Pagode des Tigerhills zu erkennen.

Wir richten uns ein wenig ein und fahren dann nach unten, um noch etwas essen zu gehen. Um das Haus herum gibt es eine ganze Reihe Restaurants. Chinas Küche steht ja in dem Ruf, dass jedes zweite Gericht irgendetwas mit Hund, Katze oder Schlange zu tun hat. Besonders beliebt sind die Geschichten mit den Affenhirnen, die aus Affenschädeln geschlürft werden. Weit gefehlt. Diese Dinge gibt es, doch sie stellen exotische Ausnahmen dar. Die Restaurants im SIP bieten die ganze Bandbreite nationaler und internationaler Gerichte. Am verbreitetsten sind die chinesischen Restaurants verschiedener Ausprägung (Shanghai, Sichuan, Kantonese style und viele mehr). Aber auch viele japanische, koreanische, westliche Restaurants und Fast-Food-Ketten haben sich niedergelassen, allen voran Kentucky Fried Chicken, das die Chinesen wesentlich tiefer in ihr Herz geschlossen haben als McDonalds. Nach drei Jahren China kann ich in meiner Ekelskala nur Schildkröte, Frosch und Qualle aufführen (Sie können trotzdem weiterlesen, es kommen andere interessante und erstaunliche Dinge aus China).

Wir wählen an unserem ersten Tag der Kinder wegen einen moderaten Einstieg und gehen in einem westlich geprägten Restaurant im Erdgeschoss unseres Hauses essen. Anschließend fallen wir müde ins Bett und schlafen mit Gedanken an unseren ersten Tag in China ein.

4. Der erste Ausflug

Wir haben unseren Einreisetermin nach China so gelegt, dass ich die Zeit mit einer Woche Urlaub beginne. Damit können wir alle vier gemeinsam einen Einstieg in das Land finden. Im Nachhinein gesehen eine gute Entscheidung, weil es das Ankommen gerade für die Kinder und Anne leichter macht.

Meine unternehmungslustige Frau hat den ersten Ausflug bereits geplant. Um neun Uhr sind wir unten auf dem Parkplatz und begrüßen Mr. Li, der bereits im Auto auf uns wartet.

„Wir wollen zum Tai Hu", erklärt Anne. Das ist ein großer See mit einer Fläche von 2.250 Quadratkilometern (etwa viermal so groß wie der Bodensee) im Westen Suzhous, den wir in den nächsten drei Jahren zu den verschiedensten Anlässen besuchen werden.

„Wir wollen zur Kirschblüte an den See", führt Anne weiter aus. „Wissen Sie, wo man den schönsten Ausblick darauf hat?"

„Ja", antwortet Mr. Li. „Wir fahren nach Xishan, einer Insel im Tai Hu, auf der die Blüten besonders schön leuchten."

Wir sind gerade erst angekommen, haben unsere Wohnung bezogen und schon geht es mitten hinein ins fremde China. Anne meint es ernst mit dem Erkunden des Landes.

Es ist März und etwas kühl. Wir fahren zunächst einmal quer durch Suzhou und anschließend über freies Land zum See. Die Straßen sind modern, gut ausgebaut und mehrspurig. Autos in gutem Zustand, aber auch jegliche anderen Arten von Fahrzeugen sind unterwegs. Sehr beliebt ist das motorisierte Dreirad mit Ladefläche und beladen ist es mal mit herkömmlichen Waren in Kartons (langweilig), mal mit Schrott (genauso langweilig), dann sitzt der Kompagnon auf der Ladefläche (zumindest das ist nicht aus Deutschland bekannt), jetzt eins mit Hühnern (schon ein bisschen interessanter), anschließend ein Dreirad mit Heu (drei Meter hoch, zweieinhalb breit, eigentlich ist von Fahrzeug und Fahrer nichts mehr zu sehen; quasi ein von Wunderhand gefahrener Heuballen) und als

Krönung drei quiekende Schweine auf der Ladefläche (eindeutig der Gewinner des Tages in der Kategorie „am schönsten beladenes Dreirad dieses Ausflugs"). Um nicht weiter zu langweilen, lasse ich die Kategorien „Fußgänger mit Last", „besondere LKW-Ladung" oder „maximale Anzahl Passagiere auf einem Motorrad" weg. Zu Letzterem bzw. zur Kategorie Beladung eines Motorrads sei nur so viel erwähnt, dass mein *„all time winner"* ausnahmsweise nicht aus China kommt, sondern der Titel nach Tansania geht: Motorrad mit Fahrer, vordere Hälfte des Motorrads alles normal, hintere Hälfte war mit einem etwas schwülstigen, nicht zu dominanten, in Leopardenton gehaltenen, mit Holzrahmen versehenen, zweisitzigen Polstersofa beladen, das der stolze Besitzer gerade auf der Bundesstraße nach Hause fuhr. Das Sofa war quer über das Motorrad gespannt. Es handelte sich wohl um einen Gelegenheitskauf, denn auf dem Sofa saß bei Tempo 60 eine Frau, vermutlich die Gattin des Fahrers, und ließ sich den Wind um die Nase wehen. Natürlich wäre auch denkbar, dass eben diese Gattin den normalen Motorradsitz zu hart fand und sie nur bei dem beschriebenen Set up einem Ausflug mit ihrem Mann zustimmte. Oder hat dieser Fahrer gar das Motoradtaxi revolutioniert? Dies zu klären, blieb mir damals beim Überholen des Motorrads keine Zeit. Doch zurück nach Suzhou.

Die Fahrt zum Tai Hu an unserem zweiten Tag in China bringt uns also schon einige staunenswerte Erlebnisse. Der Unterschied zwischen den hochmodernen Hochhäusern in Suzhou Industrial Park und den aus Holzplatten zusammengezimmerten Hütten auf den Feldern Richtung Lake Tai Hu - nur 20 Minuten später - ist extrem. Wir fahren über eine große Brücke und durch kleine Dörfer. Wir können uns auf dieser Fahrt gar nicht sattsehen an den vielen neuen Eindrücken. Die Kinder kleben mit ihren Gesichtern an der Scheibe und rufen immer wieder: „Schau mal!". Nun staunen wir über die Häuser mit schwarzen Schindeldächern und chinesischen Verzierungen in den Dörfern. Die fremdartigen Menschen, meist in einfacher Kleidung und mit fröhlichen

Gesichtern, sitzen draußen und essen, reden, spielen Karten und Mah-Jongg, die Fischer auf den kleinen Booten, Reusen, die überall im See verteilt sind, die blühenden Bäume. Egal, wohin das Auge blickt, es erfasst etwas Neues, Interessantes, noch nie Gesehenes. Einfach schön. Nach einer Stunde erreichen wir unser Ziel Xishan und den dortigen Parkplatz unterhalb einer Pagode.

Wie meistens in China ist man nicht der einzige, der einen Ausflug macht. Bei drei Millionen in Suzhou lebenden Menschen und dem Bekanntheitsgrad der blühenden Bäume ist dies nicht wirklich verwunderlich. Es sind viele andere Menschen hier an der berühmten Pagode auf der Tai-Hu-Insel, und da die beliebtesten Tätigkeiten der Chinesen Essen und Einkaufen sind, gibt es genügend Stände, die diese Vorlieben befriedigen können. Besonders beliebt sind dort westliche Touristen. Darauf stürzen sich die Händler wie Löwen auf eine besonders fette Beute. Da ist, so die Einschätzung der Händler, mindestens nochmal ein Zuschlag von hundert Prozent zum normalen chinesischen Kunden zu erzielen. Dass sie mit Anne auf ein Naturtalent des Straßenhandels stoßen, auf Champions-League-Niveau, wird ihnen meist erst dann klar, wenn es schon zu spät ist. Als Faustregel beim Verhandeln gilt übrigens: Freundliche Verabschiedung des Händlers mit Lachen, guten Wünschen und der Aufforderung, wiederzukommen: schlecht verhandelt. Überreichung der Ware mit neutralem Gesicht und ein *„Zaijian"* („Auf Wiedersehen") zum Abschied: mittelgut verhandelt. Die Ware wird einem zur Übergabe mehr oder weniger vor die Füße geschmissen, das Gesicht des Verkäufers wirkt etwas entgleist, unverständliche Worte werden ausgespuckt und es wird gar nicht mehr gegrüßt zum Abschied: gut verhandelt. Wir wurden meist vom Händler nach dem Handel nicht mehr gegrüßt.

Typisch sind Stände auf Rädern speziell für Speis und Trank. Auf einem Dreirad ist die Garküche integriert mit dem Kochkessel oder Wok auf der Ladefläche, das Geschirr ist irgendwo aufgestapelt und hinter dem Wagen werden die Schalen und die Stäbchen abgewaschen. Zugegebenermaßen haben wir uns in China selten getraut, von diesen mobilen Garküchen zu essen (in Südostasien später war dies anders), aus Angst, dass man sich durch mit verunreinigtem Wasser (z.B. aus der Leitung) abgewaschenen Schalen und Stäbchen, irgendeine Art von Keimen oder Bakterien einhandelt. Wir waren vor dem Verzehr solcher Speisen aus diesem Grund mehrfach gewarnt worden. Da wir uns an die Warnung hielten, kann man im Nachhinein nicht mehr sagen, ob zu Recht oder zu Unrecht.

Und dann können wir gleich am Anfang unseres Chinaaufenthalts mit einem Kapitel aus dem interkulturellen Seminar abschließen und es als Vorurteil abtun. Gemeint ist das sogenannte „Verlieren des Gesichtes". Selbstverständlich sind alle Asiaten und Chinesen bemüht, Auseinandersetzungen möglichst harmonisch ablaufen zu lassen. Das Direkte, das „Geradeheraus", das wir in Deutschland gelehrt bekommen, ist in China nicht sehr angesagt. Es wird lieber mal die Unwahrheit gesprochen, um einer Konfrontation aus dem Weg zu gehen, in der Hoffnung, dass es keine Unwahrheit mehr ist, wenn der beschriebene Zustand wirklich eintritt, weil sich die Dinge geändert haben. Oder es fällt einem noch eine Ausrede ein, die die Schwindelei deutlich abmildert. Harmonie wird angestrebt. Uns wurde im interkulturellen Seminar beigebracht: „Immer beherrscht sein, niemals rumschreien. Sonst verliert man sein Gesicht." Und schon am zweiten Tag dürfen wir Zeugen eines vermeintlichen Gesichtsverlusts (oder eben nicht) zwischen Chinesen werden. Auf dem Markt brüllen sich zwei Männer gegenseitig an, wobei es vermutlich um einen Handel geht, bei dem sich der eine betrogen fühlt. Wir durften in unseren drei Jahren China so oft Zeuge von diesen heißen Disputen werden, dass wir die Sorge um einen möglichen „Gesichtsverlust" weit hinten in unserer Skala einreihten.

Nicht zu verwechseln ist übrigens das laute Gestreite mit einer sehr Dezibel starken und pointierten Sprechweise mancher Chinesen. Viele würde es als Schreien bezeichnen, für die Menschen hier ist es einfach eine deutliche Aussprache. Die chinesische Sprache als Tonsprache mit ihren vier unterschiedlichen Betonungen scheint dies zu unterstützen. Dabei kenne ich in Deutschland auch Leute, deren Stimmen, über einen gewissen Zeitraum als Folter eingesetzt, sicher manches Geständnis herauspressen würden.

Die Kirschbäume blühen überall auf der Insel in schönster Pracht mit leuchtenden weißen und rosafarbenen Blüten. Sie wachsen an Hängen, und wenn man nach oben geht, hat man einen wunderbaren Blick auf den See und das Blütenmeer. Wir wandern mit den Kindern zwischen den Bäumen, und zum Abschluss zur Pagode und zum Tempel.

Wir klettern den Weg hinauf. Ähnlich wie bei uns im Christentum die Kirchen, sind Pagoden und Tempel gerne auf einem Berg gebaut. Zum einen hat man von dort eine „göttliche" Aussicht, zum anderen muss man sich den Weg zu Gott „erarbeiten", und je höher der Berg (in unserem Fall nicht besonders hoch), umso größer die Demut, wenn man oben ankommt. Wie meistens in China, wenn es bergaufgeht, steigt man Treppen. Da der Weg zu einem Heiligtum führt, sind es natürlich besonders schöne Treppen. Der Weg wird gesäumt von 30 Zentimeter hohen Steinen, grünen kleinen Bäumen und Büschen mit weißen und roten Blüten. Ungefähr 400 Meter sind es nach oben. Dass es sich um ein Heiligtum handelt, heißt nicht, dass die Chinesen nicht kommerziell tätig werden. Im Gegenteil. Den vom Anstieg erschöpften Wanderer erwarten Erfrischungsgetränke, Eis, kleine Snacks. Und sollte es dem Gläubigen unten am Hügel möglich gewesen sein, diversen Schnickschnack, kleine Buddhastatuen oder Ketten zu verpassen, so wird ihm direkt am Eingang zur Pagode aus seiner Not geholfen. Glauben und Kommerz gehen in China wunderbar zusammen. Zu Chinese New Year wird Geld geschenkt und sich nicht der Kopf über Geschenke zerbrochen, die meist eh keiner haben will und die im besten Fall umgetauscht werden. Zum Neujahr wünscht man sich kein „gesundes frohes Neues Jahr", sondern ein *„prosperous new year"*, also ein finanziell erfolgreiches neues Jahr.

Schon an unserem zweiten Tag lernen wir einiges über die chinesische Tempelkultur. Der Eingang in den Tempel ist immer mit einer Schwelle versehen, sodass die bösen Geister, die weder abbiegen noch die Knie abwinkeln können, nicht hereinkommen. Genau auf diese Schwelle soll man nicht treten, da dies ansonsten Unglück bringt. Man muss hinübersteigen. Oben in der Pagode gibt es eine große Glocke und einen waagrecht hängenden Holzschwengel, mit dem man die Glocke zum Klingen bringt. Das zu tun bringt Glück, das zu tun kostet Geld. Wir spenden für drei Schläge, und die Kinder haben entsprechend Spaß, die Glocke erklingen zu lassen. Anschließend werden fast mannshohe Räucherstäbchen angezündet. Das beeindruckt unsere Kinder tief, da sie bisher nur die Ministäbchen von Weihnachten gewohnt sind.

Ist man über die Schwelle getreten, geht es nicht mehr ganz so kommerziell zu. Trotzdem kann man natürlich spenden oder ein paar Andenken kaufen (wie in unseren Kirchen). Im Innenraum der Pagode sehen wir betende Menschen. Meist sind die Gebete nicht so inbrünstig und vertieft wie bei uns, sondern bestehen aus Verbeugungen, Opfergaben (Räucherstäbchen, Kerzen) und kurzen Ansprachen an die Gottheit. Bei uns geht ja inzwischen eine Mehrheit gar nicht mehr in die Kirchen oder spricht zu Gott und nur noch eine Minderheit ist Gott tief verbunden. In China hat es oft den Anschein, dass die Menschen zu Gott beten und sprechen, weil, wenn sie es nicht tun, das nötige Glück ausbleibt. Und dieses Risiko will man nicht eingehen. Dies wird von einem Großteil der Bevölkerung so gelebt und der Kommunismus konnte die Gläubigkeit nicht austreiben. Heute versucht er es auch nicht mehr.

Nachdem wir den geraden Weg aufgestiegen sind, spazieren wir nach dem Besuch der Pagode durch das Labyrinth des Steingartens zurück. Daran haben besonders die Kinder eine große Freude. Wir finden solche Anordnungen in China häufiger, und sie wecken auch das Kind in mir. Es sind entweder Steinlabyrinthe, durch die man sich schlängelt, Steine in Tümpeln oder Bächen, über die man balancieren muss oder Grotten, durch die man kriecht. Ich gehe davon aus, dass das große kindliche Herz der Chinesen der Ursprung für diese Arrangements ist. Die Kinder finden es toll, sich zwischen Steinen durchzuquetschen und sich hinter Steinblöcken zu verstecken. Sie tollen herum, juchzen und freuen sich. Dass sie in einem weit von Zuhause entfernten Land sind, ist ihnen nicht anzumerken und spielt in dieser Situation, die vermutlich alle Kinder weltweit als schön und aufregend erleben würden, keine Rolle.

Ein ereignisreicher Ausflug geht zu Ende und Mr. Li fährt uns zurück. Wir sind abends mit anderen Expats, mit Leon und Marie, zum Abendessen verabredet. Wir treffen uns in einem chinesischen Restaurant.

„Wie war denn euer erster richtiger Tag in China?", fragt Leon. Wir berichten von unserem Ausflug. Marie ist einigermaßen beeindruckt.

„Oh, das kennen wir gar nicht. Wie habt ihr das denn gefunden?"

„Gute Vorbereitung, ausführliches Studium des Reiseführers, Internet und ein paar Chinesisch Kenntnisse", antwortet Anne. 1:0 für die Neulinge. Allerdings gewähren wir gleich den Ausgleich zum 1:1, indem wir die Auswahl des Essens Leon und Marie überlassen. Eine weise Entscheidung, denn alles, was serviert wird, ist klasse.

Typisch beim chinesischen Essen ist zunächst einmal der runde Tisch. Dieser hat den großen Vorteil, dass sich alle miteinander unterhalten können und nicht wie bei uns nur die, die sich gegenüber oder direkt nebeneinandersitzen. In der Mitte des Tisches ist eine Drehplatte. Man bestellt verschiedene Gerichte, die alle auf diese Platte gestellt werden. Jeder hat vor sich einen kleinen Teller stehen. Wir Deutschen sind es ja gewohnt, dass jeder sein Gericht bestellt und isst, allenfalls den anderen mal probieren lässt. In China ist das ganz anders. Von den Speisen auf dem Drehteller nimmt sich jeder etwas auf seinen Teller. Man dreht sich das Gericht, von dem man essen will, an seinen Platz, bedient sich, und schon ist der Nächste dran. Bei sehr großen runden Tischen kann es manchmal schwer sein, seinen „Drehslot" zu erwischen, aber verhungert ist an einem Tisch mit chinesischem Essen noch niemand. Es gibt Vorspeisen, Hauptgänge und Nachspeisen, allerdings ist die Reihenfolge nicht immer dieselbe wie bei uns, so kommt die Suppe meist als letzter Gang. Unsere beliebteste Vorspeise war z.B. Koriander gemischt mit Tofu. Neben anderen tollen Gerichten ist für uns ein Höhepunkt der Mandarinfisch, eine Art süßsauer zubereiteter, weißer, wohlschmeckender Fisch. Die Kinder essen genauso wie wir voller Freude und mit Appetit. Beim chinesischen Essen ist der Hauptvorteil die große Auswahl. Außerdem kann man von dem, was einem besonders schmeckt, mehr essen. Es ist so nicht möglich, anders als bei uns, mal mit einer Wahl komplett daneben zu liegen. Es gibt immer eine Alternative. Anne liebt dies Vorgehen ohnehin. Sie war schon in Deutschland immer diejenige, die gerne von anderen Tellern probierte, während ich genau wusste, was ich wollte und dies gegebenenfalls auch mit „Meiiiiiiins, Finger weg" verteidigte. China hat mich geläutert. Ich bin jetzt ein „Probierer" und „Teiler".

Zum Schluss kommt beim chinesischen Essen der Kampf um die Rechnung.

„Heute ist euer erster Tag in China, da zahlen wir", sagt Leon.

(„Haha, denkst du, Paragraph 3 Absatz 7, interkulturelles Training: Essen gehen in China").

„Nein, bei unserem ersten gemeinsamen Besuch eines chinesischen Restaurants ist es unsere Freude, zu zahlen. – *Xiaozhe maidan* (Fräulein, die Rechnung bitte)", rufe ich der Kellnerin zu.

„Nein, wir haben das Restaurant gewählt, also zahlen wir", erklärt Leon.

„Nachdem ihr schon die gute Idee hattet, dass wir zusammen essen gehen, ist es an uns, zu zahlen", bin ich wieder an der Reihe.

Das geht ein paar Minuten so und dann gelingt es mir, zuerst der Kellnerin das Geld zuzuschieben. Also 2:1 für uns. Idee dieses „Rechnungskampfes" ist es, dass das nächste Mal, nach einer ähnlichen Prozedur, zum 2:2 ausgeglichen wird und so jeder mal mit dem Zahlen drankommt. Wir reden übrigens über rund 40 Euro für ein Essen und reichlich Bier für acht Personen.

Unser erster ganzer gemeinsamer Tag in China geht zu Ende.

„Mr. Li, morgen früh um 9 Uhr?"

„Ich werde da sein."

5. In die Stadt

Dritter Tag, nächstes Abenteuer. Heute geht es in die Stadt, „Downtown" so zusagen. Raus aus der Wohnanlage auf den Boulevard, zunächst durch den geordneten Industriepark mit den breiten Straßen, modernen Häusern, ordentlichen Bürgersteigen, Grünanlagen. Ab und zu Autos, Elektroroller und ein paar Fußgänger. Danach werden die Straßen etwas schmaler, die Grünanlagen weniger, die Ordnung nimmt exponentiell ab mit der Zunahme von Personen auf der Straße. Autos, Roller, Fahrräder, Dreiräder überall. Es wird sehr quirlig. Das liebe ich an China, es nimmt mich immer gefangen. Man wird komplett von Leben umgeben, man wird eingewickelt, gebettet in Leben. Alles bewegt sich, es ist laut, es riecht, es wird gesprochen, geschrien, geniest, gelacht, alle sind eng beisammen und man ist Teil davon. Für den Deutschen, der seine Ruhe mag und nichts lieber hat als seinen Sonntagsspaziergang in freier Natur mit Bäumen, Wiesen, Vogelgezwitscher ohne Begegnung mit anderen Leuten, ist das eine komplette Umstellung. Trotzdem habe ich es immer geliebt, dieses Gefühl, im chinesischen Leben mit aufzugehen.

„Zum Hauptplatz, bitte", sagt Anne zu *Li xiansheng*.

„Ja, gerne!" Und so navigieren wir zur Stadtmitte durch das aus aller Art von Verkehrsteilnehmern verursachte Verkehrschaos. Wir steigen aus und los geht's in die Innenstadt. Suzhou ist für chinesische Städte mit einer Fußgängerzone ziemlich strukturiert. Es hat durch die vielen ansässigen Firmen schon eine große Mittelschicht hervorgebracht, die sich recht geordnet verhält. Außerdem sind sie uns „Langnasen" gewöhnt, sodass wir nicht so stark auffallen. Es kommen uns Westler entgegen, aber wir stellen die absolute Minderheit dar.

„Mais!", tönt es von links. Der Ruf kommt von einem kleinen Mütterchen, das einen Straßengrill befeuert, bestehend aus einem waagrechten, halben Rohr, das auf vier Stangen geschweißt ist, und einem Gitterrost. „Spieße!", ist das nächste Angebot. Ein Chinese mittleren Alters mit zwei Goldzähnen und einer ähnlichen Grillkonstruktion wie bei dem Mütterchen zuvor bietet kleine Fleischspieße an.

Die Königin des Street Food ist aber: *„Chou tofu"*. Man geht durch die Stadt, die wie alle Städte in China einen gewissen Eigengeruch aufweist, aber dann riecht es etwas stärker als sonst. Toilette? Nein, keine zu sehen. Noch etwas stärker. Hm? Verendetes Tier mitten in der Stadt? Kann nicht sein. Güllelaster zusammengestoßen mit einem Transporter mit vergorener Milch, und die Ladung auf der Straße verteilt? Ja, vielleicht, das kommt vom Geruch her hin. Ich sehe allerdings die umgekippten Laster nicht. Alles, was ich sehe, ist eine alte Frau mit einem kleinen Wagen mit integriertem Wok, in dem Fett brutzelt und weiße Teile schwimmen. *„Chou tofu!"*, ruft sie und preist die Stückchen an. Übersetzt heißt *„Chou tofu"* stinkender Tofu und das ist die absolute Untertreibung. Alena bringt den Geruch noch besser auf den Punkt: „Mama, da hat wer hin gekotzt!"

Trotz des eher geschäftsschädigenden Geruchs ist die Speise bei den Chinesen äußerst beliebt. Sie schmeckt viel harmloser, als sie riecht, aber einmal probiert reicht mir für mein Leben.

So lassen wir uns durch die Stadt treiben. „Papa, schau mal da!", ruft Alena. Vor uns ein Vater, der sein Kleinkind auf den

Schultern trägt. Das einzig Besondere daran im Vergleich zu einer ähnlichen Situation in einer deutschen Fußgängerzone ist, dass bei dem Kind etwas vom Po zu sehen ist. Die Hose hat hinten einen Schlitz. Damit kann das „Geschäft" ganz schnell ohne Herunterziehen erledigt werden. Den braunen Nacken des Vaters führen wir jedoch auf den angeborenen eher dunklen Teint vieler Chinesen zurück. Zur Krönung dürfen wir den beabsichtigten Ablauf gleich live miterleben. Das Kind wird einfach von der Schulter gehoben, mehr oder weniger knapp vor uns über den Boden der Fußgängerzone gehalten und schon ergießt sich ein kleines Bächlein auf die Straße. Na, ich bin bei den nächsten Pfützen auch vorsichtiger. Und wenn ich zukünftig Personen mit vermeintlich durchgeschwitzten Hemden sehe, bin ich bezüglich möglicher Ursachen um eine Option reicher.

Als nächstes dürfen wir Zeugen der chinesischen Akrobatik werden. Ein Hochhaus wird gerade hochgezogen und, wie üblich in China, es stehen Gerüste aus Bambusstangen am Gebäude bis hinauf in die oberen Stockwerke. Und dort wird gearbeitet, verputzt, gemörtelt, es werden Fenster gesetzt, und das alles in schwindelerregender Höhe, und die Leute in keinerlei Weise abgesichert. Die Arbeiter laufen auf dem Gerüst, als hätte man, wie die Katzen, als Bauarbeiter sieben Leben.

Vor uns geht ein Elternpaar mit Kleinkind. Der Vater packt dem Kind ein Eis aus, und die Hülle landet nicht wie bei uns im nächsten Mülleimer, sondern, schwupps, auf dem Weg. „Das schaust du dir gar nicht erst ab", sage ich zu Lorenz. Der findet es dagegen ganz cool. Allerdings dauert es keine drei Minuten, da kommt eine alte Frau mit Besen und Schaufel, kehrt das Papier auf und befördert es in den Abfallkorb. Es war also doch eine gute Tat und hat nur den Arbeitsplatz der alten Dame gesichert. Wir schlendern weiter durch die Fußgängerzone. Wir stoßen auf Fast-Food-Restaurants, die gerade von jüngeren Chinesen lieber frequentiert werden als die Street-Food-Händler.

Dass KFC den Platzhirschstatus hat, liegt an der Vorliebe der Chinesen für Hühnchen.

Über 2500 Jahre ist Suzhou alt, deutlich älter als die meisten deutschen Städte. Gegründet wurde es zur Zeit der Wu-Herrschaft. Der wirtschaftliche Aufstieg der Stadt begann mit der Aushebung des Kaiserkanals. Dieser Kanal, der um 600 n. Chr. komplettiert wurde, verband die zwei großen Flüsse Chinas, den Jangtze und den Gelben Fluss, und damit die Ballungszentren, die sich an diesen beiden Flüssen befinden. Mit 1800 Kilometern ist er im Übrigen der längste von Menschenhand geschaffene Wasserweg und für seine Zeit ein Wunder der Bautechnik. Der Kanal brachte durch die Verbindung der zwei Hauptregionen Chinas ein großes wirtschaftliches Wachstum. Von diesem Aufschwung profitierte das am Kanal gelegene Suzhou, ganz besonders, als sich das Königshaus nach Süden orientierte und die Hauptstadt Chinas nach Hangzhou später Nanjing verlegte. Beide Städte liegen nicht weit von Suzhou entfernt. Es war unter anderem die Seide, die in Suzhou zum Reichtum führte. Marco Polo erwähnte die Stadt im 13. Jahrhundert und lobte ihre klugen Geschäftsleute, fähigen Fachleute, weisen Männer und herausragenden Ärzte. Schon im 16. Jahrhundert wurde die Arbeit dort derart organisiert, wie es bei uns erst zur Industriellen Revolution der Fall war. Schon damals war Suzhou also sozusagen ein Produktionsstandort.

Berühmt ist Suzhou heute unter anderem für seine Gärten. Diese Gärten stammen aus der Zeit zwischen dem 13. und dem 18. Jahrhundert. Mit unseren Gärten sind sie allerdings nicht zu vergleichen. Es sind keine Parkanlagen, sondern meist kleinere Areale hinter hohen Mauern, sehr kunstvoll und harmonisch angelegt. Sie verbinden Pflanzen, Wasser und Gebäude in einer einzigartigen Art und Weise. Hier finden sich unterschiedliche Hauptthemen. Wir waren hier sehr oft zu Gast und stets fasziniert von der Schönheit dieser Anlagen. Bekannt ist Suzhou auch für seine vielen Kanäle, die durch und um die Stadt fließen. Die Stadt wird deshalb oft das Venedig des Ostens genannt. Suzhou hat sich, was nicht selbstverständlich ist in China, einiges vom alten Stadtbild bewahrt. Kleine Teile der Stadtmauer sind erhalten, relativ viele Pagoden in der Stadt ragen in den Himmel und alte Häuser säumen die Kanäle, auch wenn das Neue und Moderne weit überwiegt. Und für noch etwas ist Suzhou in China berühmt: für seine schönen Frauen. Hier möchte ich ausdrücklich darauf hinweisen, dass Schönheit im Auge des Betrachters liegt.

Auf dem Weg zum vereinbarten Treffpunkt mit Mr. Li vollziehen wir unseren ersten richtigen Handel.

„Watches, you like Rolex, very cheap!" Ein smart aussehender Chinese kommt Englisch radebrechend auf uns zu. Uhren wollen wir nicht, Rolex schon gar nicht.

„How much?", frage ich trotzdem aus Neugier.

„Very cheap, one Rolex 100 yuan, no fake, real Rolex!"

„No, thank you", antworte ich. Die zehn Euro sind mir zu schade.

„Buy two Rolex, better price", kommt es zurück. "Two watches 150 yuan", schiebt er nach.

Da ich nun wirklich kein Interesse habe, sage ich nochmal brav „Thank you" und wir gehen weiter.

„Four watches, even better price!", ruft er uns nach. Die Stimme kommt wieder näher: Er läuft uns hinterher. Ich habe zwar immer noch kein Interesse, aber allmählich werde ich wirklich neugierig. Wir gehen weiter, ohne uns umzudrehen, dabei so langsam, dass er uns folgen kann.

„Four watches 100 yuan!", tönt es von hinten. Ich will zwar keine Uhr, jetzt hat er jedoch endgültig meinen sportlichen Ehrgeiz geweckt. Ich bleibe stehen, drehe mich um, schaue auf die Uhren und sage:

„Four watches 50 yuan." Selbst wenn es wirklich nur zum Spaß ist: Sobald man beginnt, ein Angebot zu machen, ist man im Handel. Und tatsächlich geht es ein bisschen hin und her und am Schluss stehe ich mit zehn Uhren da (fünf Rolex, drei Breitling, zwei Tissot) für 100 yuan (zehn Euro), natürlich „all no fake, all real". Ich habe keine Idee, wie er daran irgendwas verdient. Ich habe mal gehört, dass die Verkäufer meinen, wenn der erste Handel des Tages erfolgreich war, dann läuft der Tag gut. Vielleicht war er einfach spät aufgestanden heute und wir waren die ersten Kunden. Bald waren unsere Kinder und deren Freunde Träger von Rolex und Breitlinguhren. Erstaunlicherweise funktionierten mehrere dieser Uhren nach einem Jahr immer noch.

Im Chinesischen gilt die Nachahmung als die Verehrung des Originals. Dies ist mit ein Grund für die vielen Fakes, die in der chinesischen Kultur kein so schlechtes Image wie in der westlichen haben. Inzwischen kommt es jedoch zu einem Sinneswandel. In dem Maß, wie chinesische Firmen wie Haier (Haushaltsgeräte) oder Huawei (Mobiltelefone) jetzt selber gute Produkte auf den Markt bringen, erkennen sie die Bedeutung von Markenschutz und sind ihrerseits für eine Verfolgung der Fakeindustrie. Außerdem sind immer mehr reiche Chinesen in der Lage, sich die teuren Originale zu kaufen und schauen auf die Fakes herab.

6. Park der Hochzeitspaare

Ich habe immer noch Urlaub. Die eine Woche ist bald rum, wir haben als Familie schon einiges zusammen gesehen, erfahren, erlebt – Tempel, Pagoden, Gärten, Restaurants – und sind etwas tiefer eingetaucht in unser neues Zuhause. Wir waren nochmal in der Stadt, wir haben die künftige Schule der Kinder besucht und die Einkaufsläden ausprobiert. Heute ist erneut ein Ausflug dran. Das Ziel: Wuxi, 60 Kilometer von Suzhou entfernt, ebenfalls Industriestandort, aber schon eine andere Welt als unsere neue Heimatstadt. Mein Unternehmen hat dort auch eine Fabrik, allerdings wohnen nur wenige der Expats dort. Sie pendeln lieber täglich von Suzhou, weil es in Wuxi wesentlich „chinesischer" zugeht, ohne all die westlichen Annehmlichkeiten. Dies geht schon bei der Schule los (Wuxi hat keine annehmbare internationale Schule), reicht über Einkaufsmöglichkeiten, ausländische Restaurants, Cafés bis hin zu Sprachkursen. Gerade für die mitgereisten Frauen (meistens ist der Mann der Expat) ist dieses soziale Umfeld wichtig, da sie ja nicht den ganzen Tag „Ablenkung" durch die Arbeit in der Firma haben. Ansonsten wird der Mann sehnsüchtig abends zu Haus erwartet, um die Frustrationen des ganzen Tages in der Fremde loszuwerden. Die Garantie für ein problematisches Expat-Leben.

Los geht es nach Wuxi. *Li xiansheng* sitzt mal wieder am Steuer und wir hinten drin. In Wuxi gibt es, anders als bei den Gärten in Suzhou, einen Park, der unseren deutschen Vorstellungen von Parkanlagen mit Grünflächen entspricht. *Li xiansheng* lässt uns vorne vor dem Eingang raus, während der normal sterbliche Besucher seinen Parkplatz suchen muss. Es hat schon seinen Vorteil, einen Fahrer zu haben.

Der Garten ist sehr schön angelegt. Eine kleine Erhebung ist mit Rasen bewachsen und von der Spitze des Hanges hinunter schlängelt sich ein Bach, teils von Felsen und Steinen, teils von Bambus gesäumt. Entlang des Baches führt ein Weg den Hügel hoch, der den Wasserlauf immer wieder kreuzt, mal mit einem wunderschönen Brücklein, chinesisch verschnörkelt, mal mit flachen Steinen, die im Wasser liegen und über die man gehen muss. Gerade diese Übergänge verleihen dem ganzen einen Hauch von Abenteuer und Wildnis. Natürlich wirklich nur einen kleinen Hauch, genug, um die Kinderseelen der wahren Kinder und der Kind gebliebenen Großen mit Freude zu erfüllen. Lorenz und Alena rennen jedenfalls den Bach rauf und runter, rauf und runter...

Auf dem Weg zum Eingang passierten wir bereits eine Stretchlimousine, so um die zehn Meter lang, mit unverkennbarem Hochzeitsschmuck. Im Garten sprießen nicht nur die Blumen, sondern auch die Hochzeitspaare. Wohin das Auge blickt: Hochzeitspaare. Er meist im dunklen Anzug, sie meist im weißen Kleid, Ausnahmen sind erlaubt. Um das Paar herum ein großer Stab, jedoch nicht Eltern, Verwandte oder Freunde, sondern Kamerateams. Es ist *„Fotoshooting-Time"*. Bei uns ja noch in den Kinderschuhen, ist in China der *„Wedding planner"* ein großes Geschäft und dazu gehört das Hochzeitsfotobuch. Die Braut wird hübsch gemacht. Da die Chinesen für viele Dinge, aber nicht unbedingt für ihre Schönheit berühmt sind, werden dabei teilweise Meisterwerke vollbracht. Ich durfte selbst einige Male Zeuge dieser Verwandlungen werden. Plastische Chirurgen dieser Welt, macht euch auf nach China und lernt, wie man auch ohne Operation Schönheit erzeugt.

Und was trägt man unter dem Brautkleid? Meist Sportschuhe und manchmal sogar Jeans. Es wird „gepost", sich verträumt in die Augen geschaut, sich gehalten, sich angeschmachtet. Sie liegt im Gras mit dem Kopf auf seinem Schoß. Oder ganz Machopose: Er steht, sie kniet. Der Fotograph, ein Hochzeitsbild-Profi, dirigiert das Brautpaar und die Crew. Mit Spiegeln wird jede Szene richtig ausgeleuchtet, sodass die Schönheit komplett herausgearbeitet werden kann.

Lorenz und Alena werden zu *„Shooting stars"*. Aus Liebe zu Kindern oder weil es in China angeblich Glück bringen soll, wenn blonde Kinder mit auf dem Foto sind, werden Lorenz und Alena überall herangewunken und sollen mit auf das Bild. Was am Anfang noch Spaß ist, artet am Schluss in Stress aus, da es einfach zu viele Paare sind. Würden wir einen Euro pro Bild verlangen, das Taschengeld wäre auf Monate hinaus verdient.

Nach so viel Casting beschließen wir, uns an einem Tisch etwas tiefer im Park niederzulassen und unser mitgebrachtes Essen zu verspeisen. Ruhig und idyllisch geht es zu. Da leider der Vogelgesang in diesen Parks nicht immer garantiert werden kann, dieser aber sehr idyllisch und entspannend ist und zur Natur gehört, wird er eben über Lautsprecher eingespielt. Jedoch nicht über irgendwelche plumpen Lautsprecher, sondern solche, die als Stein, Hügelchen oder Vogelhäuschen perfekt in das Gesamtkunstwerk „natürlicher Garten" integriert worden sind.

Um unseren Tisch herum ist es etwas weniger *„picturesque"*, daher verirrt sich kaum ein Hochzeitspaar hierher, und ebenso wenige andere Parkbesucher. Allerdings sind Westler im Park in Wuxi für viele noch etwas Besonderes und wecken Neugier. Wenn sie dazu auch etwas essen, dann ist die Neugier besonders groß. Ähnlich ist es ja bei der Tierfütterung im Zoo, die die meisten Besucher anzieht. Da sind der westliche und der östliche Mensch noch gleich. Es interessiert ihn, er wüsste gern Genaueres. Was isst er wohl, dieser fremde Mensch? Jetzt macht sich aber ein Unterschied zwischen West und Ost bemerkbar: Mir hat man beigebracht, dass man nicht neugierig sein soll, dass man auf gar keinen Fall zu genau hinschaut. Das ist unfein. „Das tut man nicht". Dem östlichen Menschen hat man diese Freude an der Neugier scheinbar nicht genommen. Immer wieder habe ich in China festgestellt: „Das tut man nicht" gibt es hier nicht (zumindest jenes „Das tut man nicht" nach unserer westlichen Lehre; nicht umsonst gibt es inzwischen sehr viele Benimmkurse in China, in denen Chinesen lernen, dass Schlürfen, Rülpsen, Schmatzen, Furzen, Spucken und vieles mehr im Westen schlecht ankommt und daher dort zu unterlassen ist).

So haben wir gleich Besuch. Das ist doch interessant, was der westliche Mensch denn so im Park da macht. Da muss man schon mal hingehen, wenn man die Gelegenheit hat, und observieren. Das könnte ja ebenso für andere zu Hause interessant sein, oder man kann was lernen.

Innerhalb der nächsten halben Stunde haben wir drei Besucher, die zu uns an den Tisch kommen und schauen, Gott sei Dank nichts anfassen und uns so freundlich und herzlich anlachen, dass wir ihnen nicht böse sein können. Wir fühlen uns, ehrlich gesagt, gar nicht unangenehm beobachtet. Wir lachen zurück, erstaunen unsere Besucher mit ein paar chinesische Wortbrocken, machen „Mmh" oder „Ahh" und freuen uns, diesen Leuten mit unserem Picknick Stoff für die abendliche Erzählung im Familienkreis gegeben zu haben.

EINSTIEG INS LEBEN
UND ERKENNTNISSE

Die erste Woche ist vorbei und das „Alltagsleben" in China beginnt. Die Arbeit geht los. Wir stellen weitere Leute ein, das Gebäude wächst, es gibt viel Kommunikation mit den Werken, die den Aufbau unterstützen. Wir haben viele Besucher, da China für alle interessant ist, und es werden mehr Expats für den Hochlauf der Fertigung in Suzhou eingestellt. Ich gehe früh und komme spät nach Hause, das übliche Arbeitsleben eines Expats.

Die Kinder besuchen die Schule. Es ist eine internationale Schule, die im Industriepark angesiedelt ist. Die nächste deutsche Schule liegt in Shanghai, wir finden es allerdings wesentlich besser, dass unsere Kinder gerade jetzt in ihren jungen Jahren in einem internationalen Umfeld aufwachsen und unterrichtet werden. Der Schwerpunkt der ersten Wochen liegt auf dem Erlernen von Englisch, der Unterrichtssprache an der Schule. Parallel nehmen die Kinder auch schon am normalen Unterricht teil und wachsen dort immer mehr hinein. Sie werden an der Schule ebenfalls chinesisch lernen. Alena, die ja schon ein wenig älter ist, wird es am Schluss deutlich besser sprechen als ich.

Anne übernimmt weiterhin das Familien- und Heimmanagement, keine ganz einfache Aufgabe in dieser Fremde.

Um zu lernen und sich auszutauschen, nimmt sie an den einmal wöchentlich stattfindenden Treffen der Expat-Frauen teil. Das ist auch der Platz, neue Kontakte zu knüpfen. Um im chinesischen Leben noch besser durchzukommen, lernt Anne weiter Chinesisch und ist darin schon ziemlich bald recht sicher. Sie interessiert sich für chinesische Heilkunde und belegt einen Kurs.

So nimmt das Leben in China seinen Lauf und wir fühlen uns täglich heimischer.

1. Friseur

Es ist Samstag und ich stehe früh auf, blicke aus dem Fenster und habe wieder eins dieser „Ich bin in China"-Erlebnisse. Bevor wir nach China zogen, belegte Anne einen Tai-Chi-Kurs in Ansbach. Ok, Tai Chi und Ansbach!! Sehr exotisch. Ehrlich gesagt, hatte das für mich immer ein bisschen was von „durchgeknallt". Diese komischen Verrenkungen, irgendwas zwischen Kung-Fu und ja, was eigentlich? Ich dachte: Das ist doch nur was für Leute, die nach einem 30-semestrigen Sozialwissenschaftsstudium seit zehn Jahren philosophieren und sich selbst suchen. Also irgendwie nicht wirklich real. Und dann wacht man in China auf, schaut aus dem Fenster in den Park und was sieht man? Chinesen jeglichen Alters und Geschlechts turnen oder tanzen ihre Tai-Chi-Übungen. So, wie wir in Deutschland in die Gymnastikgruppe gehen, wird hier Thai Chi gemacht. Nichts Abgefahrenes, nichts Exotisches, sondern ganz normal. Das findet zur selben Zeit in zehntausenden Parks in ganz China statt. „Wir sind in China", sage ich und drehe mich zu Anne um.

„Du musst zum Friseur", antwortet sie.

„Ich weiß." Ich habe es in Deutschland nicht mehr geschafft, mir die Haare schneiden zu lassen, und jetzt muss ich hier in China gehen. Wenn ich mir so die chinesische Durchschnittsfrisur anschaue, bin ich etwas nervös. Ob die den richtigen Topf für den westlichen Kopf haben?

„Geh zu dem Friseur unten bei Euch im Haus", sagte Leon, mit dem ich telefoniert hatte. „Der ist gut, der hat mehrere westliche Kunden." Und da stehe ich jetzt und warte, dass ich drankomme.

„Bitte setzen Sie sich", sagt mir eine junge, hübsche Friseurin. Ich werde in einem der Stühle platziert und es geht los. Es ist - wie soll ich es ausdrücken - ganz überraschend einfach ein Wohlgenuss. Es ist Balsam für die Seele. Ich habe, wie beschrieben, kurze Haare, aber der Friseurbesuch dauert dennoch fast eine Stunde.

„Mit Waschen?", fragt die Friseurin.

„Ja, okay, wenn es dazugehört." sage ich. Erstmal läuft angenehm warmes Wasser auf meinen über ein Becken zurückgelehnten Kopf. Es beginnt die Kopfmassage. Ich habe zuvor nie eine Kopfmassage bekommen (vielleicht mal eine Kopfnuss, hahaha). Sie ist sensationell. Obwohl am Kopf nur Haut und dann gleich Knochen sind (okay, bei anderen ist auch Haar dazwischen), also eigentlich ja nichts zu massieren, ist es ein total angenehmes Gefühl. Mein Kopf wird schamponiert, bestimmt 15 Minuten eingeseift und durchmassiert. Als kopflastiger Mensch empfinde ich es wahrscheinlich noch angenehmer als vielleicht manch anderer. Jetzt ist die kürzeste Viertelstunde der Weltgeschichte leider schon vorbei und es geht zum eigentlichen Grund des Besuches: dem Haareschneiden. Es ist auch in 15 Minuten erledigt, und meine Friseurin macht das ganz ordentlich. Anschließend rückt die Dame mit Wattestäbchen an und beginnt mir auf einmal die Ohren auszuputzen. Das ist genauso drin im Service, jedoch mir nicht so angenehm, und so bitte ich, sie diesen Teil zu verkürzen. Sie kommt dem Wunsch nach. Jetzt folgt die Wäsche nach dem Schneiden. Toll, dieselbe wohltuende Prozedur. Und als der Kopf fertig und abgetrocknet ist, werde ich wieder aufrecht in meinen Stuhl gesetzt. Die Friseurin massiert mir die Schultern und arbeitet sich anschließend den ganzen Rücken herunter. Wow. Nach gefühlten fünf Minuten (die Uhr sagt dagegen eindeutig eine Stunde) ist es leider schon vorbei. Das Ganze kostet fünf Euro. Ich bete, dass meine Haare hier im feuchteren

Klima schneller wachsen, sodass es bald wieder heißt: „Du musst zum Friseur!"

Ganz entspannt fahre ich nach oben in den 31. Stock und habe Zeit über das Fahrstuhlfahren in China zu sinnieren. China ist ein Land der Hochhäuser. Grund und Boden in den großen Städten ist teuer und das Leben damit sehr konzentriert. Daher gibt es unzählige Hochhäuser und dementsprechend viele Fahrstühle. Und manche sind extrem schnell: Im Jin Mao, dem damals höchsten Gebäude Chinas, benötigt der Fahrstuhl gerade mal 46 Sekunden für die Fahrt über 88 Stockwerke inklusive einer perfekten Anfahr- und Abstopp-Phase, so dass man das Fahren im Prinzip gar nicht merkt. Das ergibt eine Geschwindigkeit von über 30 Stundenkilometern (ganz schön schnell, auch wenn es natürlich noch schneller geht: Der schnellste Aufzug der Welt fährt mit 76 Stundenkilometern). Andererseits zuckeln in China auch sehr langsame Aufzüge vor sich hin, wie der Lastenaufzug bei uns in der Firma, der braucht dieselbe Zeit für genau ein Stockwerk.

Was dagegen allen Aufzügen in China gleich ist, ist diese spezielle wichtigste Taste. Diese Taste gibt es in deutschen Aufzügen oft nicht. Das ist mir allerdings erst nach meinem Chinaaufenthalt aufgefallen. Die wichtigste Taste ist nicht etwa die Emergency-Taste. Es ist ebenso wenig die Taste für den ersten Stock (entspricht unserem Erdgeschoss). Nein, es ist die Taste, um die Tür zu schließen. Sie haben richtig gelesen: um die Tür zu schließen, nicht zu öffnen. Schnelligkeit ist in China einfach Trumpf. Alles muss schnell gehen, Zeit darf nicht nutzlos verschwendet werden und so ist für den Chinesen fast nichts unerträglicher, als die Zeit, die vergeht von: Aufzug hält - Türe geht auf - Person steigt aus - nichts passiert, warten - nichts passiert, warten - nichts passiert, warten - nichts passiert, warten - die Tür schließt - Weiterfahrt. Und genau dafür gibt es die „Tür-schließt-Taste". Der neue Ablauf ist dann: Aufzug hält - Türe geht auf - Person steigt aus - nichts passiert - die Türe schließt - Weiterfahrt. Wenn man die Sekunden,

die die Menschheit durch die Erfindung der „Tür-schließt-Taste"
spart, hochrechnet, kommt man bei 1,3 Milliarden Chinesen auf
gigantische Zahlen. Damit werden Menschenjahrhunderte gespart.
Dem namenlosen Erfinder der Taste gebührt einfach höchste Ehre.

2. Verkehr

An einem normalen Arbeitstag fährt Mr. Li mich morgens zur
Firma und wartet dort zusammen mit den anderen Fahrern. Wenn
Anne irgendwohin möchte, ruft sie an, Mr. Li kommt zu unserem
Haus zurück und fährt sie, wenn nötig, den ganzen Tag. Abends
holt er mich von der Arbeit ab und bringt mich nach Hause. Das
Auto bleibt bei uns und *Li xiansheng* fährt mit dem Bus zu seiner
nahen Wohnung. Das Angebot, das Auto abends mitzunehmen,
schlägt er aus, vermutlich aus Sorge, dass er es nicht sicher bei
sich abstellen kann. Später, als wir den chinesischen Führerschein
haben, fahre ich teilweise selber.

Der Weg zur Arbeit geht durch den sehr geordneten Industriepark und stellte keine große Herausforderung dar. Ganz anders,
wenn man den SIP verlässt.

Für jeden, der neu in China ist, ist der Autoverkehr eine, sagen
wir mal: Überraschung. Es ist das Wildwest des Straßenverkehrs.
Besonders wir Deutsche, die wir ja unsere Regeln und deren Be-
folgen lieben, staunen und denken: „Aha, so geht das also auch."
Nachdem ich ein paar Mal in China gewesen war, machten wir
eine Reise nach Rom. Jeder warnte mich vor dem Verkehr dort.
Mein Fazit: Im Vergleich zu China ist das Fahren in Rom wie das
Fahren auf einem wohlbehüteten Verkehrsübungsplatz.

Drei Regeln gelten in China trotz alledem für den Verkehr.

Regel 1: der „Darwinismus", das Recht des Stärkeren. Die Krönung der Straßenschöpfung ist der LKW, der selbst bei Rot laut

hupend über die Kreuzung schießt und dem sich besser alle unterordnen. Danach kommt gleich der Bus, der oft an der Kreuzung das Gleiche macht. In der Rangfolge geht es weiter vom Kleinlaster über Auto und Motorrad, bis man ganz am Schluss beim Fußgänger angekommen ist, ungeschützt und wie Freiwild.

Regel 2: Wer zuerst kommt, fährt zuerst.

Regel 3: Wo ein Körper ist, kann kein zweiter sein (allein Regel 3 wird gelegentlich außer Kraft gesetzt, wenn sich infolge eines Unfalls dennoch ein zweiter Autokörper dort verkeilt, wo bereits ein erster ist).

Alle anderen Regeln, die wir so kennen, wie Vorfahrt, zweispuriges Fahren auf zweispuriger Straße, nicht rückwärts auf der Autobahn unterwegs sein, nicht zum Pinkeln auf dem Standstreifen halten oder nachts das Licht einschalten, um nur einige zu nennen, gibt es zwar im chinesischen Straßenrecht, sie sind aber allenfalls Empfehlungen ohne größere Bedeutung.

Allerdings wird im Grunde kaum aggressiv gefahren. Wenn sich alle vor dem Mauthäuschen auf der Autobahn durchzwängen, gewinnt der, der irgendwann die Spitze vorne hat (siehe Regel 2). Jedoch nie wird der andere Fahrer beschimpft, weil er gedrängelt hat. Man akzeptiert die „Niederlage" oder empfindet sie nicht als solche. Hupen ist immer ein Warnsignal: „Achtung, ich bin hier oder ich komme." Nie hat Hupen, wie in Deutschland, etwas Belehrendes oder Anklagendes. Das „Ich habe Vorfahrt gehabt, nicht du, du Idiot"-Hupen oder das „Ich war schneller auf der Überholspur und du bist trotzdem rausgezogen, Du Volltrottel"-Hupen gibt es in China nicht.

Ein weiteres Merkmal des chinesischen Straßenverkehrs ist, dass sich viele Chinesen bei der Überquerung der Straße mehr auf ihre Ohren als auf ihre Augen verlassen. Das heißt, sie laufen einfach los und wenn nichts hupt, wird wohl nichts kommen. Für mich war daher der GAU am Auto eine kaputte Hupe. Wenn die Bremsen nicht mehr richtig gingen, schlecht, aber na ja. Kein Blinker, kein Problem. Aber keine Hupe: Damit war das Auto unfahrbar, eine Teilnahme am Straßenverkehr quasi ausgeschlossen.

Inzwischen ist die Polizei zwar im Verkehr etwas rigoroser, jedoch Autofahren in China, gerade in den kleineren Städten, ist ein Abenteuer, wie man es auf dieser Welt sonst nur noch selten findet. Wir haben das Selbstfahren in China genossen und schnell die Möglichkeiten und Freiheiten, die es bietet, in Deutschland vermisst. Dennoch: In kaum einem Land der Welt gibt es mehr Unfälle als in China, und das liegt ganz klar an der beschriebenen Wildwestmanier.

3. Haussuche und unser neues Heim

Auch wenn wir uns in unserer temporären Wohnung ganz wohl fühlen, wollen wir doch langsam nach 2 Monaten unser endgültiges Zuhause für unsere Zeit in China finden.

Das Angebot ist riesig. Grundsätzlich liegen die Wohnungen und Häuser für die Expats in den zwei großen Industriegebieten oder in deren Nähe. Da die Gebiete von der Stadt weg wachsen, sind die älteren Wohnanlagen näher an der Innenstadt, die jüngeren schon weiter draußen in der Umgebung der neueren Fabriken. Die „Halbwertszeit" der Compounds für reiche Chinesen und Expats liegt bei zehn Jahren. Teils der Witterung geschuldet, hauptsächlich allerdings aufgrund der oft sehr mäßigen Bauqualität sehen dann die Häuser heruntergekommen aus. Die Reicheren ziehen aus und die nächste Einkommensschicht zieht ein. Im Prinzip wie bei uns in Deutschland, nur findet der Vorgang eben in kürzerer Zeit statt. Nun zu sagen: „Tja, in Deutschland wird halt besser hergestellt!", beschreibt nur die halbe Wahrheit. Bei uns ist vieles für die Ewigkeit gebaut, es dauert jedoch wesentlich länger, die Gebäude zu errichten, und es ist teurer. In China ist der Ansatz anders. In unglaublich kurzer Zeit werden die Gebäude hochgezogen und sind einzugsbereit. Wenn sie nach 20 Jahren heruntergekommen sind, werden sie abgerissen und danach wird etwas Zeitgemäßes aufgestellt. Das ist in Summe noch billiger als bei uns. Dass im Neubau manchmal bereits die Tür nicht mehr schließt, die letzte kleine Fliesenreihe fehlt, Heiß- und Kaltwasserhähne vertauscht sind oder es durch den Fensterstock zieht, während das Ganze vom Makler als „*Top Quality*" und der modernste Schrei angeboten wird, frustriert den Deutschen dann doch.

Das sind also die Ausgangsbedingungen. Die Jagd kann beginnen. Für die, die einfach irgendetwas suchen, ist die Jagd schnell zu Ende. Bei denjenigen, für die es etwas Besonderes, Schönes, Heimeliges, preislich Adäquates sein soll, dauert es länger.

Dutzende und aberdutzende Wohnungen und Häuser werden uns gezeigt. Zunächst der Ramsch, der sich schon ewig auf dem Markt befindet und bei dem man immer noch hofft, dass eines Tages der Dumme morgens aufsteht und ihn nimmt. Dass dieser Dumme Anne wohl nicht ist, wird Lucy, unserer Maklerin, schnell klar. Dass sich Anne jedoch mit dem Normalen und Durchschnittlichen ebenfalls nicht zufriedengibt, muss sich Lucy erst erarbeiten. Sie zeigt uns vieles, aber sehr viel Durchschnitt und ohne jegliche Atmosphäre oder Ausstrahlung. Wir suchen ja nicht nur eine Bleibe, wir suchen ein Heim für die nächsten Jahre. Viele Wohnungen im westlichen modernen Stil werden angeboten, aber wir finden: Wenn wir schon in China leben, soll es wenigstens ein bisschen asiatischen Flair haben. Bei rein asiatischem Stil bleibt meist das Moderne und Annehmliche komplett auf der Strecke, soweit dies für Expats überhaupt angeboten wird.

„Zu weit draußen, Lucy."

„Zu klein, zu wenig Zimmer, wir brauchen ein Gästezimmer, Lucy."

„Das ist jetzt nicht dein Ernst, das ist ja eine Bruchbude, Lucy."

„Das ist wohl zu teuer, das zahlt die Firma nicht, Lucy."

„Die Anlage selber ist ja total verkommen, da lasse ich meine Kinder nicht spielen, Lucy."

„Nicht schlecht, aber nicht richtig gut, Lucy."

Ein anderer Makler, den wir zusätzlich engagieren, bekommt es auch nicht besser hin, bis eines Tages, zwei Monate nach dem Beginn der Suche, der Anruf kommt:

„Hallo Anne, hier ist Lucy, jetzt habe ich euer zu Hause gefunden." Als wir das Haus sehen, sagen wir: „Lucy, du hast recht, das ist unser Heim."

Das Haus hat drei Stockwerke und ist noch dazu mit halben Etagen aufgelockert. Unten ein großer Wohnbereich und ein halbes Stockwerk darüber der Essbereich, daneben gleich die Küche. Der ganze Bereich ist mit weißen Marmorfliesen ausgelegt. Eine dunkle Holztreppe führt aus dem Wohnzimmer heraus in einem offenen Treppenhaus nach oben. Der nächste Stock beginnt mit einem „normalen" rechteckigen Zimmer, das Alenas Reich wird. Daneben geht es in einen kleinen Trakt mit dunklem Holzboden. Dort ist ein schräg zugeschnittenes Zimmer, in dem Lorenz schläft, ein Bad, mit Milchglasscheiben abgeteilt, und auf der anderen Seite des Bads ein weiterer asymmetrischer Raum, der zum Spielzimmer der Kinder wird. Komplettiert wird diese Etage durch das Gästezimmer, einem sehr asiatischen Raum mit Mahagonifußboden, kunstvoll gestalteten Schiebetüren und wunderbaren chinesischen Wandverzierungen. Ganz oben liegt unser Schlafzimmer mit Bad, und ein kleines Büro. Der Hingucker schlechthin ist ein Baum, der durch das Haus „wächst". Aus dem Wohnzimmer heraus, das Treppenhaus hoch bis über den ersten Stock hinaus erstreckt er sich – künstlich, allerdings täuschend echt. Er „entspringt" aus einer Art Steinbeet im Wohnzimmer. Das Haus hat zwei Balkone und eine Terrasse in einem schmalen Garten. Die Terrasse ist mit runden Steinen ausgelegt, die, wenn man barfuß darüber geht, die Füße massieren. Ein Bambus und eine Bananenpflanze wachsen im Garten gleich neben einem kleinen Teich, in dem Schildkröten schwimmen. Das Wasser für den Teich wird über einen zerklüfteten Felsen gespeist, der aus dem Tai Hu kommt. Die Anlage, in der unser Heim steht, ist schon relativ alt, aber für die Kinder ein Traum. Wasserwege ziehen sich durch die Gartenanlagen, ideal, um Bötchen fahren zu lassen oder Kaulquappen zu fangen. Auf Rasenflächen kann man bolzen, es gibt Brücken, Wege, Hügel, um Fangen zu spielen und Felsen, um sich dahinter zu verstecken. Auf kleinen Stichstraßen werden die Kinder Fahrrad und Inliner fahren lernen, und die Anlage hat sogar einen Swimmingpool, der in den Sommermonaten betrieben wird. Das ganze Terrain ist ein Spielparadies und wird von unseren Kindern, die sich schnell mit anderen Kindern anfreunden, ausgiebig genutzt.

Wir haben unser Heim für drei Jahre gefunden.

Und nicht nur das Haus erweist sich als Glücksgriff. Die Haushalthilfe des Vorbesitzers möchte an gewohnter Stelle weiterarbeiten und uns folglich helfen. Wir stimmen zu und gewinnen so unsere „*Ayi*", wörtlich übersetzt „Tante" (das ist der gängige Name für Haushaltshilfen, und so möchte sie auch genannt werden). Neben Herrn Li ist sie ein weiterer Mensch, der uns mit seinem Wesen sehr ans Herz wächst, uns uneingeschränkt unterstützt und auch für die Kinder sehr schnell zur Vertrauensperson wird. Ein wirklicher Gewinn für unsere Zeit in China.

4. Fahrradfahren

Blau ist es, umgerechnet 60 Euro hat es gekostet. 15 Gänge und robuste Reifen. Mein erstes Mountainbike. Nichts, um in den deutschen Alpen zu bestehen, dagegen perfekt für die teilweise etwas holprigen Straßen in China. Ich bin Fahrradfan und schon immer viel gefahren, auch ohne je an irgendwelchen Rennen teilgenommen zu haben. Ich betreibe Fahrradfahren als Ausgleichssport. Und das will ich in China beibehalten.

„Hier willst du Fahrradfahren, bei dem Verkehr, bei dem Chaos?", bemerkten viele Freunde skeptisch.

„Ja, will ich", entgegnete ich und in drei Jahren habe ich das chinesische Leben gerade mit meinem Fahrrad intensiv kennengelernt.

Ich starte auf die einfache Art. Das Fahrrad steht in unserer Wohnung im 31. Stock und fährt erstmal Fahrstuhl. Da unser erstes Domizil unweit des Jinji Hu liegt, bietet sich eine Runde um diesen See an. Das wird meine Standardrunde auch nach unserem Umzug in unser endgültiges Heim bleiben. Sie ist elf Kilometer lang, und da es in Suzhou jetzt schnell warm oder sogar heiß wird, ist der kühle Morgen die beste Zeit, zu fahren. Also auf, so kurz vor 6.00 Uhr, und los. Selbstverständlich sind die ersten Wochen ein harter Kampf und zähes Ringen mit dem inneren Schweinehund. Gewaltig ist er, laut bellend, um sich beißend, winselnd, flehend. Alle Mittel wendet er an und trägt manchen Sieg davon. Aber er gewinnt nur Schlachten: Den Krieg gewinne ich. Nach einem Monat geht mir das frühe Aufstehen ganz in Fleisch und Blut über, sodass mir förmlich etwas fehlt, wenn ich nicht fahre. Ich brauche keinen Wecker mehr, um wachzuwerden. Schnell finde ich mein ideales Tempo, bei dem der Blutdruck in Wallung kommt, Glückshormone ausgeschüttet werden, sich jedoch keine Erschöpfung einstellt. Nach einer guten Fahrradrunde am Morgen ist der Tag dein Freund und es kann, egal, was kommt, gar nichts mehr so Schlimmes passieren, dass er dir diese Freundschaft aufkündigt. Ich gehe dann voll motiviert an die Arbeit.

Die Runde um den Jinji Hu ist einfach. Flach ist es, die einzige Erhebung ist eine langgezogene Brücke über einen Zufluss zum See. Es gibt eine Art Fahrradweg am Ufer, auf dem allerdings so manche langsamen Fahrradfahrer das Vorwärtskommen behindern. Aber auch die Straßen sind leer, besonders um diese Uhrzeit. Auf der Westseite des Sees fährt man durch den Industriepark, anschließend über die Brücke, erst an der Ostseite wird es parkähnlich, danach kommen ältere Häuser und südlich verläuft der

Weg drei Kilometer parallel zu einer großen Einfallstraße. Wenn dort leichter Rückenwind herrscht, explodieren die Glückshormone förmlich bei 40 km/h, während man an den Elektrorollern vorbeischießt. Durch die Einfachheit der Strecke ergibt es sich, dass nur noch der Körper Fahrrad fahren muss, die Gedanken sind ganz frei, können schon mal den Tag vorausplanen oder sich mit anderen Dinge beschäftigen.

Meine Fahrt wird begleitet von so manchen radelnden Bauarbeitern, bewaffnet mit der privaten Schaufel oder Hacke, auf der Suche nach einem Tagesjob, oder von Angestellten unterwegs mit dem Fahrrad oder dem Elektroroller zur Arbeit. Ein paar wenige Holzhütten oder bessere Bretterverschläge stehen noch am See. Daraus treten überraschend sauber gekleidete Menschen hervor, haben oft schon das Handy am Ohr und machen sich auf den Weg nach irgendwo. Ab und zu steht ein Mann am Straßenrand mit drei, vier Schildkröten, die er an den Beinen zusammengebunden hat. Frisch gefangen, kommen sie hier aus dem Gewässer und warten auf einen Käufer, der sich davon eine schöne Suppe kocht.

Zwei Arten von Strecken habe ich mir über die drei Jahre „erarbeitet". Diejenigen in der Natur oder in weniger belebten Gegenden und die, die mitten rein ins chinesische Leben führten. Je nach Stimmungslage wähle ich die eine oder andere Art aus. Gefunden habe ich die Routen mittels eines Stadtplans und viel „trial and error".

Die „Naturstrecken" führen um den Jinji Hu, umrunden den Yangzhou Lake mit einer Strecke von über 80 Kilometern oder führen zum Tai Hu und zurück mit einer 100-km-Etappe. Der Ausdruck „Naturstrecken" ist in solchen Ballungsräumen relativ. Natur ist hier, wenn es nicht durch die Stadt oder durch belebte Wohnviertel geht.

Kulturell interessanter ist es, durch die Stadt oder die Wohngebiete zu fahren. Dort brodelt das Leben, und ich fahre mit dem

Rad mitten durch. Ich umkurve Fußgänger und Fahrradfahrer, ich drängle mich an Autos vorbei oder beweise Steherqualitäten bei der Durchquerung von Märkten mit ihren Menschenmassen. Nie fühle ich mich unsicher im Verkehr, da trotz oder gerade wegen des Chaos auf der Straße jeder auf jeden aufpasst. Und ich gewinne so einige Erkenntnisse auf meinen Fahrten.

Erkenntnis 1: China liebt es nicht direkt. Nicht in der Kommunikation und nicht auf den Wegen. In Deutschland gibt es in der Regel eine oder zwei Hauptstraßen, die durch die Orte führen. Folgt man in Suzhou dieser Erfahrung, ist man schnell verloren. Was auf der einen Seite als Hauptstraße hineinführt, verliert sich irgendwann im Gewirr oder im Nirgendwo, während gleichzeitig eine andere Straße zum Hauptweg mutiert. Oft dachte ich, dass dies vielleicht auf *Feng Shui* basiert, bei dem ein direkter Durchgang, zum Beispiel von der Eingangstür in den Wohnbereich durch einen Raumteiler, vermieden wird. Oder man möchte nur verhindern, dass die bösen Geister durch die Stadt kommen, weil sie ja bekanntlich kein Zickzack laufen können. Vielleicht liegt es aber auch nur daran, dass für die linke Seite der Stadt eine andere Planungsabteilung zuständig ist als für die rechte und beide sich nicht abgestimmt haben. In jedem Fall muss man Wissen haben, um durch die Stadt zu kommen, und Wissen ist Macht.

Erkenntnis 2: China wandelt sich sehr schnell. Letzte Woche bin ich hier auf einer schönen Straße gefahren. Die ist jetzt weg und durch einen Feldweg ersetzt worden. Dahinter sieht man schon die neue vierspurige Straße. Vor sechs Wochen war ich da und es standen noch alte Häuser. Die sind abgebaut und die Erde für das Hochhaus wird gerade ausgehoben. Zwölf Wochen später sind die Hochhäuser bereits fast fertig.

Erkenntnis 3: Es gibt immer einen Weg in China. Geht nicht, gibt's nicht. Oft passiert es mir beim Fahrradfahren: Letzte Woche noch eine schöne Straße und heute alles Baustelle. Zäunen sind aufgebaut und die Brücke ist ebenfalls abgerissen. Sieht eigentlich unpassierbar aus, aber ich kenne ja inzwischen meine chinesischen „Pappenheimer". Also los geht's. Den Zaun hat einer aufgebogen, da passe ich drunter durch. Anschließend ein ein Meter hoher steiler Wall. Genau da unten, sehe ich, hat einer mit ein paar Steinen und einem Brett eine Rampe gebaut. Dahin fahre ich und schiebe das Fahrrad hoch. Die Arbeiter blicken herüber, interessieren sich allerdings nicht besonders für mich. Jetzt irgendwie über den Wasserkanal. Ah ja, dahinten neben der Baubude ist es ja. Da schiebt sogar schon einer seinen Roller über die Bretter. Das mache ich genauso. Danach wieder der Zaun hochgebogen und ich bin zurück auf der Straße. Geht nicht, gibt's nicht: „Das Handy können Sie nur zusammen mit der SIM-Karte kaufen!" Eine Viertelstunde verhandeln: „Geht doch". - „Nein, den Koffer müssen Sie selbst abholen!" - 15 Minuten schärfer diskutiert, der Koffer kommt: „Geht doch". „Nein, das Geld können Sie nicht nach Deutschland überweisen!" Fünf Anrufe, drei Gespräche inklusive Supervisor später: „Bitte geben Sie mir die Kontonummer!" „Geht doch!". Oft nur nicht, wie ursprünglich geplant. Ein bisschen Flexibilität ist erforderlich.

Eine weitere erstaunliche Erkenntnis erschließt sich mir bei der Durchquerung so mancher Wohnviertel. Tante-Emma-Läden gibt es in Deutschland ja so gut wie nicht mehr. Der kleine Laden hat bei uns ausgedient, weil er zu teuer ist und fast jeder Auto fährt und damit den billigeren Supermarkt erreicht. In China ist das anders, da sind nicht alle Menschen motorisiert, also wird der Tante-Emma-Laden noch gebraucht und man findet ihn häufig. Dass in China aber auch Nichte Lolita das Etablissement um die Ecke hat, kommt doch etwas überraschend für den biederen Deutschen. Ich fahre mit dem Fahrrad durchs Wohngebiet, alles ist normal. Leute vor dem Haus spielen Karten, eine Frau im Schlafanzug putzt Bohnen, Kinder jagen hintereinander her, und dann sitzt eine Dame im Minirock, in brustbetonendem Top und geschminkt mit ihrer Freundin in ähnlicher Aufmachung vor einem kleinen Laden auf einem Stuhl. Rote Lampions hängen herab und die Fenster sind verdunkelt. Komisch. Ein Friseursalon? Eine Woche drauf, es ist später Nachmittag, ein anderes Wohngebiet mit kleinen Läden in der Nachbarschaft. Ich fahre durch eine etwas abgelegene Gasse. Ein großes Fenster in einem sehr einfachen Haus, dahinter vier Damen, ultraenge Hosen, ultraenge Tops. Ziemlich eindeutig, obwohl es hier nicht die Reeperbahn in St.Pauli ist. Erstaunlich. Anscheinend sind auch hier nicht alle Kunden motorisiert und wissen die Gelegenheit in unmittelbarer Nähe zu schätzen. Ohne Nachfrage kein Angebot. Ein fahrradfahrender Westler gehört nicht ins Beuteschema, was bedeutet: Ich werde bei der Vorbeifahrt an solchem Etablissement nicht beachtet.

An dieser Stelle noch drei Weisheiten, die man für den Alltag in China wissen sollte, um in so mancher Situation vorbereitet zu sein.

Viel mehr als bei uns gilt in China Listenreichtum als eine Tugend. Bei uns hat die List einen eher schlechten Ruf, am negativsten beurteilen wir die Hinterlist. In China wird List gerne angewandt: ein wenig die Unwahrheit zu erzählen, einen falschen Eindruck über etwas vermitteln, etwas Entscheidendes in einem Bericht weglassen oder einfach eine Geschichte erfinden, um etwas zu bekommen. Hier gilt: Für all das heiligt der Zweck die Mittel. Das zu wissen, macht es auf der einen Seite schwer, weil nicht mehr so recht klar ist, was man glauben soll. Auf der anderen Seite erleichtert es die Dinge jedoch, weil man sich auf sein Gegenüber besser einstellen kann und es die eigenen Skrupel deutlich verringert, dieselbe Taktik anzuwenden. Ein schönes Beispiel für die Anwendung von List bekamen wir auf der Seidenstraße, dazu später mehr.

Eine Weisheit, die wir auch von zu Hause kennen, hat in China noch einen deutlich höheren Stellenwert: „Wissen ist Macht". „Wissen" wird häufig als Verhandlungsware eingesetzt. Daher wird mit Information oft sehr spärlich umgegangen, und die ganze Geschichte kommt erst nach und nach oder gar nicht auf den Tisch.

Das kennen wir zum einen aus den Nachrichten über China, bei denen zum Beispiel das Ausmaß von Naturkatastrophen nicht deutlich kommuniziert wird. Aber es gilt ebenso im Kleinen, wenn die Dame aus der Personalabteilung der zuständigen Maklerin und uns nicht genau mitteilt, wie hoch das Mietbudget für unser Heim ist, weil „die Agentin ja dann nur das Teure anbietet". Oder die Fluggesellschaft, die nicht damit rausrückt, dass der Flug mindestens fünf Stunden verspätet ist, da sonst die Passagiere eine Entschädigung einklagen können. Vielleicht passiert ja ein Wunder, und von irgendwo kommt ein Flugzeug her, das uns doch mitnimmt.

Eine weitere Regel ist, bei Verhandlungen nie das Faustpfand aus der Hand zu geben, bis der Deal wirklich läuft. Ein bei uns gängiges Motto: „Das haben wir ja so ausgemacht" oder „Ein Wort ist ein Wort" gilt in China wenig. Oft werden sogar unterschriebene Verträge erneut verhandelt, wenn der eigentliche Deal läuft. Kleines Beispiel: „Was kostet es, mit dem Pferd zum Tempel zu reiten?" Der Anfangspreis liegt bei 100 Yuan, wir einigen uns nach zähem Ringen auf 40 Yuan. Dort angekommen, geht es von vorne los. „100 Yuan". - „Wir haben uns doch bei 40 Yuan geeinigt!" - „Meine Kinder sind krank, mein Pferd hat Hunger ...". Ich zahle dem Pferdeführer trotzdem nur 40 Yuan. Ich habe mit dem Geld das Faustpfand. Anderes Beispiel: „Was kostet es mit dem Taxi vom Hotel zum Flughafen?" - „200 Yuan." Wir verhandeln und einigen uns bei 120 Yuan. Der Taxifahrer bekommt den Zuschlag und ich gebe ihm das Geld gleich, weil er angeblich tanken muss. Auf dem Weg ist ein wenig Stau. Da sagt er: „Es dauert viel länger als normal, das kann ich für 120 Yuan nicht mehr machen. Du musst nochmal 50 Yuan zahlen, sonst drehe ich um." - „Aber es waren doch 120 Yuan ausgemacht!" - „Ja, das war so nicht abzusehen. Gib mir jetzt 50 Yuan oder ich halte an und du musst raus." Diesmal hat er das Faustpfand, da ich ihn schon bezahlt hatte. Da kann ich mich noch so aufregen, ich muss zahlen, wenn ich zum Flughafen will, oder aussteigen und in Summe mehr zahlen. Das sind nur kleine Beispiele, im Geschäftsleben läuft es genauso ab, nur die Summen, um die es geht, sind wesentlich höher.

Wenn man sich an diese Weisheiten erinnert, gelingt es einem immer wieder, nicht darauf hereinzufallen. Oder zumindest hat man ein angenehmeres Leben, weil man sich nicht mehr darüber aufregt.

5. Bei der Arbeit

Von meiner Ankunft in China an vergeht ein Jahr, bis das erste Produkt an den Kunden ausgeliefert werden kann. Das klingt zunächst lang. Wenn man berücksichtigt, dass bei meiner Ankunft nur der Boden der Halle fertig war, es erst wenige Mitarbeiter gab und keine einzige Maschine vor Ort stand, ist es aber eine kurze Zeitspanne. Neben der Beaufsichtigung der Bauarbeiten und der Bestellung der Maschinen ist meine anfängliche Aufgabe, die Mitarbeiter zu rekrutieren.

Mr. Zhu ist der erste Ingenieur, den ich engagiere. Bereits während der Übergangszeit, als ich noch nicht fest in China stationiert war, meine Versetzung jedoch schon klar war, reiste ich immer wieder nach Suzhou. Meist waren es Aufenthalte von ein bis zwei Wochen, bei denen es um den Neubau ging, um Zulieferanten, um die Einbettung des neuen Geschäftsbereichs in die vorhandene Organisation und eben um die Einstellung der Mitarbeiter.

Wie finden wir unsere Mitarbeiter? Die Personalabteilung sondiert vor und vereinbart Bewerbungsgespräche. Bei den Interviews sind immer der Bewerber, ein Teilnehmer der Personalabteilung und ich anwesend (was dem Ablauf in Deutschland entspricht). Aber wie erkennt man den begnadeten chinesischen Ingenieur, wie trennt man die Spreu vom Weizen? Genauso wie in Deutschland. Voraussetzung bereits für das Gespräch sind Englisch- oder Deutschkenntnisse beim Bewerber. Ich frage nach Erfahrungen, optimaler Weise schon in westlichen Unternehmen, Ausbildung und Noten, sonstige Referenzen. „Was war Ihr größter Erfolg?" – „Was war Ihre größte Herausforderung?" – „Was sind Ihre Stärken? Erzählen Sie mal!" (Fleiß ist in China immer dabei; eine der Stärken der Chinesen, ohne die nichts geht). – „Wo, glauben Sie, müssen Sie sich steigern?" (Hierauf lautet die Antwort meist: „Ich muss geduldiger werden", eine Schwäche, die 90% der Bewerber auf Nachfrage angeben, weil es ja eigentlich als Stärke rüberkommt; wow: Der Mann bewegt was, ist ungeduldig). So erhält man die Fakten. Zum Schluss kommt das Bauchgefühl dazu. Am Ende des Gespräches, wenn der Bewerber bereits draußen ist, stimmen der Teilnehmer der Personalabteilung und ich uns ab und treffen die Entscheidung, ob wir zu- oder absagen.

Und das Ergebnis? Wie in Deutschland. Es ist schwer, innerhalb einer Stunde ein genaues Bild von einem Menschen zu bekommen, daher besteht die Mannschaft aus Top-Kräften, viel Durchschnitt und leider auch Nieten, die allerdings die Fähigkeit haben, sich gut zu verkaufen, sonst hätten sie das Einstellungsgespräch nicht überlebt. Mr. Zhu, unser erster Ingenieur, gehört zum Durchschnitt. Top-Leute: Mr. Li, Fertigungsbereichsleiter, Meister und meine rechte Hand beim Fertigungsanlauf, er betreut auch die anderen Ingenieure mit. Becky: die beste Sekretärin, die ich je hatte, clever, organisationsstark, man kann sie in den Krieg schicken und sie kommt in der Regel mit einem Sieg zurück. Ben: vermutlich der intelligenteste Mensch, den ich je getroffen habe. Neben ihm fühle ich mich oft ganz dumm, obwohl ich im Intelligenztest immer sehr gut abgeschnitten habe. Mrs. Wong: schnell, clever. Frauen sind bei der Arbeit in China eh ein eigenes Kapitel. Sie sind oft die besseren Mitarbeiter, meist hoch motiviert, haben eine schnelle Auffassungsgabe, Durchsetzungsvermögen und Biss, was so manchen männlichen Kollegen fehlt. Wenn du eine „Tiger Lady" einstellst, hast du einen Volltreffer gelandet. Die sind richtig *tough* und erledigen die Dinge. Mrs. Lu, die Logistikleiterin, war eine solche Tiger Lady. Die willst du natürlich auf deiner Seite haben.

Wie ist es, mit Chinesen zusammenzuarbeiten? Was ist gleich, was ist unterschiedlich? Ich bin Chef, und das ist in China schon mal gut. Dem Chef ist man hier sehr ergeben. Der Vorgesetzte wird in China hofiert und was er sagt, wird getan. Das ist prinzipiell gut so für den Chef, aber leider manchmal eben nicht. Wenn er Blödsinn anweist, wird das genauso gemacht. Den Boss stellt man nicht in Frage. Ich vertrete die Meinung, dass die beste Lösung für ein Problem oft aus der Diskussion in der Gruppe entsteht, bei der jeder sich und seine Expertise einbringt. Das ist hier schwer zu realisieren. Hier wird in der Gruppe darauf gewartet, was der Vorgesetzte sagt und das wird ausgeführt.

Neben meiner Funktion als Chef habe ich noch zwei weitere Vorteile in der chinesischen Arbeitswelt. Ich komme aus dem Westen und ich bin alt (zumindest im Vergleich zu meinen Mitarbeitern). Scheinbar schreibt man dem Westler Weisheit zu. Wohl auch als Anerkennung, dass wir derzeit den höheren Entwicklungsstand haben, hält man das, was wir sagen, für gut und richtig. Die Sache mit dem Alter ist in ganz Asien verbreitet und galt bei uns bis vor ein paar Jahrzehnten auch: das Senioritätsprinzip. Demnach hat der Älteste die meiste Erfahrung und ist daher prädestiniert, die Richtung vorzugeben. Einen jüngeren Chef zu haben, ist oft ein Problem für Mitarbeiter. Nur dann nicht, wenn der junge Chef ein Expat ist, dann ist das wieder okay, da seine fehlende Erfahrung durch die vermeintliche westliche Weisheit wettgemacht wird.

Teamarbeit ist ein besonderes Kapitel in der chinesischen Arbeitswelt. Sie zeichnet sich ja dadurch aus, dass außerhalb einer Hierarchie Leute aus verschiedenen Bereichen zusammenarbeiten, um ein gemeinsames Ziel zu erreichen. Bei uns funktionierte das zunächst ganz schlecht. In der eigenen Gruppe unter einem Chef arbeitet man gut zusammen, aber mit Leuten außerhalb der Gruppe? Da kann es zu Problemen kommen. Innerhalb der Gruppe gibt es ein Ziel und daran lässt sich der Mitarbeiter messen, das kommt seiner Karriere zugute. Jemandem von außerhalb des eige-

nen Bereiches einen Gefallen zu tun oder mit ihm zusammenzuarbeiten, ohne dass es über den Chef läuft, ist schlecht. Auf diese
Weise bekommt der Chef nicht mit, was man alles Gutes macht.
Und es ist schließlich der Vorgesetzte, der beurteilt und einen befördert. So ist also der übliche Weg bei uns, wenn man etwas von
einem Kollegen einer anderen Abteilung braucht: vom Mitarbeiter
hoch zum Chef, danach von Chef zu Chef, anschließend vom
Chef zum anderen Mitarbeiter und denselben Weg zurück. Ein
sehr aufwendiger Ablauf. Wir haben von Anfang an versucht, dies
zu verändern und direkten Kontakt entstehen zu lassen. Wenn
alle Vorgesetzten an einem Strang ziehen und man eine klare Er-
wartungshaltung äußert, funktioniert dies meist auch.

Toll ist die Geschwindigkeit, mit der die Dinge erledigt werden.
Bei klaren Anweisungen an den Mitarbeiter, was zu tun ist, ist es
sofort getan. Egal, wie viel es ist, es ist ruckzuck erledigt. Auswer-
tung der Messwerte der letzten 100.000 Steuergeräte? Das Ergebnis liegt abends auf dem Tisch. Die atemberaubende Schnelligkeit
in China sieht man übrigens an den rasanten Veränderungen im
Land. Fleiß ist, wie schon gesagt, eine Tugend. Bei uns hat Fleiß
ja oft etwas Streberhaftes, hier ist er eine Zier. Deshalb gehen die
Dinge oft so schnell, weil man fleißig daran arbeitet. In der Regel sind alle Mitarbeiter ehrgeizig, engagieren sich, wollen weiter-
kommen. Den Ingenieur, der bei uns 20 Jahre auf derselben Stelle
bleibt und hochzufrieden ist mit seinem technischen Fachgebiet,
den gibt es in China kaum. Jeder will vorankommen. Ist einer gut,
will er aufsteigen. Deshalb haben die Chinesen mehr Hierarchie-
ebenen als wir. Das ermöglicht mehr Aufstiege.

Loyalität ist ein zweischneidiges Schwert bei uns. Solange die
Mitarbeiter für uns arbeiten, sind sie absolut loyal, allerdings
sind viele nicht firmentreu. Im Industriepark gibt es ein Über-
angebot an Firmen. Wenn eine neue Firma aufmacht und mehr
zahlt, sind die Leute weg. Das ist ein Risiko. Wir als europäisches
Unternehmen haben es eigentlich gut. Es gibt eine Rangfolge in

der Attraktivität der Firmen. Unten in der Beliebtheitsskale stehen die chinesischen Firmen, gefolgt von den taiwanesischen, koreanischen, japanischen und europäischen Unternehmen. Am beliebtesten sind die amerikanischen Betriebe. Diese Rangfolge hat mit der Bezahlung zu tun, aber ebenso mit dem Stil der Firma. Die Mitarbeiter wissen, dass es in einem westlichen Unternehmen kollegialer zugeht als in einer chinesischen Fabrik, in der ein rauer Ton herrscht. Außerdem glauben die Leute, in einem westlichen Unternehmen mehr lernen zu können. Lernen ist sehr wichtig für Chinesen. Sie wollen sich stetig fortbilden. Sehr viele Mitarbeiter tun das abends nach der Arbeit, belegen Kurse und machen Abschlüsse. Mit einer westlichen Firma zum Einlernen ins Ausland zu kommen, ist das Tollste überhaupt. Wir hatten damals rund 100 Ingenieure für mehrere Monate zur Ausbildung in Deutschland, Frankreich und Australien. Kein einziger ließ sich diese Gelegenheit entgehen, und alle kamen wieder.

Sehr wichtig im chinesischen Arbeitsleben sind gemeinsame Freizeitveranstaltungen in der Gruppe oder der Abteilung. Die bei uns bevorzugte Einstellung „Arbeit ist Arbeit und Schnaps ist Schnaps" gilt nicht. Die Arbeit ist Teil des Lebens. Es wird nicht so intensiv und verbissen wie bei uns gearbeitet, was allerdings nicht heißt, dass weniger effizient geschafft wird. Die Aktivitäten außerhalb der Arbeit, so ist die Intention, erhöhen den Zusammenhalt der Truppe. Einmal im Jahr gibt es in vielen Firmen ein sogenanntes *Outing*, bei dem das ganze Unternehmen übers Wochenende einen größeren Ausflug mit Bus oder sogar Flugzeug unternimmt.

Für einige Mitarbeiter ist es die einzige Chance, eine Reise zu machen, Gegenden zu sehen, wohin sie sonst nicht kommen würden. Die Ausflüge haben wirklich eine positive Auswirkung auf den Zusammenhalt.

Eine weitere Großveranstaltung ist die Firmenfeier zu Chinese New Year. Eine riesige Halle wird gemietet, alle der über 1000 Mitarbeiter sind eingeladen und sitzen zusammen. Ein Moderator führt durch den Abend, es gibt Reden, Abteilungsvorführungen, Gesangeinlagen, Ehrungen und Auszeichnungen. Die Expats machen sich ein bisschen zum Affen mit chinesischen Liedern und Kleidern, und das kommt besonders gut an. Es wird gemeinsam gegessen und getrunken. Ein weiteres Beispiel zur Pflege der Gemeinschaftlichkeit.

Es sind nicht nur die großen Ereignisse, die den Zusammenhalt stärken. Abends geht man schon mal weg zum Essen oder in die Karaoke Bar, ein Ort, den ich nach mehreren Anläufen ganz gerne aufsuche. Im Übrigen bin ich Experte für den Song „Country Roads".

Zum Abschluss dieses Kapitels ein paar Worte zu den chinesischen Namen. Es gibt rund 1,4 Milliarden Menschen in diesem Land und ungefähr 700 Familiennamen. 20 dieser Namen werden von mehr als der Hälfte der Bevölkerung getragen, also von knapp 700 Millionen Menschen. Selbst diese 20 verteilen sich nicht gleichmäßig, sondern die Namen Wang, Li und Zhang sind die absoluten Spitzenreiter. Stellen Sie sich das etwa so vor, als wenn alle 50 Millionen Franzosen denselben Nachnamen (z.B. Frosch) hätten. Das macht es schwer, die Leute auseinanderzuhalten. Daher ist die Nennung des Vornamens sehr wichtig. Der Vorname ist nicht, wie bei uns, in einem Namensregister eingetragen, aus dem ausgewählt wird, sondern bleibt der Kreativität der Eltern überlassen. Bei Mädchen hat er meist etwas mit Werten wie Schönheit, Anmut, Niedlichkeit oder Naturschönheit wie Sonnenstrahlen und Entsprechendem zu tun, bei Jungs mit Kraft, Stärke, Weisheit und Ähnlichem. So einfach der Nachname auszusprechen ist, da meist nur einsilbig (Wang, Li, Zhou ...), so schwierig ist für nicht Chinesisch Sprechende oft der Vorname. Er entspricht einem chinesischen Wort und ist meist zweisilbig. So ist „Li Chen Lu" Frau „Morgentau" Li.

Um das Leben noch etwas komplizierter zu machen, geben sich viele Chinesen, gerade wenn sie für westliche Unternehmen arbeiten, einen englischen Vornamen. Das kann ein Name sein, der der Person besonders gefällt (so wird z.B. aus Wong Jinjin Wong Rebecca), oder ein Name, der sich aus dem chinesischen Vornamen ableitet: Zhang Haiyang wird zu Zhang Ocean (*Haiyang* bedeutet Ozean). Er kann allerdings auch einen ganz anderen Ursprung haben. In der Regel wird die Person im Unternehmen danach nur mit dem englischen Vornamen angesprochen, der Nachname entfällt. Der Vorname gilt nur im Unternehmen und kann wieder gewechselt werden. Besonders interessant ist es, wenn im Adressverzeichnis des Unternehmens nur der Nachname mit dem chinesischen Vornamen steht, man die Person aber nur mit dem englischen Vornamen kennt. Dann sind wieder die nächsten zehn Minuten Kommunikation zum Zuordnen der Person fällig. Vielleicht ist das sogar beabsichtigt in einem Land, das die Kommunikation liebt und wo Wissen wirklich noch als machtverheißende Ware gehandelt wird.

6. Feiern auf Chinesisch und mit Expats

Über die Teambuilding-Veranstaltungen im Firmenkreis habe ich weiter oben schon berichtet. Dazu gehört auch, dass man Arbeitskollegen zu seiner Hochzeitsfeier einlädt. So kommen wir zu unserer ersten chinesischen Hochzeit.

Mr. Li, meine rechte Hand in der Anfangsphase des Aufbaus, heiratet. Wie in China üblich, wird zur Hochzeitsfeier der Chef eingeladen. So ziemlich der letzte Gast, den man auf einer westlichen Hochzeitsfeier haben will ("Arbeit ist Arbeit, Schnaps ist Schnaps"), ist der Chef; in China ist er in etwa der erste Gast nach der Braut. Also sind wir natürlich eingeladen. Als wir ankommen, werden wir gleich hofiert. Ich bin ja nicht nur der Chef, sondern ein westlicher obendrein. Das macht was her! Und dann noch die süßen, kleinen, blonden Kinder. Diverse Fotoshootings sind da fällig. Mr. Li mit seinem Chef. Das neu vermählte Paar mit dem Chef und seiner Frau, und nun die Kinder dazu; dann nur die Kinder und das Paar und danach nochmal die Kinder und nur die Braut (na, ist das ein Hinweis von Mr. Li an seine Frau bezüglich der Familienplanung?). Anschließend die Eltern der Braut, das Paar und der Chef und seine Frau und könnten vielleicht die Kinder nochmal kommen; die Arbeitskollegen, Mr. Li und der Chef, und ...

Zwanzig Minuten später werden wir an unseren Tisch geführt. Wir sitzen mit ein paar Arbeitskollegen zusammen. Anschließend werden die Reden gehalten. Mr. Li begrüßt zusammen mit seiner Frau die Gäste und sagt etwas, was wir leider nicht verstehen. Applaus. Danach kommt der Vater des Bräutigams. Applaus. Nun der Vater der Braut. Applaus. Dann zeigt jemand auf mich. Hm? Ja, auf mich. Ja – wie? Hätte ich lauter applaudieren sollen? Meine Sekretärin, die neben mir sitzt, erklärt mir, dass der Chef auch was sagen muss. O je, ich habe aber nichts vorbereitet! Egal, rauf auf die Bühne. Auf Englisch sage ich zusammengefasst so was wie: Mr. Li toller Kerl, große Stütze, die Braut sehr hübsch, große Ehre, hier zu sein, klasse Fest. Den Wunsch, dass das Paar viele Kinder haben möge, schlucke ich gerade noch runter, da mir wieder die Ein-Kind-Politik eingefallen ist. Vielen Dank. Applaus. Puh – geschafft, verstanden haben es wahrscheinlich nur die Wenigsten. Zurück zum Tisch. Scheinbar war ich der letzte geplante Redner, denn danach wird etwas von *„Man man chi"*, was so viel heißt wie: „Möge es euch schmecken" gerufen, und die Kellner und Kellnerinnen stürzen mit den ersten Gerichten herein.

Anschließend beginnt die Schwerstarbeit für das Brautpaar. Mit jedem im Saal muss angestoßen werden. Dabei geht das Paar vom Tisch zu Tisch. Es sind in etwa 15 runde Tische à zehn Personen, und mit jedem Gast wird getrunken. Mal mit einer Gruppe aus fünf bis sechs Leuten (hoch die Tassen), mal im Einzelduell (zum Beispiel mit dem Chef). Die Braut schummelt ein bisschen mit der Füllung ihres Glases beim Anstoßen, Mr. Li, als Ehrenmann, prostet nur mit reinem Bier zu. Das sieht man ab Tisch 8 schon deutlich. Na ja, bei der Ein-Kind-Politik muss man es mit der Hochzeitsnacht ja nicht gleich überstürzen. Und dass es in China keinen Sex vor der Ehe gibt, dagegen sprechen die Kondome, die es überall an den Supermarktkassen zu kaufen gibt.

Wir essen. Zum Nachtisch gibt es Melonen, und wir unterhalten uns. Ich drehe mich kurz um und sehe, dass der Saal fast leer ist. Brautentführung, mutmaße ich, oder das chinesische Pendant dazu. Ich rede weiter mit meiner Sekretärin Becky und wende mich nochmal nach hinten, wir sind wirklich fast die Einzigen. Ich frage Becky vorsichtig, was der nächste Programmpunkt ist. Sie antwortet: „Das Ende der Feier!" Ich staune. Jetzt schon? Das ging ja wie im Flug. Ich schaue auf die Uhr: gerade mal anderthalb Stunden vorbei und die Feier ist zu Ende. Auch hier beschränken sich die Chinesen auf das Wesentliche. Das bei uns übliche Rumsitzen und die Unterhaltungen, die Zeit totschlagen, ist nicht ihrs (man muss allerdings ergänzen, dass es auch eine ausführlichere Feier im Familienkreis gibt). Die Geschwindigkeit, mit der sich der Saal nach dem Ende des wichtigsten Teils der Feier leert – nämlich dem Essen – ist erstaunlich.

Übertroffen wird diese Geschwindigkeit übrigens nur noch vom Leeren des Saales nach dem Ende eines *„lucky draw"* (einer Verlosung). Als auf bereits erwähnter Firmenfeier zu Chinese New Year mit über 1000 Teilnehmern der erste Preis im Lucky Draw gezogen worden war (ein Kleinwagen), und damit jeder bis auf einen wusste, dass hier nichts mehr zu gewinnen war, dauerte es ungefähr zwei Minuten, und der gesamte Saal war leer (bis auf die Expats, die nicht genau wussten, was geschah). Bei einer Evakuierung in Deutschland mit dem Ruf „Feuer, Feuer" wäre so eine Halle nicht schneller geräumt als in China mit der Aussage „Und der erste Preis geht an die Nummer ..."

Die Feiern im Expat-Kreis spielen sich meist bei Grillpartys zu Hause oder in den Restaurants ab. Im Sommer kommen dann aber die *„Meiyou tai tai weeks"* (die „Es-gibt-keine-Frau-Wochen").

In Deutschland fliegt der Kegeltrupp eine Woche nach Mallorca oder die Männer gehen zur Herrenskifahrt in die Berge. In

Suzhou fahren die Frauen und Kinder der Expats über den Sommer in ihre Heimatländer nach Deutschland, Schweden, USA.... Die Schule in Suzhou hat drei Monate geschlossen, die Männer haben jedoch nur vier bis sechs Wochen Jahresurlaub. Es ist Hochsommer, die City kocht und dampft bei 40° und 90% Luftfeuchte, und es sind die *Meiyou tai tai weeks*. Unter der Woche geht die Arbeit ganz normal weiter, aber wie sieht ein typischer *Meiyou tai tai*-Freitagabend aus?

„19.00 Uhr Sushiboy?", kommt die SMS von Fran am Nachmittag. „Klar, bis um sieben Uhr", antworte ich. Wir treffen uns vor dem Lokal. Wir sind ein Trupp von Expats aus Schweden, Dänemark, USA, Deutschland und anderen Nationen. Gruppenstärke zwischen fünf und 15, je nach Lust und Laune. Für zehn Euro japanisch Essen „all you can eat", und für 13 Euro „all you can eat and drink". An uns verdienen die garantiert nichts, im Gegenteil. Für mich ist es eh ein Wunder, dass die uns da noch reinlassen bei den Mengen, die wir konsumieren. Jedes Mal erwarte ich, an der Tür unsere Bilder hängen zu sehen mit dem Vermerk „Kein Einlass", jedes Mal kommen wir doch wieder rein und werden sogar freundlich gegrüßt.

Heute sind wir zu zehnt, und angefangen wird mit Bier. Die Skandinavier sind die Trinkfestesten. Fran aus Schweden hebt das Glas: „Hoch die Tassen", und das erste Bier ist weg. Wir bestellen zehnmal „all you can eat and drink". Dann das eingespielte Ritual. Die Bedienung bringt erst die billigen, füllenden Speisen, wir wollen Sashimi (rohen Fisch) und Sushi. Da sie uns kennt und das Trinkgeld immer fürstlich ist, wir sie sozusagen „angefüttert" haben, klappt das ganz gut. Die Tische biegen sich unter Sashimi, Sushi, Hot Pot, Youzi ... und eine weitere Runde Bier. Die Schiebetüre zu unserem Raum geht auf, Nachschub kommt. Langsam wird es Zeit für den Sake. Heiß und kalt und hoch die Tassen. Es ist fast zehn Uhr und wir platzen gleich. Beste Sachen haben wir gegessen, jetzt passt nur noch ein Schälchen Reis zur Abrundung rein, und natürlich ein Sake.

„Geht wer mit ins Pulp Fiction?", fragt Fran.

„Klar", sage ich. Zu fünft ziehen wir los. Zwei Taxis und rein in die Kneipe. Eine Expatkneipe im Pub-Stil mit Musik und mit den nächsten Bieren. Klasse Atmosphäre, gute Musik, tolle Stimmung, leckeres Bier, wir bleiben bis um zwölf.

„Ins Harry's?" - „Ich bin dabei!" Wir haben nur einen weiteren Ausfall zu beklagen und ab geht es in die Stadt in die nächste Bar, diesmal bunt gemischt: Expats und Einheimische. Wieder super Stimmung, gute Musik, und nun ist der Damenanteil auch höher. Achtung, Unliierte, hier wird die Angel ausgeworfen. Laut Insiderkreisen beträgt die Halbwertszeit eines unverheirateten Expats in China ungefähr sechs Monate, dann schlägt wer zu. Zwei Bier bei „Harry's", und um 2.00 Uhr zurück in die „Bar Street". Da sind die Absackerkneipen. Jetzt muss der Schutz der Gruppe einsetzen, denn dort sind die Damen mit den eindeutigen Absichten und die beziehen sich nicht auf das restliche Leben, sondern nur auf diese Nacht. Da hilft nur, als Team eng zusammenzubleiben, so dass kein Herdenmitglied abgesondert werden kann, über das anschließend die Raubtiere herfallen. Wir setzen uns draußen an einen Tisch und trinken Bier, die Damen haben es inzwischen verstanden und lassen uns in Frieden. Wir holen vom Mann am Grill zehn Spieße für jeden. Alle Probleme dieser Welt sind besprochen und gelöst und wir genießen die Nacht. Es ist vier Uhr und wir zahlen. „Wollt ihr noch zu mir?", frage ich. - „Klar", sagen Fran und Peter. Rein ins Taxi, auf zu mir, ich gebe einen Schnaps aus. Wir sitzen am Pool, schwimmen eine Runde, stoßen an und sagen: *„Meiyou tai tai weeks* sind schon ganz schön hart." Um sechs Uhr morgens gehen wir auseinander. Zum Abschied ruft Fran: „Heute Abend um 19.00 Uhr im Blue Marlin?" - „Selbstredend", antworten wir.

Zur Ehrenrettung sei ergänzt, dass es auch eine Variante des *„Meiyou tai tai"*-Tages gab, und zwar die sportliche. An solchen Tagen fanden Hundert-Kilometer-Fahrradtouren statt, Halbmarathons wurden gelaufen, 18-Loch-Golfrunden gespielt. Nur Kulturelles kam nie vor.

Teil 2
Die Reisen

DIE ERSTE SEIDENSTRASSENREISE

1. Die Karawane sammelt sich

Auf den Spuren von Marco Polo verläuft unsere erste große Reise in China. Mit kleineren Reisen, z.B. einer Schifffahrt den Jangtze hinauf von Wuhan nach Chongching, haben wir schon ein bisschen geübt. Jetzt hat Anne, inspiriert durch Reiseführer, dem Buch „Traumstraßen Chinas" und dem Internet, eine Tour zusammengestellt, ein lokales chinesisches Reisebüro kontaktiert und den Trip für uns privat organisieren lassen. Als wir mit einem deutschen Freund reden, der bei der Lufthansa arbeitet und der schon mehrfach spontan auf unseren Reisen für ein paar Tage dazugestoßen ist (beispielsweise für drei Tage auf Hawaii zum Zelten auf dem Haleakala; oder, was eigentlich als Scherz gedacht war: „Lade Euch zu meinem 40. Geburtstag zum Abendessen ein; Revenue: Chez Pierre, Moorea Tahiti, Eure Anne". Wer ist da? Natürlich Ralf, der mit uns vier Tage auf Tahiti verbringt), ist der gleich Feuer und Flamme.

„Da mache ich mit, da bin ich dabei!" Schon sind wir also zu fünft auf unserer Reise. Ein paar Tage später ein Anruf:

„Hallo hier ist Ralf, du, ich habe Freunden von mir erzählt, dass ich auf der Seidenstraße reisen werde und die waren begeistert. Du kennst doch Lea, mit der ich in Südamerika war. Sie und ihr Mann würden gerne mit, ist das okay?" Anne sagt sofort ja. Ich bin etwas skeptisch bei dem Gedanken, eine vermutlich recht anstrengende, intensive Reise mit Leuten zu machen, die man nicht wirklich kennt (so was hat ja zum Beispiel auf Segelschiffen schon bis zum Mord geführt). Nach ein paar Tagen familieninterner Diskussion sagen wir zu, und als sich dann noch unsere Freundin Cornelia aus München ankündigt, ist, wie es sich ja eigentlich für die Seidenstraße auch gehört, die Karawane komplett.

Die Anreise der Karawanenteilnehmer aus Deutschland verläuft einigermaßen reibungsfrei bis auf den Umstand, dass Cornelias Koffer es nicht ganz schafft. Sie kommt erstmal ohne an. Nach einem Anruf beim Flughafen am nächsten Tag lautet die Auskunft: „Ja der Koffer ist jetzt da, Sie dürfen ihn abholen". Da der Flughafen knapp zwei Stunden von uns entfernt liegt, erscheint das eher als suboptimale Lösung. Anne übernimmt den Fall. Am Anfang ruhig und sachlich. Nach der Aussage am Telefon: „Beim Durchleuchten vom Zoll wurde so etwas wie Elfenbein entdeckt, dies erfordert die Öffnung des Koffers durch den Eigentümer", nimmt die Diskussion Fahrt auf. Noch etwas später erfüllt eine Mischung aus Englisch und Chinesisch, angesiedelt im hohen Dezibelbereich, das Haus. Um es abzukürzen und weil ich leider nicht die chinesische Übersetzung für „die Hölle heiß machen" kenne, hier das Ergebnis: Am nächsten Morgen um sechs Uhr biegt ein motorisiertes Dreirad mit zwei Fahrern vor unserem Haus um die Ecke. Einer hält den Samsonite XXL fest, schnürt ihn ab und übergibt ihn an Cornelia. Also, geht doch. Geht nicht, gibt`s nicht. In China findet sich immer ein Weg.

Nach ein paar Tagen der Eingewöhnung für unsere Expeditionsteilnehmer in Suzhou gehen wir an den Start: sechs Erwachsene zwischen 40 und 50 Jahren und unsere zwei Kinder. Da ist Ralf, der Lufthanseat, Single, 160m groß, ein gemütlicher Typ, manchmal ein wenig meinungsstark , wie es die Freiheit des Singlelebens so mit sich bringt, reiseerfahren, gewohnt, im Dschungel auf Hängematten zu schlafen, und sich selbst von verheerendsten hygienischen Zuständen nicht den Spaß am morgendlichen Toilettengang verderben zu lassen. Cornelia, Urlaubsstärke: Cluburlaub (Robinson, Club Med), mag gerne gutes Essen, gerne mal einen guten Drink. Körper: eher vollschlank. Reisebegleiter: Hartschalenkoffer XXL. Erfahrung mit gering entwickelten Regionen: keine. Stärke: immer einen guten Witz auf Lager. Ludwig: Kameramann beim Fernsehen, hat schon aus Kriegsregionen berichtet, ruhiger, sehr umgänglicher Typ. Lea: ebenfalls reiserfahren, dem Neuen gegenüber immer offen, lustiger Typ, der gerne lacht.

Den letzten Abend vor der Reise begehen wir mit zwei Restaurant-Highlights in Suzhou. Nummer 1: Abendessen im tollsten Fischrestaurant, das ich kenne.

„Den nehmen wir", sage ich und deute auf einen schönen Barsch, der im Aquarium gerade seine Bahnen zieht. Natürlich meldet sich das schlechte Gewissen, das „Mörder, Mörder" ruft. Aber so ist das Leben nun mal und ich weiß auch, welch kulinarischer Genuss nach dieser Erteilung des Todesurteils auf uns wartet. In China ist es üblich, dass Fisch und Meeresfrüchte sehr frisch sind und in Aquarien noch leben, bevor sie auf den Tisch kommen. Ralf und die anderen sind vollkommen fasziniert vom Eingangsbereich des Restaurants und blicken fast ungläubig auf die Vielzahl der Becken.

„Die Scampi, bitte zehn Stück mit Chili. Und einmal Muscheln." Ich bestelle und unsere Bedienung läuft mit dem Zettel hinterher, notiert alles, während vorne ein anderer Bediensteter des Restaurants schon mit dem Kescher unser Essen fängt. Die Auswahl ist riesengroß, und wo, bitteschön, bekommen Sie für 100 Euro Fisch, Langusten, Muscheln und vieles mehr, dass sich die Tische biegen. Es ist zum Reinlegen. Alle sind gleichermaßen begeistert. Fast alle: Lorenz findet Fisch „Scheiße" und bekommt Hähnchen, während Alena einen Shrimp nach den anderen verdrückt.

Fisch in Sojasoße gedünstet auf kleinem Gemüsebett, Scampi mit leichter Pfefferkruste gegrillt, Krabbe mit Chili, Koriander und Ingwer, Mandarinfisch, Muscheln in dunkler Soße gegart, roher Fisch (Sashimi), Qualle und Lotus als Vorspeise, um nur einiges zu

nennen. Dazu Bier und Wein. Ein wahrer Genuss, nicht zu über-
treffen. Es wird Jahre dauern, bevor ich vergleichbare Meeresfrüchte bekomme. Wohlgenährt wälzen wir uns aus diesem Highlight
No. 1, um zum Highlight No. 2 gefahren zu werden.

Das ist ganz anderer Art und zeigt die kulinarische Vielfalt
Suzhous. Wir gehen in die „Löwenburg". Sie liegt direkt am Jinji
Hu und ist ein deutsches Restaurant mit selbstgebrautem Bier.
Zwei deutsche Expat arbeiten hier als Brauer und als Koch. Dafür, dass dieses Restaurant tausende Kilometer von Deutschland
entfernt ist, ist das deutsche Essen sehr gut. Aber geschlemmt haben wir ja bereits, jetzt geht es nur ums Trinken. Das Bier - und
besonders das Weizen - dieser Mikrobrauerei ist exzellent. Es
schmeckt wie daheim, die Sitten jedoch sind ein wenig angepasst.
Wer eine Maß bestellt, bekommt kleine Gläser dazu, um sie sich
aus dem Maßkrug vollzuschenken. Tja, da fehlt halt doch ein
bisschen Entwicklungshilfe.

Wie in den allermeisten chinesischen Lokalen darf die Live
Band nicht fehlen. Sie kommt, wie fast alle dieser Bands, von den
Philippinen. Bekanntlich ist die Kürze der Röcke der Sängerinnen
umgekehrt proportional zur Güte der Musik. Da jedoch nach dem
zweiten wichtigen Hauptsatz der Barmusik das Güteempfinden der
Musik direkt proportional zum Alkoholkonsum steigt, finden wir
die Musik der zwei Damen, gekleidet mit „breiten Gürteln", und
ihren drei musikalischen Begleitern ganz gut. Glück haben wir natürlich, dass nicht, wie sonst oft üblich, sich einer der anderen Gäste zum Karaokeeinsatz meldet, heißt auf die Bühne kommt und
statt der Sängerin singt. Diese Einsätze bekommt man oft auch
trotz höchsten Bierkonsums nicht mehr musikalisch schön getrunken. Nach zwei bis drei Weizen stoßen wir nochmal besonders an:
„Auf drei tolle ereignisreiche Wochen!", und wie auf Kommando
spielt die Band „Country Roads". Unser Start einer tollen Reise.

Bedauerlicherweise hat keins dieser gastronomischen Highlights unsere drei Jahre in Suzhou überlebt. Das Fischrestaurant

machte ein halbes Jahr später von einem auf den anderen Tag zu. Gerüchte besagten, dass die Ursache mangelnde Zahlungsmoral von diversen Gästen war. In der Löwenburg schickte man, da unter taiwanesischem Management sehr kostengetrieben, die Expats nach einem Jahr heim und ersetzte sie durch lokale Kräfte. Dies war der Qualität in Bezug auf Vergleichbarkeit mit deutschem Bier und deutschem Essen leider deutlich anzumerken. Diese Erfahrung haben wir in Asien oft gemacht: Das Leben ist extrem schnell und dynamisch. Es gibt immer wieder tolle neue Sachen. Die Kehrseite ist jedoch, dass manchmal gute Dinge in dieser Dynamik verschwinden.

2. Xian

Am nächsten Morgen geht es los. Wir fliegen nach Xian, dem Ausgangspunkt unserer Reise entlang der Seidenstraße und der Heimat der berühmten Terrakotta-Armee. Man bezeichnet mit dem Ausdruck die Karawanenwege, die das Mittelmeer über Land mit Zentralasien und Fernost verbanden. Die größte Bedeutung hatte die Seidenstraße von ca. 100 v. Chr. bis ins 13. Jahrhundert. Der Begriff „Seidenstraße" wurde dabei erst im 19. Jahrhundert von dem deutschen Geographen Ferdinand von Richthofen kreiert.

Xian ist eine sehr alte Stadt mit einer über 3000jährigen Geschichte. Dieser Ort und Orte in der unmittelbaren Umgebung waren über viele Jahrhunderte hinweg immer wieder Hauptstädte chinesischer Dynastien. Unter anderem war Xian in der Qin-Dynastie im 3. Jahrhundert v. Chr. unter dem Kaiser Qin Shi Huang die erste Hauptstadt eines geeinigten Reiches China. Aber auch andere Dynastien machten Xian zu ihrer Hauptstadt, und so war sie vor der ersten Jahrtausendwende mit über einer Million Einwohnern die größte Stadt der Welt. Zu dieser Zeit war China weiterentwickelt als die westliche Welt. Dank Xians großer geschichtlicher

Bedeutung gibt es dort nicht nur die Terrakotta-Armee zu besichtigen, sondern auch die Stadt selber bietet weitere Höhepunkte. Die schauen wir uns als Erstes an. Die Stadt ist heute relativ modern und Ausgangspunkt für die von der chinesischen Regierung betriebenen Entwicklung des Westens Chinas. So mischt sich moderne Großstadt mit historischen Gebäuden. Die Stadt ist wesentlich „chinesischer" als zum Beispiel Suzhou, das dem westlichen Menschen viele Annehmlichkeiten und Rückzugsmöglichkeiten bietet.

Wir trommeln am Trommelturm (Durchmesser der Trommel = zweimal Ralf) und wir läuten am Glockenturm (Größe der Glocke = zweimal Lea). Wir erklimmen die Wildganspagode, tauchen ein ins Moslemviertel der Stadt. Wir besuchen das Stelenmuseum, in der über 1000 Stelen ausgestellt sind. Vor der Zeit des Buchdrucks war dies eine Methode, Dinge für die Nachwelt zu dokumentieren. In die Steinstelen wurden die Schriftzeichen gehauen, von denen man mithilfe von Tuch oder Papier und Tinte beliebig viele Abzüge machen konnte. Wir gehen auf der Stadtmauer entlang und wir schlendern durch eine Art Künstlerviertel, in dem es eine Vielzahl an Pinseln für die Kalligrafie gibt. So bezeichnet man die Kunst des Schreibens der chinesischen Schriftzeichen. Diese Kunst folgt genauen Regeln. Der richtige Pinsel für den jeweiligen Strich ist eine Grundvoraussetzung. Den Damen hat es allerdings mehr ein hohler Tonkörper angetan, der als Zauberflöte „tao xun" bezeichnet wird. Und so pfeifen uns die Damen eins und werden ein bisschen Geld bei einem glücklichen Verkäufer los. Die weiteren Ladenbesuche kommentiert Lorenz mit:

„Der Ralf hat's gut!"

„Warum?"

„Der hat keine Frau, der muss nicht einkaufen gehen."

Kulinarisches Highlight des Tages sind Jaozhi (Teigtaschen, ähnlich wie Ravioli), gedünstet in Bastkörbchen, serviert mit verschiedensten Füllungen und in unterschiedlichsten Formen, beispielsweise als Hühnchen. Ebenfalls eine Kunst.

Im Hotel abends erwartet uns naive Westler, unerfahren in chinesischen Hotelaufenthalten, noch eine Überraschung. Das Hotel selber ist sehr gut und hätte nach internationalen Standard fünf Sterne verdient.

„Was machen die da?", fragt Lorenz und deutet auf einen Reiter, der auf dem Nachtisch steht: Damen mit einem gewissen Schlafzimmerblick bieten Massagekünste von 21 - 2 Uhr an. Sehr interessant. Wenig später klingelt das Telefon, und der Dienst wird nochmal verbal propagiert. Noch motivierteres Verkaufspersonal lernt Ludwig kennen. Es klopft an der Tür und er öffnet. Lea ist gerade im Badezimmer. Ludwig sieht sich zwei Damen gegenüber, deren Kleidung (breiter Gürtel, kleines Top) nicht für die klassische Massagetechnik spricht und die sich auch gleich liebevoll an ihn schmiegen wollen. Erst als Lea die Szene betritt, wird den Damen klar, dass das wohl nichts mehr wird und sie verschwinden mit einem *„wrong door"* schlagartig. Cornelia weiß Ähnliches zu berichten, nur dass das *„wrong door, sorry"* gleichkommt, als sich eine der Damen ihr gegenübersieht.

Nachdem wir um Mitternacht nochmal angerufen werden, nur weil man sich versichern will, dass wir das Massageangebot wirklich nicht annehmen wollen und die Kinder erneut aufwachen, beschweren wir uns am nächsten Morgen an der Rezeption. Dort entschuldigt man sich zwar und tut sehr überrascht, in den Augen des Mitarbeiters ist allerdings klar zu lesen: „Das ist aber halt so, das gehört zum Service." Wir haben noch einiges in China zu lernen, auch Dinge, die im interkulturellen Training nicht vermittelt werden. Es wird auf unserer Reise nicht das einzige Hotel bleiben, bei dem dieser Service Bestandteil des Leistungsangebotes ist.

Nach dieser anstrengenden Nacht haben wir den ersten Ausfall zu beklagen. Allerdings nicht aufgrund dieses Serviceangebotes, sondern vermutlich verursacht durch einen Virus, musste Cornelia die ganze Nacht die Gott sei Dank luxuriöse Toilette besuchen. Der Ausfall schmerzt besonders, da heute eines der Highlights des touristischen Programms in China ansteht: der Besuch der Terra-kotta-Armee. Qin Shi Huang, 246 v. Chr., wurde zum ersten Kaiser eines geeinten Chinas. Er galt ebenso als gnadenloser Tyrann wie als großer Herrscher. Er einte China, überzog es mit Beamten, die für die Herrschaft wichtig waren, und initiierte unter anderem den Bau von Straßen, um die Städte seines Reichs untereinander zu verbinden oder Armeen schneller von einem Ende Chinas zum anderen zu bringen. Er war es auch, der mit dem Bau der großen Mauer begann. Über 36 Jahre ließ er mit bis zu 700.000 Arbeitern an seinem Grabmal und an der Terrakotta-Armee, die seine letzte Ruhestätte bewachen sollte, bauen. Mit 49 starb der Kaiser und wurde hier beigesetzt. Das Grabmal selbst wurde in zeitgenössischen Aufzeichnungen überliefert, aber nicht die Terrakotta-Armee.

Dass die Armee gefunden wurde, war Zufall. Bauern entdeckten 1974 beim Bohren eines Brunnens Teile der Armee. Dies war der Ausgangspunkt der bis heute laufenden Ausgrabungen. Man schätzt, dass bis zu 10.000 Terrakottasoldaten vergraben sind. Zur Zeit unseres Besuches waren erst etwas über 1000 dieser Soldaten freigelegt und restauriert. Die Restauration gleicht einem Puzzlespiel, da die Figuren nicht als Ganzes erhalten, sondern unter der Last der darüberliegenden Erde in Scherben zerbrochen sind. In mühsamer Kleinstarbeit werden sie zusammengesetzt. Gleiches gilt für Pferde und Wagen, die ebenfalls Teil der Armee sind.

Auf dem Weg zur Ausgrabungsstätte sehen wir die Armee bereits tausendfach und in allen Größen. An der Straße dorthin gibt es unendlich viele Nachbauten der Krieger, von denen ein großes Exemplar heute unsere Wohnung ziert. Ein Satz kleine Krieger mit Pferd steht ebenfalls bei uns. Nach der dreiwöchigen Reise über die Seidenstraße hat er den gewohnten Weg dieser Krieger genommen: schön erbaut, in Scherben zerfallen, zusammengesetzt, ausgestellt.

Beim Betreten der Halle, in der die bisher restaurierte Armee vor der äußeren Umwelt geschützt wird, sieht man die Reihen der Soldaten, Kampfwagen und Pferde, und ist zutiefst beeindruckt.

Dies umso mehr, wenn man sich das Alter der Armee – über 2000 Jahre – verdeutlicht. Die Chinesen dieser Zeit standen der westlichen Zivilisation und den damals in Europa dominierenden Römern und Griechen um nichts nach.

Der Anblick der Originalarmee ist überwältigend. Jeder Soldat hat sein individuelles Gesicht. Die Körper sind hingegen oft gleich und wurden wohl in einer Art Massenproduktion hergestellt. Wir sehen verschiedene Figuren, besuchen mehrere Ausgrabungsstellen. In einem Bereich wird erklärt, in welch mühsamer Arbeit ein Krieger oder ein Pferd aus den Scherben entsteht. An anderer Stelle wird das Leben Qin Shi Huangs und die damalige Zeit erläutert. Wir wandern mehrere Stunden über die Anlage, bevor wir die Rückfahrt zum Hotel antreten.

Cornelia geht es besser, dennoch hält sie sich beim Abendessen merklich zurück. Die Nacht verbringen wir ruhig. Entweder hat die Beschwerde gefruchtet oder es hat sich im Haus herumgesprochen, dass wir unsere Zimmer ausschließlich zum Schlafen gebucht haben.

3. Die ersten Grotten

Am nächsten Morgen holt uns unser Reiseleiter ab und bringt uns zum Bahnhof. Von dort geht es weiter nach Tianshui. Wir dürfen den Charme unseres Begleiters kennenlernen. Da es etwas umständlich wäre, direkt vor den Bahnhof zu fahren, wirft er uns 500 Meter vor der Station mit unserem Gepäck raus, zeigt uns die Richtung und verschwindet. Wir kämpfen uns mit Rucksäcken, Taschen und Hartschalenkoffer durch Tausende von Chinesen zur Bahnhofshalle durch. China ist ohnehin ein Land der Menschenmassen, dies wird vor Bahnhöfen jedoch potenziert. Dort ist die Menschendichte immer extrem hoch. Die Deutsche Bahn dürfte angesichts der Zahl der Zugreisenden in China vor Neid erblassen. In vielen Bereichen haben wir China im Vergleich zu Deutschland immer als ein sehr unkoordiniertes Land empfunden. Dies gilt nicht für das Bahnfahren. Dies ist ausgezeichnet organisiert. Beispielsweise wird man nach dem Kauf seines Tickets in einen je nach Zug unterschiedlichen Warteraum gebeten, aus dem man kurz vor Abfahrt des Zuges auf sein Gleis gerufen wird.

Trotz der schlechten Startbedingungen schaffen wir es in den Zug. Hinderlich ist nur, dass wir keine Plätze reserviert haben und der Zug rappelvoll ist. Kein einziger Sitzplatz mehr, und das an einem ganz normalen Wochentag. „Hier, hier", ruft eine chinesische Dame, die wir später als Miling kennenlernen, und zeigt auf einen freigemachten Platz. Drei Passagiere zwängen sich auf zweieinviertel Plätze. „Hier, hier!", tönt es aus dem freundlich lächelnden Mund eines Mannes so um die Vierzig. Er hat auf dieselbe Art und Weise Raum geschaffen. Und so sind wir innerhalb von fünf Minuten im Waggon verteilt, alle mit Sitzplatz und sehr freundlichen und interessierten Nachbarn. Menschentrauben umringen jeden von uns, damit auch alle alles mitbekommen. Anne leistet als Dolmetscherin Schwerstarbeit, weil jeder Nachbar wissen will, woher wir kommen, was wir machen und wie wir China finden. Miling erzählt uns, dass sie mit ihrem Sohn zu Verwandten unterwegs ist und ist total fasziniert, als Anne ihr ein Filmchen von der Terrakotta-Armee auf ihrer Videokamera zeigt.

Was gar nicht geht, ist, dass die Kinder nichts zu essen haben.

„Die müssen doch Hunger haben" meint Miling, und zwei Minuten und einen hoffnungslosen Abwehrkampf später haben unsere beiden Kinder dampfende *Cup Noodles* vor sich stehen und beginnen, sie mit Appetit zu verspeisen. Dies geschieht sehr zum Wohlwollen der in der Nähe sitzenden chinesischen Damen, die die glücklichen Kinderherzen von Alena und Lorenz selber mit Lachen und Freude erfüllt. Ludwig erklärt einem ganz seltenen Exemplar des chinesischen Mitreisenden seine Kamera und zeigt Filme. Dieses seltene Exemplar zeichnet sich dadurch aus, dass es wirklich noch einen Maoanzug und eine Maokappe trägt. Der Einzige seiner Art, den wir in drei Jahren China gesehen haben. Es fehlte nur das Fahrrad, dann hätte er genau das Bild bestätigt, das ich vor meinem ersten Besuch von den Chinesen hatte – und mit mir wahrscheinlich Millionen von Deutschen. Genauso abwegig, wie das Bild in den Köpfen vieler Asiaten über Deutschland und speziell Bayern: dass nämlich dort fast alle Leute in Lederhosen und Dirndl zwischen romantischen Schlössern herumlaufen und Bierkrüge stemmen.

Drei Stunden später und begeistert über die Freundlichkeit unserer Mitreisenden, erreichen wir Tianshui und werden dort von „Flower" (Blümchen), unserer neuen Reiseleitung für die nächsten eineinhalb Wochen, in Empfang genommen. Nach einer kleinen Stärkung besteigen wir unseren Kleinbus und fahren nach Maiji shan.

Es ist total beeindruckend. In eine senkrechte, gerade, über hundert Meter hohe Felsklippe sind drei riesige Buddhastatuen und 194 Grotten mit kleineren buddhistischen Statuen gehauen. Es handelt sich um den viertgrößten buddhistischen Höhlenkomplex in China. Um ihn zu erschaffen und für uns Besucher sind in schwindelerregender Höhe hölzerne *Boardwalks* und Treppen mittels Holzstreben an der Felswand verankert. Sie sehen aus, als ob sie dort kleben würden. Die höchste davon hängt 100 Meter über der Erde. Ein gewisses Gottvertrauen oder Vertrauen in die chinesische Baukunst ist nötig, um diese *Boardwalks* zu betreten. Dieses Vertrauen bringt Cornelia nicht auf. Vielleicht auch deshalb, weil sie erkennt, dass sie eine sehr viel höhere Punktbelastung auf die Planken bringt als ein normaler Chinese, und es unklar ist, ob solche Lasten vom Baumeister berücksichtigt wurden.

„Gott sei Dank", sagt Anne und lässt unsere beiden Kinder erleichtert in Cornelias Obhut. Sie zeigen genauso wenig Begeisterung für diese Höhen.

Die restliche Karawane geht auf den Planken an der Felswand entlang. Wir sind total begeistert über die Figuren in den Grotten und von der fantastischen Aussicht, die wir von dort oben auf die hügelige, bewaldete Landschaft haben. Wir sind die einzigen westlichen, allerdings bei Weitem nicht die einzigen Touristen in Maiji Shan. Ich bin immer wieder überrascht, wie viele einheimische Touristen an diesen Plätzen weitab der Zentren unterwegs sind. Chinesen scheinen, genau wie wir Deutschen, gerne zu reisen. Eine Schulklasse ist ebenfalls hier, die die Wand mit ihren Statuen unter Anleitung einer Lehrerin auf die Malblöcke zaubert.

Untergebracht sind wir im besten Hotel Tianshuis (ganz ordentlich), und unser Reiseführer empfiehlt das Restaurant gegenüber dem Hotel. Wie so oft wird unser Mut, uns ins chinesische Leben zu stürzen, mit bester Kost belohnt. Nach dem Essen lassen wir uns ein wenig durch die Straßen treiben und besuchen einen Teeladen. Ich finde es beeindruckend, wie viele Leute mit Kindern noch um zehn Uhr nachts unterwegs sind.

4. Die nächsten Grotten

Quiztiiiiiiiiime: „Wer weiß denn so was?" - Wo kommen folgende Sachen gemeinsam vor? Deutsche Eisenbahnbrücke, braunes Wasser, Frau mit wonneproppigem Kind und aufgeblasene Schweine.

1. In einem amerikanischen Film, der während der Nazizeit in einer deutschen Stadt spielt (mit Eisenbahnbrücke über dem braunen Fluss), und dessen amerikanischer Held, angehimmelt von einer deutschen Magd (Frau mit wonneproppigem Bruder) alle Nazis (aufgeblasene Schweine) besiegt
2. Bei einem Heino-Konzert in Dessau (Eisenbahnbrücke über braunem Fluss) mit zahlreichen Konzertbesuchern (Mutter mit übergewichtigem Kind und einer Gruppe „gerechter Bürger")
3. In Lanzhou

Richtiiiiiig: Lanzhou. Dort kann man unter der von deutschen Ingenieuren erbauten Eisenbahnbrücke neben der Statue „Mutter der Flüsse" auf dem Huang He (der Gelbe Fluss, der sehr braun aussieht) auf kleinen Flößen fahren, deren Schwimmkörper aus aufgeblasenen Schweinehäute bestehen.

Abends im Restaurant gibt es selbstgemachte Nudeln. Die sind für uns die Attraktion, während wir die Attraktion für die restlichen Besucher des Restaurants sind. Obwohl wir wie üblich in einem eigenen kleinen Raum sitzen, füllt sich der schnell mit anderen Restaurantbesuchern, die gern mal so ein paar Kaukasier und deren Essgewohnheiten aus der Nähe sehen wollen. Immer wieder wird uns bekräftigend zugenickt, wenn wir mit den Stäbchen unsere Speisen essen. Die Nudeln werden direkt an unserem Tisch geformt und die Kinder aufgefordert, mitzumachen. Und so kneten und drehen unsere zwei den Nudelteig und ziehen ihn unter der Anleitung des Kochs und Nudelexperten und unter den Blicken der begeisterten Zuschauer zu perfekt geformten Nudeln. Zahlreiche Fotos werden gemacht. Ich bin überzeugt, dass heute in diesem Restaurant ein Bild unserer nudelproduzierenden Kinder an der Wand hängt.

Auf dem Nachhauseweg vom Restaurant könnten wir sauber getrocknete Schlangenhaut auf dem Markt noch erwerben. Die überlassen wir aber lieber anderen Kunden.

Binglingsi. Ein weiteres Highlight unserer Reise liegt in der Nähe von Lanzhou. Nach einer zweistündigen Fahrt kommen wir an einem Stausee und einer Staumauer an. Vor uns liegt ein Schiffsfriedhof. Alle Schiffe sind tot. Wirklich alle? Nein, unsere Reiseleitung führt uns zu einem Boot, dessen Motor tatsächlich startet. Es ist sogar eine Art Schnellboot, mit dem wir auf dem See unterwegs sind und am Schluss eine relativ enge Schlucht entlangfahren. Landschaftlich ein Traum. Kahle Berge und schroffe Felsen in diversen Rotschattierungen stehen am Uferrand. Je weiter wir den

Fluss hinaufkommen, umso beeindruckender wird die Landschaft. Mal sehen die Felsen aus wie die Pancake Rocks im australischen Bungle Bungle Nationalpark, dann wie die Felsennadeln in Arizona, danach ähnelt das Ganze den Karstbergen von Guilin, oder es bieten sich dem Auge steile Klippen, vergleichbar mit denen im Westen der USA. Absolut faszinierend.

Jetzt geht es einen Nebenfluss des Huang He hinauf und dann haben wir das Ziel erreicht. Das Boot legt an, eigentlich im Nirgendwo, doch da die ersten Händler auf uns zuströmen, wissen wir, dass wir richtig sind. Die 183 Höhlen von Bingling Si sind eins der frühesten Zeugnisse des Buddhismus in China und aufgrund ihrer Abgeschiedenheit immer von Plünderern oder Politikern oder beiden verschont geblieben. Die Statuen und Höhlen an den Felsenklippen bieten einen beeindruckenden Anblick. Toll für uns Erwachsene – die Kinder senden eher einen Stoßseufzer gen Himmel: „Die nächsten doofen Buddhas!"

An dieser Stelle muss ich unseren Kindern mal großen Respekt zollen. Dieser Urlaub ist weit von dem entfernt, was deutsche Kinder in diesem Alter sonst so unternehmen. Kein Bauernhof, kein Badestrand, kein Streichelzoo. Wir haben uns zwar stets bemüht, Spaß für die Kinder mit einzubauen (wenn man zum Beispiel an das Nudelmachen denkt), aber das ist bei so viel Kultur, Fahren und Landschaft nicht einfach. Trotzdem haben die Kinder immer heldenhaft mitgemacht. Wenn sie heute die Bilder sehen, sind sie beeindruckt und sagen, dass die Reise für sie jetzt interessant wäre, während sie damals viele Wünsche eines Kinderherzens offenließ.

Wir sehen uns in den Grotten um. Anschließend gehe ich mit den Kindern ein bisschen spazieren. Wir werfen Steine in den Fluss und spielen Fangen. Zum größten Anhänger der Buddhakunst hat sich inzwischen Ralf entwickelt, und er legt nochmal 100 Yuan drauf, um zwei weitere Grotten zu besichtigen. So verschwindet der kleine Mann mit Hut erstmal auf 50 Metern Höhe im Bauch des Berges, um eine Viertelstunde später erleuchtet wiederaufzutauchen. Ein echter Fan. Auch zurück fahren wir mit dem Boot, erneut durch die faszinierende Natur. Weiter geht es durch Pfefferanbaugebiete in einen ganz neuen Teil Chinas.

5. Ein anderes China

Die Männer tragen weiße Kappen, die sogenannte Takke, die Frauen Kopftuch. Hier ist der Moslemanteil der Bevölkerung deutlich höher als in den Teilen Chinas, in denen wir bisher unterwegs waren. Die Dörfer werden ärmer, bei den Verkehrsmitteln, die wir überholen, nehmen die Eselskarren, Dreiräder und Einfachlaster zu. Die Straßen werden schlechter und die Häuser einfacher. Was sich nicht ändert, ist die Freundlichkeit der Leute, das zeigt sich beispielsweise am Winken der Kinder. Das beweist mal wieder, dass glücklich zu sein nur sehr eingeschränkt etwas mit Reichtum zu tun hat, ja sogar oft entgegengesetzt proportional dazu ist.

Die Fahrt geht weiter. Wir schrauben uns mit unserem Kleinbus die Berge hoch und erreichen unser heutiges Ziel auf 3000 Metern Höhe. Wir tauchen ein in einen Teil Tibets, der außerhalb der tibetischen Grenzen liegt. Für uns die erste Berührung mit dieser faszinierenden Kultur. Wir sind in Xiahe. Hier steht das Kloster Labrang, eines der wichtigsten tibetischen Klöster außerhalb Tibets.

Am nächsten Morgen lassen wir uns von dieser ganz neuen Welt faszinieren. Die Klosteranlage und der Ort liegen in einem Tal, umgeben von kargen Hügeln. Trotz bedecktem Himmel schimmern die goldenen Dächer der Anlage. Die größeren Gebäude sind mehrstöckig gemauert in weißen, braunen oder rötlichen Farben, deren Verbundenheit zur Erde man deutlich spürt. Außen, über den meist schwarz gerahmten Fenstern, bewegen sich kurze Vorhänge im Wind, ebenfalls in harmonischen Farben. Schon allein diese Gebäude anzusehen, ist Wellness für die Seele.

Mönche spazieren in weinroten Kutten über die Anlage oder sie stehen in kleinen Gruppen zusammen und diskutieren. Manche tragen gelbe Mützen, da es sich um Anhänger des sogenannten Gelbmützenordens handelt. Nachwuchsprobleme, wie bei der deutschen Kirche, scheint es hier keine zu geben. Viele der Mönche sind sehr jung. Und sie betrachten uns mit ähnlicher Freude wie wir sie, da westliche Touristen nicht so oft in diese Gegend kommen.

Bei vielen der älteren Gläubigen blickt man in ausgesprochen markante Gesichter. Es ist faszinierend, sie zu beobachten, wie sie das Kloster streng im Uhrzeigersinn umrunden, jede Gebetsmühle drehen und dabei ihre Gebete murmeln. An uns vorbei ziehen eine betagte Frau um die 70, mit wettergegerbtem, bronzefarbenem Gesicht in tibetischer Kluft, Schürze und bunter Kopfbedeckung, ihr männlicher Begleiter mit weinroter Kutte, Kinnbart und Cowboyhut und eine weitere alte Frau mit Stock in tibetischer Tracht, pechschwarzen Haaren und einem Gesicht, das viele Lebensfalten durchziehen.

Als faszinierend empfinde ich, dass Mönche ganz „normale" Dinge des Lebens tun. Vor meinem geistigen Auge sind diese buddhistischen Mönche in ihren Kutten der Inbegriff der Weisheit des Lebens, dem Körperlichen, Realen entrückt und ganz im Geistigen verhaftet, weil dies das Einzige ist, was wirklich zählt. Wenn diese in meinen Augen Geist gewordenen Menschen auf einmal ein Handy aus der Kutte ziehen und telefonieren, im Teehaus Tee trinken und miteinander plaudern wie jeder andere Gast oder einen Riegel Schokolade essen, stellt dies jedes Mal einen kleinen Bruch meines Weltbilds dar. Aber es beweist auch: Wir sind alle nur Menschen.

Am nächsten Tag erlebe ich einen der absoluten Höhepunkte dieser Reise: eine Fahrt durch das tibetisch geprägte Hochland. Das Wetter ist eher unfreundlich mit leichtem Regen, die Straße meist Schotterpiste und teilweise verschlammt. Bei der Fahrt auf die Hochebene begrüßt uns zunächst eine riesige Herde von Ziegen und Schafen, die wie abgelegte Perlenketten an den Hängen erscheinen. Anschließend kommen uns Motorradfahrer in tibetischer Kleidung und Hüten entgegen, zusätzlich in Decken gehüllt, um sich vor der Kälte und dem Regen zu schützen. Es gibt ein paar wenige kleine Orte auf dieser Hochebene. Die Gebäude sind alle niedrig und gemauert. Um die Höfe sind meist braune Mauern, hinter denen die Tiere Schutz finden können. Frauen in der regionalen Tracht treiben Yaks auf die Weide und springen dabei über Pfützen hinweg oder sprechen miteinander. Männer, ebenfalls in lokaler Tracht oder in einfachen Anzügen sitzen auf Motorrädern vor einem kleinen Lebensmittelladen und unterhalten sich. Wir fahren weiter. Jetzt sehen wir nur noch Grasland, Weiden, unzählige Schafe und Zelte. Hier leben die Menschen im Sommer als Nomaden und bewachen ihre Herden.

Oben aus den Zelten ragt jeweils ein Ofenrohr heraus. Der Rauch der wärmenden Feuer steigt auf. Als wir anhalten, kommen die Kinder vom Zelt auf uns zugelaufen, um fröhlich lachend mit uns zu reden. Wir verstehen natürlich kein Wort von dem, was sie sagen. Es sind sicher Sätze, die alle Kinder auf dieser Welt in solchen Situationen sagen, mit lachenden, manchmal schüchternen Gesichtern. Sätze wie: „Wo kommt ihr her?", „Wie heißt ihr?" oder Ähnliches. Die Mütter sind wesentlich zurückhaltender und bleiben lieber bei den Zelten. Ein junger Mann kommt auf dem Motorrad heran und hält. Er ist auch in eine Decke gehüllt, zwei Goldzähne funkeln aus dem lachenden Mund. Vorne auf dem Motorrad sitzt ein zwei Jahre altes Kind und klammert sich an den Rückspiegeln fest, um nicht herunterzufallen. Das Kind hat eine bunte Mütze auf dem Kopf und einen bunten Mantel gegen die Kälte. Wir unterhalten uns kurz und dann brausen die beiden davon.

Wir fahren langsam von der Hochebene hinab, und das Land erscheint bergiger. Weitere kleine Orte mit buddhistischen Stupas, Mönchen und tibetischen Gebetsfahnen. Brennmaterial, geformt aus Yak-Dung, liegt am Rand der Straße. Erste Felder kommen in Sicht und faszinierende rote Gesteinsformationen. Wir überqueren einen Pass auf 3650 Metern, rollen weiter hinab, verlassen langsam dieses Tibet außerhalb Tibets und kommen zurück in die chinesische Wirklichkeit nach Xining.

6. In die Weiten Chinas

Moderne Bauten, gesichtslose Fassaden, Hochhäuser. Die typische mittelgroße chinesische Stadt. Dennoch ist Xining interessant. Es ist die Hauptstadt der Provinz Qinghai mit einer doppelt so großen Fläche wie Deutschland, allerdings nur 5,6 Millionen Einwohnern. Wenn man an China denkt, hat man das bevölkerungsreichste Land der Welt mit Menschenmassen und Ballungsgebieten vor Augen. Diese befinden sich jedoch hauptsächlich im Osten des Landes, zum Beispiel um Shanghai oder Peking. Hier im Westen erstrecken sich riesige Regionen, die eine Bevölkerungsdichte vergleichbar der von Island oder Finnland haben. Qinghai grenzt im Westen an Tibet und Tibeter machen rund ein Viertel der Bevölkerung dieser Provinz aus. In Qinghai entspringen die zwei Hauptflüsse Chinas, der Jangtze und der Gelbe Fluss. Auch der für Südostasien so wichtige Mekong hat dort seinen Ursprung. Die durchschnittliche Höhe Qinghais liegt bei 3000 Metern. Bei unserer Fahrt über das Hochplateau haben wir das schon kennengelernt.

In Xining treffen die verschiedenen Religionen zusammen. Die Han-Chinesen, buddhistische Mönche, Moslems mit Kopftuch oder Takke und ein paar Christen. Es gibt eine sehr große schöne Moschee in der Stadt. Nur eine halbe Stunde entfernt ist das Kloster Kumbum, ein weiteres der bedeutendsten tibetischen Klöster außerhalb Tibets, eine beeindruckende Anlage, auch wenn es um einiges touristischer zugeht als in Labrang.

Leider erwischt der Magen-Darm-Virus unsere Kinder. Erst ist es Lorenz, der nachts nicht mehr vom Klo runterkommt, und wenige Stunden später ergeht es Alena ebenso. Vermutlich ist der Virus, den Cornelia hatte, im Bus mitgereist und auf die Kinder übergesprungen.

Am nächsten Morgen treffen wir uns beim Frühstück. An dieser Stelle ein paar Ausführungen bezüglich des Essens im Allgemeinen und des Frühstücks im Besonderen. Für mich gab es keinen einzigen Tag auf unserer Reise entlang der Seidenstraße, an dem mir das Abendessen oder Mittagessen nicht geschmeckt hätte. Ganz im Gegenteil, selbst in den einfachsten Restaurants gab es immer vorzügliche Speisen. Was die Akzeptanz und das Geschmackswohlempfinden der Speisen betraf, ging schon ein natürliches Gefälle durch unsere Gruppe. Ich, als alter Abenteurer und bekennender Vielesser, hatte sicher die wenigsten Probleme, knapp gefolgt von den anderen Abenteuerurlaubern. Die, die Kinder- und Cluburlaubspeisen gewohnt waren, nahmen sich schon das eine oder andere Mal vornehm zurück. So viel zu Mittag- und Abendessen.

Frühstück ist eine andere Story. Wir begannen ja in Xian im Fünf-Sterne Hotel, in dem westliche Gäste sicher üblich waren. Das Frühstück dort war sehr reichhaltig und divers und schmeckte prima. Je tiefer wir auf der Seidenstraße in den Westen kamen, umso einfacher und chinesischer wurden die Hotels und Unterkünfte und damit umso chinesischer das Frühstück. Ein wichtiger Bestandteil des chinesischen Frühstücks ist ein Art Reisbrei oder Porridge.

Ein kurzer Exkurs: Meine absolute Hochachtung und Bewunderung gilt den Briten. In England ist das Porridge ebenfalls ein wichtiger Bestandteil des Frühstücks. Wer mit dieser Art Frühstück trotzdem in der Lage ist, die Welt zu erobern, vor dem ziehe ich den Hut. Nicht auszudenken, wie es um die Welt bestellt wäre, wären die Briten immer mit einem richtigen Frühstück in den Kampf gezogen. Sie wäre sicher noch heute fest in britischer Hand.

Reisbrei schied also nach zweimaligem Probieren aus. Im Übrigen war ich mit dem doppelten Versuch im absoluten Spitzenfeld der Reisbreiesser in unserer Gruppe. Dann gibt es morgens natürlich warmes Essen, also klassisch chinesisch. Da es Hotelessen war und es sich sicher um die Reste des Vortrags handelte, die im Frühstücksbuffet landeten, war es oft sehr fettig, scharf oder bestand aus Hühnerfüßen und Fischköpfen. Daher selbst für meinen hartgesottenen Magen nach einer Woche keine wirkliche Alternative. Die Würstchen, die es ab und zu gab, waren, vornehm gesprochen, eklig. Verblieben der Bouzi (ein Stück Teig) und das hartgekochte Ei. Und so war das Frühstück meist eine schnelle Angelegenheit. Ein Bouzi und anschließend war nur noch die Frage, ob ein oder zwei hartgekochte Eier und einen Tee. Bei Cornelia war es oft noch einfacher, nämlich nur Ei und Maggi, das sie aus Deutschland mitgebracht hatte.

Von Xining aus darf ein Ausflug an den Quing Hai-See, der der ganzen Provinz den Namen gibt, nicht fehlen. Er ist der größte Salzwassersee Chinas und der zweitgrößte der Welt. Allerdings treffen wir hier auf die Art von Attraktionen, wie sie die chinesischen Touristen lieben. Souvenirs, Fotos in historischen Kostümen, Reiten auf bunt geschmückten Yaks oder Ziegen, Essen jeglicher Art. Der See selber ist groß und flach. Für die westliche Touristenseele hat China an anderer Stelle wesentlich Beeindruckenderes zu bieten.

Die Fahrt geht weiter und das Land wird immer leerer und die Gegend eintöniger. Da hilft nur, sich selbst zu beschäftigen und die Kurzweil im Bus:

Spiel 1. Ralfs Spiel: Man nehme eine Serviette und zerreiße sie in kleine dreimal einen Zentimeter große Schnipsel. Dann schreibe man einen Tiernamen oder eine berühmte Persönlichkeit oder einen Beruf oder ... darauf und klebe das Papier mit Spucke an die Stirn des Mitspielers, sodass dieser nicht sieht, was darauf geschrieben steht. So verfährt man mit allen Mitspielern. Der Jüngste fängt an und versucht zu erraten, was auf dem Schnipsel steht.

Geantwortet wird nur mit „ja" und „nein". Achtung: Den Jüngsten bitte gewinnen lassen, sonst fühlt der sich ganz fürchterlich hintergangen.

Spiel 2: Kitzel-Schnick-Schnack-Schnuck. Man spiele ganz normal Schere, Stein, Papier. Wer zuerst dreimal gewinnt, darf den anderen unter dem Arm kitzeln. Dafür muss der Verlierer (Wettschulden sind Ehrenschulden) den Arm richtig hochheben, sich nicht vorher schon kaputtlachen und die Kitzelparade wehrlos über sich ergehen lassen.

Spiel 3: Dem Reiseleiter zuhören. Meist ist Spiel 1 oder 2 kurzweiliger.

Auch ein Stopp in der Einöde kann unterhaltsam sein. Kurzweil an der Tankstelle:

Wenn die LKW-Ladefläche (ca. zehn Meter) nicht mehr ausreicht für alle Kartons, Paletten, Büchsen und Ähnlichem, braucht man in Deutschland einen Hänger oder einen zweiten LKW. In China noch lange nicht.

Im ersten Schritt kann man hinten die Ladeklappe offenlassen. Damit gewinnt man je nach Modell schon mal einen halben Meter zusätzlich. Wenn man am Ende der Ladefläche Paletten lädt, die ein bisschen über die offene Ladeklappe hinausschauen, hat man schon einen ganzen Meter zusätzlich. Sollte das nicht reichen, kann man die geöffnete Ladeklappe mit Brettern verlängern. Jetzt hat man schon mindestens anderthalb Meter gewonnen. Achtung: die Bretterseite, die auf der Ladefläche aufliegt, mit schwerem Gut beladen, sonst kippt alles nach hinten weg. Anschließend die Ware mit einer Plane abdecken, das Ganze festzurren und irgendwie an den Ösen und Haken der eigentlichen Ladefläche festmachen. Fertig ist der überlange LKW.

Kurzweilig an der Tankstelle wird es, wenn a) der Fahrer es wie oben gemacht hat und b) wenn er es, wie die meisten, mit Stückgut gemacht hat, das irgendwie aufeinandergestapelt ist und c) wenn der Fahrer zusätzlich Saudusel hat und das Ganze nicht schon irgendwo auf der freien Strecke, sondern erst an der Tankstelle runterkommt. Interessant anzusehen, wie die Ladung des LKWs ganz schief ist, die Plane aufgemacht wird, die Kartons runterfallen, dann alles wieder auf den Brettern aufgeschichtet und die Plane darüber gezogen wird. „Oh, weiter geht's!" „Echt schade, war gerade spannend." - „Na gut, noch 'ne Runde Kitzel-Schnick-Schnack-Schnuck."

7. Noch mehr Grotten, alte Grenzen und Fahrertausch

Weiter geht es gen Westen, vorbei an grünen Hügeln und an Resten der großen Mauer, die an dieser Stelle schon vor 800 Jahren erbaut wurde. Zwischendurch mal wieder ein klassischer chinesischer Tempel oder eine Pagode mit wunderbar verzierten Holzbalken und rauchenden Incent-Stäbchen. Wir reisen zu den nächsten Grotten, gelegen in den Bergen. Zwischendurch machen wir uns um die lokale Landwirtschaft verdient.

Ich habe schon von vielen Arten des Getreidedreschens gehört, aber diese ist mir neu. Das Korn wird mit der Sense gemäht, danach auf die uns schon bekannten Dreiräder mit Ladefläche geladen und ab geht's zur größten Straße der Umgegend. Die Getreidestängel werden auf die Straße geworfen, schön gleichmäßig verteilt, und anschließend wartet man auf den Verkehr. Die Autos fahren über das Getreide, und dabei wird das Korn aus den Ähren gepresst. Fertig ist das Dreschen. Easy. So sehen wir chinesische Bauern mit Strohhut oder Bäuerinnen das Korn immer wieder auf die Straße werfen und wenden. Die Fahrer hassen das übrigens, weil sich dabei leicht Halme in den Bremsen und Achsen verfangen, was zu einem größeren Schaden führen kann.

Schneebedeckte Gipfel in der Ferne, Bauern, Kühe, Getreide auf der Straße, Fahrzeuge aller Art. Für mich eine der faszinierendsten Gegenden auf unserer Reise und so weit entfernt von Shanghai oder Peking in ihrer Art, dass es fast ein anderer Kontinent sein könnte.

Beim Pferdehuftempel sind erneut wunderschöne Grotten in den Felsen geschlagen. Wie Schwalbennester kleben sie an der Wand, mit herrlichen Vordächern und mit Gottesstatuen gefüllt. Der Zugang ist diesmal nicht ganz so abenteuerlich wie beim Maiji shan, weil Treppen in den Felsen gehauen sind. Der Ausblick von oben auf die schneebedeckten Berge ist grandios.

„Lorenz, komm mal her", ruft der Fahrer. „Wenn du von dem Wasser hier trinkst, wirst du groß und stark!"

Zwei Kinderaugen schauen mich erwartungsvoll an und scheinen zu fragen: „Darf ich?"

Ich nicke und der Fahrer schöpft eine Kelle Wasser aus dem Brunnen beim Pferdehuftempel und reicht sie Lorenz. Der trinkt, verlangt nach noch einer Kelle und trinkt auch diese aus. Und was soll ich sagen? Heute ist Lorenz 1,90 m groß, spielt Rugby und ist der Muskelbepackteste und Athletischste in seiner Klasse und seinem Freundeskreis. Hat also voll gewirkt. Angeblich vorhandenes Bildmaterial, das Ralf beim Trinken zeigt, ist auf mysteriöse Weise verschwunden. Die Tempelleitung soll dabei wohl aus Wasser-Marketinggründen die Finger im Spiel gehabt haben.

Ganz in der Nähe wartet ein weiteres Highlight auf uns. Ein Naturpark, der seinem Namen wirklich alle Ehre macht. Berge und Wiesenhänge mit bunten Blumen. Mir geht bei diesem Anblick das Herz auf, wir laufen über die Wiesen und die Kinder kullern lachend den Hang hinunter. Wie ich anfangs schon erwähnte: Für jemand, der nur Europa oder die westliche Welt kennt, ist dies vielleicht schwer verständlich. Ich habe die Zeit in China geliebt. Das Einzige, was ich dort immer vermisst habe, ist ungezähmte Natur ohne Rummel. Nach fünf Monaten, in denen ich nur Städte, Menschen, designte Natur gesehen habe, ist es das erste Mal, dass ich freie grüne Wiesen, Berge und Wälder erlebe. Ein Labsal für die Seele.

Abends wird uns erneut ein kulinarischer Glanzpunkt zuteil. Mitten im Ort auf dem Hauptplatz sind Tische aufgestellt und

zahlreiche Stände mit Essen aufgebaut. Die Feuer, auf denen gekocht und gegrillt wird, erhellen die Nacht. Ein Stand duftet
besser als der andere, und die Köche und Köchinnen bereiten das
Essen mit viel Hingabe zu. Für die weniger Abenteuerlustigen
gibt es eine Art McDonalds um die Ecke. Wir schlagen uns allerdings den Bauch mit unterschiedlichen Fleischsorten, Gemüse
und Tofu voll, alles aufgespießt auf kleinen Holzspießen *„and
grilled to perfection“*. Das Ganze mit zwei Tsingtao Bier runterge-
spült. Besser geht`s nicht.

Immer weiter nach Westen kommen wir, die Landschaft wird
mehr und mehr wüstenähnlich. Abwechslung ist wieder gefragt.

Kurzweil im Bus 4: Wer sieht das eindrucksvollste Gefährt?

- Fahrender Heuhaufen: Megaheuballen, drei auf zwei auf zwei
Meter, beladen auf der anderthalb Quadratmeter großen Ladefläche eines motorisierten Dreirads. Weiß der Teufel, wie das darauf
hält. Von dem Dreirad selber ist nichts mehr zu sehen, alles ist mit
Heu verdeckt.

- Noch besser: dieselben Maße und dasselbe Ladevolumen wie
oben, jedoch mit Maisstangen als Ladung. Respekt, das sind wirkliche Ladekünstler.

- Schweinelaster: normaler kleiner Laster mit einem Gitterauf-
bau auf der drei Quadratmeter großen Ladefläche. Darauf ungefähr 30 Schweine in 2 Etagen. Laster quiekt und wackelt. Jeder
Tierschützer würde sofort in Tränen ausbrechen.

- *And the winner is*: alter Laster mit offener Ladefläche. Die Bord-
wände ungefähr 50 Zentimeter hoch, Ladung zirka vier Meter
hoch. Transportiert werden aufeinander gestapelte Blechplatten
(zwei Meter nach hinten überragend), festgebunden mit Seilen an
der Ladefläche und leider etwas verrutscht. Der Stapel steht damit
schräg und hat seitlich zur Ladefläche mindestens einen Überhang
von 1,50 Metern. Ein Wunder, aber die Ladung hält. Fahrer betet
vermutlich mehr um diesen Halt, als dass er lenkt.

Unser nächster Stopp ist Jiayugang. Der Ort war in alten Zeiten der Außenposten Chinas. 1372 wurde eine Festung errichtet, die gleichzeitig der westlichste Teil der Chinesischen Mauer ist. 5000 Kilometer entfernt im Osten steht das andere Ende dieses Bauwerks. Eine unglaubliche Leistung. Der Bau der Mauer war allerdings kein zusammenhängendes Großprojekt. An ihr wurde über viele Jahrhunderte gearbeitet, und ihre Gestaltung in verschiedenen Regionen nach und nach ergänzt. Als Baumaterial verwendete man, was es in der jeweiligen Region gab. Wo die Natur selbst schon eine Art Mauer bildete, beispielsweise in Form von Felsen oder Klippen, wurde diese integriert. Und der Mauerverlauf musste der Landschaft angepasst werden. So führt die Mauer auch Berge hinauf. Die Soldaten, die oben Wache schoben, mussten auf dem Wehrgang der Mauer steil bergauf oder bergab gehen. Kein leichtes Unterfangen mit der schweren Ausrüstung.

Es ist für unsere Gruppe ein erhabenes Gefühl, zum ersten Mal auf der Chinesischen Mauer zu stehen, und das auch noch ganz allein. Wie außergewöhnlich dies ist, wussten wir erst nachträglich zu schätzen, als wir die touristisch bekanntesten Mauerabschnitte in der Nähe von Peking mit Tausenden von anderen Menschen teilten.

Wären wir hier im 14. Jahrhundert angereist, unsere Stimmung wäre auf dem Tiefpunkt gewesen. Da dieser Posten das Ende der geliebten Heimat China bedeutete, wurden hauptsächlich Beamte und Soldaten an diesen Ort versetzt, die es, sagen wir mal, nicht geschafft hatten, ihren Chefs zu gefallen oder für sich zu werben. Jiayugang bedeutete eine Art Strafversetzung. Sieht man die ebenso faszinierende wie karge und trostlose Landschaft, kann man sich vorstellen, warum. Die Festung und ein paar Mauerabschnitte sind inzwischen wieder vorbildlich restauriert und man kann sie besuchen, was sehr interessant ist. Sehr informativ ist das Museum über Bau und Verlauf der Chinesischen Mauer und über die Seidenstraße. Sieht man all die Fakten, die hier sehr gut dargestellt werden, wird es vollkommen klar, dass es einen Austausch von Waren und Wissen über diese Handelswege gab. Zu glauben, dass Globalisierung eine ganz neue Erfindung ist, ist falsch. Schon damals gab es internationalen Know-how- und Warenaustausch.

Um wenigstens ein wenig Abwechslung in das Soldatenleben zu bringen, gab es in der Festung damals ein Freilichttheater, in dem verschiedene Aufführungen gezeigt wurden. Um heute Abwechslung in das Leben der Besucher zu bringen, hat man sich einiges einfallen lassen. Eine Attraktion ist das Bogenschießen. Touristen stehen auf der Mauer und schießen mit Pfeil und Bogen auf Zielscheiben im Burggraben. Ich bin überzeugt, dass die Ziele bis vor Kurzem barbarische Kämpfer aus Pappe waren und dies dank irgendeiner westlichen Intervention jetzt in langweilige Zielscheiben umgewandelt worden ist. Die Kinder versuchen sich an Pfeil und Bogen mit ungeheurer Freude und wenig Erfolg. Eine andere Attraktion ist das Kamelreiten. Ein Kamel teilen sich die zwei kleinen Männer, Ralf und Lorenz, und Alena und ich das andere. Zwei Damen führen uns zur großen Begeisterung der Kinder auf unseren Reittieren durch die Wüste.

„Wir würden gerne die *Hanging Wall* besichtigen, den Anfang der Chinesischen Mauer im Westen", bittet Anne unser Blümchen.

„Das schaffen wir nicht, wir haben keine Zeit mehr", lautet die Antwort. Wir sind überrascht.

„Aber es ist doch erst zwei Uhr und wir haben nichts mehr auf dem Programm", erwidert Anne.

„Ja, aber wir wechseln den Bus. Unser Fahrer fährt heute nach Tianshui zurück. Morgen bekommen wir einen neuen Bus mit einem Fahrer, der hier stationiert ist. Er hat also 2000 Kilometer Strecke vor sich, er muss jetzt los, ich hoffe, das versteht ihr."

Nach kurzer Beratschlagung kommen wir zu folgendem Ergebnis. Der Großteil der Karawane bleibt und wird nach der Besichtigung der Mauer mit dem Taxi zum Hotel zurückkehren, und ich fahre mit Blümchen, dem Busfahrer, den Kindern und dem Gepäck ins Hotel und checke uns alle ein. Ich habe ohnehin genügend Mauer und alte Steine für heute gesehen.

Und jetzt kommen wir zu einem ganz eigenen Kapitel im chinesischen Tourismus: dem Trinkgeld. Da es der letzte gemeinsame Tag mit unserem Busfahrer ist, sammeln wir für ihn. Er ist ein sehr netter Fahrer, deshalb legen wir 250 Yuan zusammen. Das entspricht einem Viertel des damaligen durchschnittlichen chinesischen Monatslohnes, also nicht schlecht als Zugabe zum normalen Fahrerlohn. Denken wir.

Gesagt, getan, wir fahren zum Hotel. Ich checke ein, verteile die Koffer.

„Zai jian, xiexie, he really did a great job, also in difficult situations and was always very helpful. We really can recommend him", sage ich zu ihm und bitte Blümchen, zu übersetzen.

Er strahlt, sagt ebenfalls *„xiexie".* Ich gebe ihm das Geld im Umschlag, wie man das so macht, und er strahlt wieder. *„Zai jian",* sage ich nochmal. - „Schade, er wird uns wirklich fehlen", denke ich und gehe aufs Zimmer.

Ich räume ein bisschen, lese etwas und na ja, eine anstrengende Reise, keiner da (die Kinder sind in ihrem Zimmer), nichts zu tun, ausgepackt ist: „Da kann man sich mal ein Mittagsschläfchen leisten", sage ich zu mir selbst. Nicht einmal Lorenz ist in Sicht, der immer, wenn ich mich mal ausnahmsweise nachmittags hinlege, kommt, auf dem Bett herumspringt, mich wachhält und ruft: „Ich hasse Mittagsschlafe!" Also eine gute Gelegenheit. Ich lege mich hin. Ein Stündchen schlummere ich, da klingelt das Telefon. Es ist Blümchen.

„Könntest du bitte zur Rezeption kommen, es ist wichtig", sagt sie am Telefon. Klar, ich mache mich auf den Weg.

In der Lobby angekommen, finde ich dort Blümchen und zu meiner großen Überraschung ebenfalls unseren Busfahrer vor, von dem ich mich vor zwei Stunden herzlich verabschiedet habe. Er nickt mir kurz zu. Blümchen eröffnet die Runde mit:

„Das Trinkgeld, das ihr dem Busfahrer gegeben habt, ist viel zu wenig. Er hat von euch nur 250 Yuan bekommen, aber es sind mindestens 50 - 100 Yuan pro Tag üblich."

„Ich dachte, der Busfahrer hätte schon lange weg sein müssen, da er über 2000 km fahren muss. Und jetzt ist er deswegen hiergeblieben?", frage ich.

„Ja, genau." (Na, da hätte er uns auch von der *„hanging wall"* zurückbringen können, denke ich mir). „Der Monatslohn für einen Arbeiter in Suzhou ist 800 Yuan. Wir haben ihm mehr als ein Viertel des Monatslohns extra gegeben, das ist fürstlich", antworte ich.

„Nein, üblich ist ..."

„Trinkgeld ist ohnehin keine Verpflichtung, wir können ja gar nichts geben!"

„Das wäre sehr ungerecht einem so guten Fahrer gegenüber", antwortet Blümchen.

Und so geht es weiter hin und her. Dann ruft Blümchen an.

„Mein English ist nicht so gut, ich hole jemanden, der es dir besser erklären kann", sagt sie.

„Ich habe schon verstanden, was du gesagt hast", antworte ich.

Trotzdem kommt bald ein junger Rechtsanwalt und erklärt mir nochmal dasselbe von vorne: dass in China mindestens 50 - 100 Yuan Trinkgeld pro Tag gegeben werden. Ich wiederhole mich ebenfalls in einem Gemisch aus Chinesisch und Englisch. Der Busfahrer sagt gar nichts.

Langsam erwecken wir die, wie schon geschildert, einfach zu entfachende Neugier der chinesischen Touristen in der Lobby. So haben wir gleich zwei Herren und eine Dame um uns herum, die jetzt noch Kommentare abgeben, von denen ich allerdings nichts verstehe.

Inzwischen kommt der Rest unserer Truppe. Sie sind genauso überrascht wie ich vorhin, den Busfahrer zu sehen. Ich erkläre kurz die Lage. Wir gehen raus in den Park, weil wir zu viele Leute sind.

Da sitzen wir nun, Blümchen, der Rechtsanwalt (der Fahrer ist im Hotel geblieben, dem ist das wahrscheinlich alles peinlich), ich und der Rest unserer Karawane und mindestens 60 Bürger und Bürgerinnen Jiayuguans, Männer und Frauen, Alte und Junge, Babys und Omas.

„Na, das ist doch mal interessant. Kaukasier und Han diskutieren, das passiert hier selten. Da muss ich mal hören, um was es geht", denken die Leute sicher, umringen uns und kommentieren die Lage unter sich.

„Da haben wir es zur lokalen Berühmtheit geschafft", überlege ich. Wir tauschen alles Gesagte noch blumiger aus, ohne von unseren Standpunkten abzurücken. Da wir mit unserem Fahrer wirklich Glück gehabt haben, diskutiere ich mit den anderen und wir legen beim Trinkgeld nachträglich was drauf. Zwar nicht die Wunschsumme, dennoch immerhin eine Erhöhung. Die Menge nickt, scheint zufrieden zu sein mit dem Ausgang der Aufführung und verstreut sich in den Tiefen des Parks. Wir ziehen uns ins Hotel zurück und lassen Blümchen und den Rechtsanwalt erstmal im Park zurück.

Was ist jetzt das „lesson learned" aus der Geschichte?

Für uns: Okay, wir werden etwas großzügiger beim nächsten Trinkgeld sein, selbst wenn wir davon nicht wirklich überzeugt sind.

Für Blümchen: Ihr Auswechseltag kommt fünf Tage später. Zu unserer Überraschung erzählt sie uns am Morgen des Vortags, dass der Wechsel einen Tag vorgezogen ist. Heute Abend würden wir uns das letzte Mal sehen, die neue Reiseleiterin kommt morgens zu uns in den Bus und wir seien ja eine ganz tolle Truppe gewesen und es hätte ihr riesig Spaß mit uns gemacht und überhaupt „really nice" und so.

Okay, wir sammeln. Anne und ich sind weiterhin geizig, die anderen nach dem Erlebnis mit dem Fahrer etwas offener und Ralf, der sich mit Blümchen gut verstanden hat, großzügig. So kommt eine Summe zustande, die ganz ordentlich ist. Ralf übergibt sie abends im Umschlag. Wir haben einen schönen Abend und gehen ins Bett. Am nächsten Morgen sitzen wir zur vereinbarten Zeit im Bus und warten auf die neue Reiseleiterin. Die kommt jedoch nicht, nicht pünktlich, nicht nach 15 Minuten und auch nicht nach einer halben Stunde. Wer dagegen auf einmal angerannt kommt, ist Blümchen. „Die neue Reiseleiterin hat überraschend Zahnschmerzen bekommen, sie kommt jetzt doch nicht, sondern erst heute Abend", eröffnet sie uns. Springt in den Bus und los geht's.

Es läuft also alles nach dem ursprünglichen Plan. Die neue Reiseleiterin kommt am nächsten Morgen. Wir erfahren von ihr später, dass sie gar nichts davon wusste, einen Tag früher anzufangen, und Zahnschmerzen hatte sie ohnehin nie. So war also die „lessons learned" für Blümchen: „Zeigt mir einen Tag früher, wie viel Trinkgeld ihr mir geben wollt, damit ich Zeit habe, mir etwas auszudenken, wenn es zu wenig ist." Im Übrigen gab es keine Nachverhandlung, heißt also: Das Trinkgeld hatte wohl gepasst. Und wir sind erneut um eine Erfahrung in China reicher.

8. In die Wüste

Nächster Reiseabschnitt: Wüste Gobi. Da man uns mitteilte, dass die Straße dort über viele Kilometer erneuert wird und der Weg nur über eine Buckelpiste geht, beschließen wir vier als Familie, das Reisemittel zu wechseln und Zug zu fahren. Wir wollen das Geholpere Lorenz' empfindlichem Magen nicht zumuten. Der andere Teil der Karawane zieht mit dem neuen Bus weiter. Treffpunkt ist Dunghuan.

Wir stellen uns das mit dem Zug ganz einfach vor, es entwickelt sich jedoch mehr zu einer Mischung, wie man sie aus Filmen über Drogenhandel und Edgar Wallace kennt.

„Ihr geht um 22.00 Uhr zum Bahnhof. Ihr geht zum Gleis 3 und dort wird ein Mann kommen. Dieser Mann wird euch Tickets geben und zeigen, wo ihr hinmüsst", erklärt uns Blümchen.

„Warum kaufen wir nicht einfach ganz normal Tickets am Schalter?", frage ich.

„Das ist zu spät, die bekommt ihr nicht mehr. Offiziell ist alles ausgebucht, es gibt nur inoffizielle Tickets", lautet die Antwort.

Wir gehen also um kurz vor 22.00 Uhr zum Bahnhof und auf Gleis 3. Es weht ein leichter Wind, es ist neblig, und die Lampen werfen ein diffuses Licht. Irgendwo heult ein Hund. Wir sind allein. Ein entferntes Tuten durchschneidet die Stille der Nacht, es ist ein leises Geräusch an den Schienen zu hören. Der Zug kommt. Ein weiteres Hupen und Quietschen. Der Zug taucht aus dem Nebel auf und hält langsam. In diesem Moment rennt ein Mann die Treppen hoch, dunkler Anzug, dunkle Mütze. Er kommt direkt auf uns zu.

„Hier sind vier Tickets. Ihr habt ein Abteil mit sechs „*Hardslee-pern*" für euch alleine. Die anderen zwei Tickets sind blockiert", flüstert er. „Geht zum Wagen 7, Abteil 3, schnell!" Tickets und Geld wechseln den Besitzer, wir laufen zum Wagen 7 und springen hinein. Kaum sind wir drin, fährt der Zug ab. Unser Abteil 3 finden wir, allerdings nicht leer wie versprochen, sondern mit zwei Leuten belegt. Sie ziehen aus, nachdem ihnen Anne klargemacht hat, dass es nicht ihre Betten sind, in denen sie liegen. Wir legen uns hin und schlafen bald ein.

Am nächsten Morgen weckt uns die Sonne und wir haben einen grandiosen Blick auf die Wüste Gobi. Nicht ganz, wie ich mir die Wüste vorgestellt habe - ich dachte an unendliche Sanddünen - dennoch genauso karg, pflanzenlos und trocken. Schwarze Hügel ziehen vorbei, der Wüstenboden besteht aus Geröll. Die Kinder machen Hausaufgaben, wir lesen ein wenig und schauen aus dem Fenster. So bequem reisen wir durch die Wüste Gobi. Was für ein Fortschritt, wenn man vergleicht, wie es noch vor 100 Jahren war.

Vom Bahnhof bringt uns ein Taxi zum Hotel und von dort transportiert uns eine flotte Fahrerin (flott bezieht sich auf das „Fahren" nicht auf den Anhang „in") in einer Motorradriksha zur Dünenlandschaft und zum Mondsichelsee. Eine der Dünen heißt „singende Düne", da angeblich eine Melodie zu hören ist, wenn der Wind über sie hinweg weht. Dunhuang ist eine Oasenstadt, und direkt dahinter beginnt die Wüste. Diesmal so, wie ich es mir vorstelle: mit riesigen Sanddünen. Bei der singenden Düne gibt es wieder eine ganze Anzahl von anderen Vergnügungen. Die Kinder und ich entscheiden uns für Sandschlittenfahren. Wir bekommen eine flache Holzkiste, erklimmen die Dünen und rutschen hinunter. Wirklich ein Heidenspaß. Gute Erfindung.

Dann kommt unsere westliche Touristenseele hervor, und wir wandern einfach über die Dünen. Ein absolut gigantischer Ausblick von oben. Auf der einen Seite Sanddünen, soweit das Auge reicht, auf der anderen Seite die Oasenstadt Dunhuang und zwischendrin der Mondsichelsee. Der See heißt Mondsichelsee, weil er aussieht wie ...? – Genau: wie eine perfekt geformte Mondsichel. Es ist ein relativ kleiner See, den man in 20 Minuten umrundet hat. Eine Besonderheit ist neben seiner Form die Tatsache, dass er sich seit tausenden von Jahren gegen die Dünen behauptet hat und nicht versandet ist.

Der kürzeste Weg zum See führt einfach steil die Düne runter. Von meiner Heimat kenne ich den Monte Kaolino, einen großen Sandberg, auf dem man sogar im Sommer Sandskifahren kann. Dort habe ich gelernt, dass es ein Riesenspaß ist, nach dem schweißtreibenden Erklimmen (einen Schritt hoch, einen halben zurück) herunterzurennen und zu springen. Darauf freue ich mich und renne los. Ich habe nur nicht realisiert, dass wir auf der Schattenseite der Düne aufgestiegen sind und ich jetzt die Sonnenseite herunterrenne. Dazu kommt, dass ich barfuß in Schuhen bin, die ein Gittermuster mit Löchern haben. Schon nach 10 Metern erkenne ich das Drama, zum Umdrehen ist es bereits zu spät. Ich starte durch. Der heiße Sand fühlt sich an wie tausend Nadeln, meine Füße verbrennen fast. Als ich unten ankomme, reiße ich mir im Schatten die Schuhe herunter, wische den Sand ab und versuche die Füße zu kühlen. Das Ergebnis sind etliche Brandblasen. Im Reiseführer lese ich übrigens anschließend: „Im Sommer wird der Sand in der Sonne so heiß, dass man sich dort verbrennen kann". Ja, wer lesen kann, ist besser dran.

Der Rest der Familie kommt heilen Fußes zum See, da mein Geschrei sie gewarnt hat, und gemeinsam spazieren beziehungsweise humpeln wir um das Gewässer, bevor wir zurück zum Hotel fahren. Dort treffen wir die anderen. Die haben einen heißen Ritt durch die Wüste hinter sich mit neuen Spitzenreitern im Spiel: „Wer sieht das eindrucksvollste Gefährt?", und sind froh, sich erstmal auszuruhen zu dürfen. Das Thermometer zeigt 44° Celsius.

Am nächsten Tag geht es zu einer der größten archäologischen Entdeckungen Ostasiens, den Mogao-Grotten. Bekanntlich kam der Buddhismus aus Indien in den Osten Asiens und nach China. Die Mogao-Grotten waren eine der ersten buddhistischen Anlagen auf chinesischem Boden, entstanden ab dem dritten bis vierten Jahrhundert v. Chr. Dunhuang lag damals an einem der bedeutendsten Teilstücke der Seidenstraße, und viele Karawanen zogen durch das Gebiet. Über die nächsten tausend Jahre wurden immer weitere Grotten hinzu gebaut. So kann man die Weiterentwicklung der Darstellung des Buddhismus in einzigartiger Form beim Besuch der verschiedenen Grotten verfolgen. Gegen Ende des 13. Jahrhunderts wurde der Seeweg stärker genutzt, die Bedeutung der Seidenstraße nahm schnell ab und die Gegend wurde verlassen. Die Grotten gerieten in Vergessenheit und versandeten. Erst um 1900 wurden sie von einem Mönch wiederentdeckt und man begann, sie für die Öffentlichkeit zu restaurieren. Die Grotten beherbergten unglaubliche kulturelle Schätze wie zum Beispiel alte Manuskripte aus dem ersten Jahrtausend n. Chr. Auch europäische Asienforscher gelangten zu den Grotten und kauften dort unter anderem Manuskripte, die heute im Britischen Museum in London zu bewundern sind.

Wir kommen also an diesen so einzigartigen Platz der Geschichte und ... haben keine Lust mehr. Den Kindern geht es ohnehin schon eine Weile so, und mir jetzt auch. Ich habe so viele Buddhas, Götter und Grotten gesehen, dass ich nicht mehr zu begeistern bin. Ich besichtige ein bis zwei Pflichtgrotten und spiele dann mit den Kindern einfach Fangen, Verstecken, Kitzel-Schnick-Schnack-Schnuck und Ball. Ein toller Tag. Die anderen sind etwas emsiger, allerdings ist auch bei ihnen eine gewisse Höhlenmüdigkeit zu spüren.

9. Nach Turfan

Auf unserer Weiterfahrt gen Westen kommen wir in das autonome Gebiet Xinjiang. *„Xinjiang"* bedeutet „neue Grenze". Es lag jenseits des früheren letzten Postens der Großen Mauer und wurde erst später dem chinesischen Reich einverleibt. Ein Gebiet, so groß wie Westeuropa, mit einer Bevölkerung von nur 22 Millionen und damit ähnlich menschenleer wie die von uns zuvor besuchte Provinz Quinghai. Fast die Hälfte der Einwohner sind Uiguren. Vermutlich handelt es sich deshalb nicht einfach um eine Provinz, sondern um ein autonomes Gebiet, eine Region unter besonderer Beobachtung. Die Uiguren stammen von turkmenischen und mongolischen Volksgruppen ab. Ihr Aussehen ist ganz „unchinesisch". Runde Augen, stämmige Figuren. Sie sind Moslems, viele Männer tragen Bärte und die klassische weiße Kappe, die Takke. Die Frauen tragen Kopftuch. Neben Tibet ist dieses Gebiet der zweite Bereich in China, in dem es größere ethnisch bedingte Spannungen gibt. Der chinesische Weg, diesen Spannungen zu begegnen, ist neben den klassischen Mitteln wie Polizeipräsenz und Geheimdiensttätigkeit unter anderem die staatsinterne Kolonialisierung. Mit der Ansiedlung vieler Han-Chinesen in diesen Gebieten wird aus der ethnischen Übermacht eine Minderheit. Weiterhin versucht man, Wohlstand in die Region zu bringen. Davon profitieren die Leute natürlich, sie haben etwas zu verlieren, wenn sie sich auf Kämpfe einlassen. Zu unserer Zeit war es in dieser Region recht ruhig, ein paar Jahre später eskalierten die Spannungen.

Die Landschaft ist geprägt durch zwei geographische Becken, Wüste und Gebirge. Der K2, mit seinen 8611 Metern zweithöchster Berg der Welt, steht als Grenzberg zu Pakistan zur Hälfte in Xinjiang und hier liegt ebenso der Iding-See mit -154 Metern unter Null der zweitniedrigst gelegene See der Welt. Der Tian Shan (das Himmelsgebirge) trennt das nördlich gelegene Dsungisiesche Becken und das südlich gelegene Tamir-Becken. Die Gipfel des Tian Shan sind schneebedeckt und stellen eine extrem eindrucksvolle Kulisse vor der Wüstenlandschaft dar.

Städte wie Hami, Turfan und weiter westlich Kashkar, das wir jedoch erst auf einer zweiten Reise erreichen werden, waren wichtige Oasenstädte auf den alten Handelswegen und konnten ihre Bedeutung in die heutige Zeit hinüberretten. Auf unserem Weg Richtung Turfan kommen wir in ein Wechselspiel aus Gebirge und Wüste. Zuerst frieren wir in den Ausläufern des Tian Shan auf einer Höhe von 1500 m selbst in unseren Jacken und laufen über grüne Wiesen, nur, um kurz danach zurück in der Senke bei über 40 Grad in alten Ruinenstädten in der Wüste zu schwitzen.

Zu den Hochzeiten der Seidenstraße eine der bedeutenden Städte und zeitweise Hauptstadt eines eigenen Königreiches, ist Turfan heute eine Kleinstadt (250.000 Einwohner) mit einer klaren uigurischen Mehrheit. Turfan ist ziemlich entspannt. Es geht gemütlich zu, nicht hektisch, hupend, hochhäuserschattig wie in so vielen anderen chinesischen Städten. Mit im Sommer oft weit über 40 Grad und im Winter unter Null zeigt Turfan klimatische Extreme.

Im Sommer werden daher oft in den noch älteren Vierteln die Betten auf die Häuserdächer gestellt: Die Menschen wollen der Hitze der sich erwärmenden Häuser entfliehen und ein wenig vom Wind, der über die Dächer zieht, abbekommen.

In der Gegend um Turfan gibt es eindrucksvolle alte Ruinenstädte, die zu ihren Hochzeiten Machtzentren waren. Heute sind davon nur noch ein paar Mauern übriggeblieben, die eindrucksvoll in der kargen Wüste gelegen sind. Nicht nur für uns, sondern auch für chinesische Touristen sind sie ein Anziehungspunkt, und so findet man wie gewohnt die touristische Infrastruktur mit Souvenir-, Kleider- und Essensständen, Reitmöglichkeiten und Eselskarren. Letztere nutzen wir ebenfalls, um die Ruinen zu erreichen. An den Bekleidungsständen kommen diesmal auch wir nicht ungeschoren vorbei. Anne erwirbt für Alena ein uigurisches Prinzessinnenkleid, und so wirkt unsere Tochter zwischen den Ruinen wie eine Zeugin aus vergangener Zeit.

Ganz wunderbar sind die hiesigen Weintrauben. Sehr süß und wohlschmeckend. Weit über die Grenzen hinaus bekannt sind die Rosinen aus Turfan. Die Weintrauben sind hier allgegenwärtig, und so spenden sie uns sogar Schatten, als wir in der Stadt unter rebenbehangenen Pergolas durchgehen. Bewässert wird dieser Anbau durch ein unterirdisches Kanalsystem. Das aus den Bergen kommende Wasser wird angezapft und in dieses System weitergeleitet. Wäre das Kanalsystem an der Erdoberfläche, würde das Wasser in der vorherrschenden Hitze sehr schnell verdampfen. Durch den unterirdischen Transport kann es auf intelligente Weise genutzt werden. Diese Technik wird im Übrigen nicht nur in Turfan so angewandt, sondern auch in anderen Bereichen der Seidenstraße, zum Beispiel im Iran.

Neben diesem praktischen Aspekt sind die Wasserläufe auch touristisch „ausbeutbar" und so bezahlen wir Eintritt, um einen dieser Kanäle zu besichtigen und daraus zu trinken. Das verdeutlicht erneut die Reinheit und Klarheit dieses Wassers. Jedoch nicht nur Wasser trinken wir, sondern auch den aus den berühmten Turfaner Trauben gekelterten Wein. Für meinen Geschmack ist er einfach zu süß, also sind die Trauben doch eher zum direkten Verzehr geeignet.

Beeindruckend, auch weil es für uns eine Premiere ist, ist der Besuch einer kleinen Seidenspinnerei. Seide wird aus dem Kokon der Seidenspinnerraupe gewonnen. Die Raupen werden im Kokon vor dem Schlüpfen in heißem Wasser getötet, der Kokon gekocht und anschließend der Faden, aus dem er besteht, abgewickelt. Dieser wird mit den Fäden weiterer Kokons zum eigentlichen Seidenfaden gehaspelt. Seide wurde schon zur Römerzeit zwischen China und Rom gehandelt, damals zu großen Teilen über Seewege. Ab dem zweiten Jahrhundert wurden die Handelswege, die man heute unter dem Begriff „Seidenstraße" kennt, bedeutender. Seide war ein sehr kostbares Gut und einige sagenumwobene Städte gründeten sich durch den aus ihr gewonnenen Reichtum, wie beispielsweise Samarkand. Interessant zu sehen, wie so ein kleines Fadenknäuel die Geschicke der Welt beeinflusste. Die Prozesse der Fadengewinnung, Farbgebung, Seidenspinnerei und die Verarbeitung der Seide zu Kleidung besichtigen wir, und anschließend schauen wir uns noch die hier gängige Methode der Rosinenherstellung an: einfach Weintrauben zum Trocknen aufhängen. Weintrauben-, Wein-, Likör- und Rosinenverköstigung sind inklusive.

Abends zockeln wir mit einer Pferdekutsche durch die Vorstadt Turfans in die Viertel mit kleinen Häusern. Unsere Prinzessin ist in Montur dabei, und wir sitzen auf der offenen Ladefläche der Kutsche, die mit einem Teppich ausgelegt ist. Vorbei an zur Trocknung auf Planen ausgebreiteten Rosinen, gespannten Wäscheleinen, unter Planen abgedeckten Kohlestücken, alten Lastern, anderen Pferde- und Eselskutschen, kleinen gemauerten Häusern, Tischen und Betten auf den Dächern, in denen bereits jemand schläft, Moscheen, Spießchen Brätern und spielenden Kindern rollen wir in ein ganz anderes China. Wir halten an, spazieren ein wenig herum und sind sofort von einer großen Schar Kinder umringt. Sie wollen fotografiert werden, schneiden dafür Grimassen und führen Tänzchen auf. Sie sind total begeistert, sich auf dem Bildschirm der Digitalkamera zu sehen und fühlen sich dadurch animiert, weitere Aufführungen zu geben. Unsere Kinder werden von ihnen eingeladen, mitzuspielen, und so kickt Lorenz einen Ball und Alena im Prinzessinnenkleid treibt einen Reifen über die Straße. Besonders in den Mittelpunkt drängt sich immer wieder ein kleiner lauter, etwas pummeliger Junge, nach Einschätzung von Anne der zukünftige Bürgermeister des Ortes. Wunderschöne Bilder machen wir mit lustigen, fröhlichen, aufgekratzten Kindern aus Turfan und unseren beiden, die jedoch aufgrund der überschäumenden Freude der Spielkameraden leicht verunsichert sind. Eine Kutschfahrt der besonderen Art.

10. Am Ende unserer ersten Reise

Wir brechen auf zur letzten Station unserer Reise: Urumqi und seine Umgebung. Zunächst durchqueren wir erneut eine Wüstenlandschaft mit dem schneebedeckten Tian Shan-Gebirge im Hintergrund. Wir fahren durch ein Tal, mit steilen Berghängen rechts und links, in dem wohl besondere Windströmungsverhältnisse herrschen, da hier auf einmal hunderte, vielleicht sogar über tausend Windräder stehen. Bilder, die man ebenso wie die vierspurigen Autobahnen in diesem abgelegenen Teil des Landes nicht erwartet. Genauso wenig vorbereitet sind wir auf den Eindruck, den Urumqi für uns bereithält. Aus dem einfachen Turfan kommend, präsentiert sich uns hier auf einmal tausende Kilometer entfernt von Peking und Shanghai eine moderne Stadt mit glasgedeckten Hochhäusern, großen Plätzen und modernen Einkaufszentren. Dies ist so gar nicht das, wie man die Stadt im Hinterland, in Wüstennähe erwartet. Extrem sauber und aufgeräumt. China investiert in diese Region viel Geld, um Wohlstand zu bringen, allerdings auch, um den anfälligen Frieden zu wahren.

Urumqi ist mit über zwei Millionen Einwohnern die größte Stadt der Xinjiang-Provinz. Sie hat einen Anteil von 75 Prozent Han-Chinesen, und nur 12 Prozent sind Uiguren, was für eine Hauptstadt einer Provinz, in der 50 Prozent der Bevölkerung Uiguren sind, erstaunlich ist. Urumqi ist übrigens die Großstadt auf der Welt, die am weitesten von den Weltmeeren entfernt ist, nämlich über 2000 Kilometer. Nur dreihundert Kilometer weiter liegt der sogenannte eurasische Unzugänglichkeitspol, der Punkt der Welt, von dem aus es am weitesten zum nächsten Meeresstrand ist.

Natürlich sieht es in den Vorstädten Urumqis weniger modern aus als in der Innenstadt. Dennoch zeigt sich auch dort ein anderes Bild als in Turfan: Es herrscht chinesischer Einheitsbau vor.

Ein Erdrutsch hat unser heutiges Ziel, den Himmelssee, unerreichbar gemacht. Damit haben wir eine (improvisierte) Nacht mehr in Urumqi.

Zuerst werden wir dafür belohnt mit bestem uigurischen Essen. Wir bekommen Spieße mit verschiedenen Fleischsorten, hauptsächlich Lamm, bestes knuspriges Fladenbrot, hervorragende Salate und feinstes Gemüse. Keine Belohnung ist unser Hotel. Beim Einzug wirkt es bestens, wie ein gutes Vier-Sterne-Hotel. Als wir vom Essen zurückkehren, kommen uns schon 100 Dezibel in der Hotellobby entgegen. Das steigert sich auf wahrscheinlich 130 Dezibel im dritten Stock, der Etage über der Disco. Hier hat Cornelia ihr Zimmer. Als sie sich ins Bett legt, schwingt sie im Rhythmus der Bässe mit. Auch ein Besuch in der Rezeption führt nicht zur Lautstärkenreduktion. Der Besuch des Discostockwerkes raubt uns die letzte Illusion, etwas für die Nachtruhe tun zu können. Überall in den Gängen stehen und sitzen Leute, manche Dame eindeutig von der Massagefraktion, trinken und rauchen und machen einen unzugänglichen Eindruck. Drei Uhr wird es, bevor die Lautstärke auf ein erträgliches Maß zurückgefahren wird und langsam der Schlaf kommt.

Dass wir uns trotz Moderne doch in einer gewissen Wild-West-Umgebung befinden, zeigt sich beim Besuch einer Folkloreshow am nächsten Abend. Chinesen sind ja bekanntlich begeisterte Esser, laden sich die Teller voll bis über den Rand. Wir dürfen allerdings nur hier Zeugen einer Messerstecherei mitten in der Essensschlange am Buffet werden. Da hat wohl einer zum Ärger seines Hintermanns die restlichen guten Stücke Fleisch ergattert. Berühmte letzte Worte: „Der Koch bringt bestimmt noch Fleisch." Der Vorfall geht jedoch im allgemeinen Trubel unter und die Band spielt weiter ihre uigurische Weisen.

Vom modernen Urumqi nur anderthalb Stunden entfernt erleben wir wieder eine ganz andere Welt. Eine wunderbare Natur in den Bergen, in der es bis heute Tiger gibt, wunderschöne Wälder, idyllische Wege und einen Wasserfall. Die Übernachtung findet heute in Jurten statt, die von Kasachen betrieben werden.

Und eins ist klar. Das hat der Samsonite XXL noch nicht gesehen. Vom Bus geht es zur Jurte mit zwei Trägern, dem Busfahrer, Ralf und einem Kommandanten (Cornelia). Links und rechts stieben die Schafe auseinander, um den Weg für die schwere Last freizumachen. Gott sei Dank haben wir ein Zelt, das nur 100 Meter vom Parkplatz entfernt ist. Essen gibt es an einer langen Tafel in der Jurte, an der wir alle Platz nehmen. Die Kinder zeigen uns ein Tänzchen, inspiriert von der Musik, die überall läuft. Das Essen wird draußen gekocht und ist klasse. Ein Fläschchen Martini aus dem Hartschalenkoffer und Zigarillos zaubern erstmal ein Lächeln ins Gesicht der Damen.

Um sich in dieser grandiosen Natur nicht zu einsam fühlen zu müssen, sind auf diesem Fleckchen Erde 50 - 60 große Jurten konzentriert. Aufgrund der Unzugänglichkeit des Himmelssees sind sie gut besucht, außer uns allerdings nur von chinesischen Touristen. Nichts ist für die Chinesen furchteinflößender als die Stille, und deshalb erklingt durch das ganze Lager laute uigurische Musik, zu der viele tanzen.

Eins der größten Abenteuer dort draußen ist, neben der rein theoretischen Möglichkeit einer Tigerbegegnung, der Gang zur Toilette. Zum einen, weil es dort schon in einer Entfernung von 50 Metern wie im besagten Tigerkäfig stinkt und daher unterschwellig Tigerphobien hochkommen könnten, zum anderen hauptsächlich deshalb, weil es nur zwei Plumpsklos für mehrere 100 Personen gibt. Entsprechend sieht es dort aus. Einmal die Tür öffnen, reicht und der Beschluss steht, dass die Natur doch das beste Klo ist.

Manche der Rahmenbedingungen sind nicht ideal, trotzdem wird es ein toller Abend. Die Musik schallt über die Wiese und freundliche Menschen tanzen begeistert dazu, unsere Kinder spielen mit den Kindern des Jurtenwarts. Wir unterhalten uns mit unseren Nachbarn, genießen das einfache, aber köstliche Essen und schlafen anschließend selig in unserer Acht-Personen-Jurte alle gemeinsam ein.

Im Übrigen fürchtete sich nicht jeder gleichermaßen vor möglichen Tigerbegegnungen. Auf die Warnung an unseren Sohn: „Lorenz, lauf nicht alleine in den Wald, hier gibt es Tiger!", erkannte er folgerichtig: „An dem Papa ist mehr dran!", und nachdem das Kindergehirn weitergearbeitet hatte, kam es auf die für den Tiger optimale Lösung: „... oder noch besser schnappt er sich die Cornelia, da hat er am meisten von!"

Ausfälle an Menschen durch Tiger gab es keine, hingegen deutliche Verluste von Schafen durch Menschen. Da springt das Schaf gerade noch über die Wiese und schon kommt der Besitzer, der den kleinen Grill bereits geschürt hat, und packt es. Ein schneller Schnitt durch die Kehle und ein kurzer Schrei. Dann hängt das Schaf am Zaun, wird aufgeschlitzt, gehäutet und schon werden die ersten Streifen Fleisch herausgetrennt. Diese werden in mundgerechte Stücke geschnitten, auf kleine Holzspießchen gesteckt, etwas gewürzt und auf den Grill gelegt. Für das Schaf eine absolute Katastrophe, für uns ein absoluter Hochgenuss. Zart, frisch und wohlschmeckend. Ein letzter Ausritt mit dem Pferd über die Wiesen – und dann ist es vorbei: unser erstes Abenteuer Seidenstraße.

Was bleibt? Unglaublich viel. Herrliches Filmmaterial und tolle Bilder, aber viel mehr zählen die Eindrücke. Tausende Kilometer sind wir durch China gereist. Wir haben grandiose Natur erlebt, wie ich sie nie in China erwartet hätte. Wir haben kulturelle Stätten besichtigt, die die große Tradition dieses Volkes zeigen, ebenso wie den sehr hohen Entwicklungsstand, den China schon immer hatte. Wir sind zusammen mit Menschen gereist, die sich vorher teilweise nicht kannten und nach dieser Reise Freunde geworden sind. Vielleicht das Wichtigste, was wir mitnehmen, sind die Einblicke in die chinesische Seele. Es war nicht immer leicht auf dieser Reise, aber wir haben uns den vielen sehr schönen Seiten Chinas angenähert. Diese Reise hat uns China sehr nah gebracht. Wir alle sind aber auch froh, uns in unserem Haus in Suzhou mit einem Drink in der Hand zurücklehnen zu können.

Durch die Fußgängerzone Suzhou's

Blick in den Suzhou Industrial Park

Unsere Wohnanlage und Kinderparadies

Wohnzimmer mit Hausbaum

Problemlösung chinesisch 1

Suzhou Convention Center

Häuser im Schnee am Kanal in Suzhou

Wasserstadt bei Suzhou

Moongate im Suzhou Garden

Schwerttan

Der größte ... Buddah der Welt

Park der Hochzeitspaare

Kulinarische Hochgenüße im Fischrestaurant

Der Bund in Shanghai

Hochhäusermeer Shanghai

You never walk alone

Tian an men, Peking

Chinesische Baukunst

Die Mauer

Im Zug

Problemlösung chinesisch 2

Terrakotta Krieger

Chinesische Ladekünstler, nicht erfolgreich

Chinesische Ladekünstler, erfolgreich

Floß der aufgeblasenen Schweine

Landschaft bei Bingling si

Auto Dreschen

Kinder in Turfan

Lugu Hu, Land der Frauen

Der chinesische Blick ... Park und Jadedrachenberg

Im Park

Dunga Priester

Posing am Jadedrachenberg

Verkehrsstau in Kuka

Gewürze und Arznei der besonderen Art

Das beste Restaurant der Welt

Musikinstrumente in Kashkar

Das Sommerschlafzimmer, Kashkar

Yakherde, Karakul See

Waschtag am Karakul See

In der Jurte, Karakul See

Im Tempel, Lhasa

Ohmmm, Tibet

Das Potala, Lhasa

Auf der Hochweide in Tibet

Gesichter, vom Leben geformt

Der höchste Berg der Welt

Warum anstrengend, wenn es auch einfach geht?

Rapunzel, Rapunzel, ...

Ausgewogen bei Guilin

Floßfahrt, Guilin

Frankreich aus Schnee

VON SICHUAN NACH YUNNAN

1. Zu den Pandas

„Eat what the locals eat." Gemäß diesem Motto gibt es heute Abend Hot Pot. Wir sind in Chengdu, der Hauptstadt Sichuans. Zwei Wochen haben wir, um von Chengdu nach Li Jiang in Yunnan zu kommen. Reisemittel: Eisenbahn und Auto. Chengdu selber ist eine typische, etwas gesichtslose chinesische Großstadt mit den obligatorischen Hochhäusern, Shoppingcentern, breiten Straßen, Verkehr und Lärm. Nachmittags sind wir aus Wuxi mit dem Flugzeug angekommen, ein wenig durch die Stadt gelaufen und sitzen jetzt im Restaurant.

Hot Pot in Sichuan. Scharf. Wenn ich „scharf" schreibe, meine ich „scharf" oder eigentlich „scharf ^{4}". Wer glaubt, mexikanisches oder thailändisches Essen sei feurig, der hat noch nicht die Sichuan-Küche versucht. Es gibt sogar einen eigenen Pfeffer, den Sichuan-Pfeffer. Besagter Hot Pot ist im Grunde wie Fondue. Rohes Fleisch und Gemüse kommen auf Tellern an den Tisch, und dazu werden zwei auf einer Flamme köchelnde Flüssigkeiten gebracht. Eine ist eine Art Hühnersuppe und die andere eine scharfe Brühe, die ich seitdem nur noch „flüssiges Feuer" nenne. Wie beim Fondue werden Fleisch oder Gemüse so lange in die köchelnde Brühe gehalten, bis sie durchgegart sind, und anschließend gegessen. Als welterfahrener Reisender lasse ich mich nicht lumpen und tauche mein erstes Stückchen Fleisch in die scharfe Brühe. „Wow", sage ich zum Rest der Familie, nachdem ich das so gegarte Stückchen gegessen habe, „sehr scharf." Ich bin froh, dass ich die Brühe gut habe abtropfen lassen. Das nächste Stück Fleisch zur Erholung in die Hühnerbrühe und danach kommt ein Kohlblatt dran, gegart im scharfen Topf. Ich schiebe das Blatt in den Mund und spüre eine Explosion. Die Schärfepartikel schießen an den Gaumen und in der Mund- und Rachenhöhle blitzartig in alle Richtungen. Gaumen und Zunge sind sofort taub, ähnlich ergeht es der Kehle, nachdem ich das Blatt heruntergeschluckt habe. Ich bin kurz vor der Schnappatmung. Ein Schluck Bier als Versuch der Löschung erweist sich wie Öl ins Feuer gegossen und verteilt die Schärfe in die allerletzten Winkel der Mundhöhle. Nie zuvor und nie mehr danach habe ich so etwas Scharfes gegessen. Noch Stunden später im Bett züngeln die letzten Flammen in meinem Mund.

Nach diesem ersten kulinarischen Highlight geht es am nächsten Tag nach Wolong, der größten Aufzuchtstation für Pandas. Die Fahrt dauert ungefähr zweieinhalb Stunden. Für uns wie für die Kinder ist dieser Besuch ein Höhepunkt. Die Anlage ist anders als viele Zoos in China, sehr gepflegt und mit wirklich schönen Gehegen. Außerdem liegt sie in wunderbarer Natur, umgeben von Bergen. Wir sehen rund 30 Pandas, die sich die Gehege teilen und sich sichtlich wohlfühlen. Unser Besuch fand glücklicherweise vor dem großen Wenchuan-Erdbeben statt, bei dem die Anlage in großen Teilen zerstört wurde. Es dauerte mehrere Jahre, bis das Center wieder besucht werden konnte.

Wir unterhalten uns erstmal mit einer der Pflegerinnen und bekommen einige interessante Informationen.

„Pandas werden in freier Wildbahn bis zu 20 Jahre alt, in Gefangenschaft allerdings auch schon mal über 35 Jahre", erzählt sie uns. „Ausgewachsene Tiere wiegen bis zu 160 Kilo und können bis 1,50 Meter groß werden. Ihr Lebensraum liegt im Sommer auf einer Höhe zwischen 2500 und 4000 Metern, im Winter ziehen sie in niedrigere Gebiete, halten jedoch keinen Winterschlaf, wie andere Bären." Außerdem erzählt sie uns, dass ein Panda zwischen 10 – 15 Stunden mit Fressen verbringt, meistens Bambus zu sich nimmt, aber auch schon mal andere Pflanzen oder sogar Raupen und kleine Wirbeltiere.

„Pandas sind eigentlich Einzelgänger und kommen nur zur Paarungszeit zwischen März und Mai zusammen. Die Männchen ziehen sich nach der Paarung zurück und lassen die Weibchen bei der Aufzucht der Kinder allein."

„Die also auch", meint Anne mit vielsagendem Blick zu mir.

„Rund 1600 Pandas leben heute in freier Wildbahn mit leicht steigender Tendenz und 10 Prozent davon hier im Wolong-Naturreservat", erklärt die Pflegerin weiter. „Seit 1992 sind sie in China geschützt und auf Wilderei steht sogar die Todesstrafe."

Wir spazieren durch die Anlage. Zwei Pandas wiegen im Schatten unter einem Baum ihre Köpfe hin und her, ein anderer läuft durchs Gras auf einen Haufen Bambuszweige zu. Daneben sitzt ein weiterer in sich zusammengesunken an einen Stein gelehnt und döst vor sich hin. Im nächsten Gehege schlafen zwei kleinere Pandas auf den Plattformen eines Klettergerüsts und oben auf einem Baumstumpf liegt ein Jungpanda und schaut zu den beiden rüber. Daneben sitzt ein älteres Exemplar und kaut genüsslich an einem Bambuszweig. Die Kinder sind total begeistert und fasziniert. Der Anblick dieser vielen Pandas ist einer dieser Momente, in denen man die Besonderheit, in China sein zu dürfen, intensiv spürt.

Wir haben uns mit Lorenz' Klassenlehrerin von der Suzhou-International-School verabredet, die zufällig ebenfalls nach Sichuan gereist ist. Ihr Name: Miss Ann. Wir nennen sie „The Sniper", weil sie schon an der internationalen Schule in Bagdad unterrichtet hat, eine bullige kleine Figur mit Beinen wie Säulen hat, kurz geschoren ist und eine Sonnenbrille trägt. Für uns sieht sie aus wie das Paradebeispiel des kampferprobten US-Soldaten im Irak. Wir treffen Miss Ann am Eingangstor zur vereinbarten Zeit.

Eine für uns aus westlicher Sicht immer ein wenig zweifelhafte Veranstaltung wird als eins der Highlights des Parks propagiert: ein Foto mit einem echten Panda auf dem Schoß. Das muss ein junger Panda sein, da ausgewachsene Tiere zu schwer wären. Pandas gibt es nur in China und in ein paar wenigen Zoos der Welt. Die Pandas in den weltweiten Zoos sind jedoch meistens entweder ein Geschenk an ein Staatsoberhaupt oder nur eine Leihgabe des chinesischen Staates. Der Panda ist also wirklich ein ganz einzigartiges Tier, und einen auf dem Schoß zu haben, ist schon was Besonderes. Wir wägen ab, sind uns unsicher, diskutieren – da fragt Miss Ann unvermittelt: „Na, geht ihr mit zum Fotoshooting?"

Unsere Skrupel teilt sie auf jeden Fall nicht. Nach drei Jahren Bagdad legt man vermutlich jegliche Skrupel ab, denke ich mir. Für sie ist klar: Der Panda muss auf den Schoß. So geben wir unseren Kindern grünes Licht und der Pflegerin 200 Yuan. Die Kinder und die Lehrerin dürfen in einen extra vorbereiteten Bereich gehen. Und so sitzen die drei, Lorenz, Miss Ann und Alena, auf der Bank. Der Panda-Teenager Xinxin kommt herein und wird von Miss Ann auf den Schoß gehievt. Ein bisschen ehrfürchtig schauen unsere beiden zu Xinxin, da das Tier doch nicht so klein ist. „The Sniper" ist so begeistert, dass sie Xinxin gar nicht mehr loslassen will.

„Alena, nimm ihn mal", holen wir Miss Ann aus ihrer Glückstrance heraus. Alena bekommt den Panda jetzt halb auf den Schoß, ist allerdings ganz froh, dass Lorenz ihn seinerseits zu halten versucht und er danach gleich wieder in den Armen von „The Sniper" liegt. Um den Bären nicht zu sehr zu stressen, wird er nach fünf Minuten eingesammelt. Xinxin macht einen ganz entspannten Eindruck, bekommt auch einen extra Bambuszweig, der Park hat zusätzliche 300 Yuan und die Kinder haben ein einmaliges Erlebnis mit unvergesslichen Bildern.

2. Nach Leshan und auf den heiligen Berg

Zurück geht es nach Chengdu und anschließend mit der Eisenbahn nach Leshan. Uns empfängt erneut eine große Freundlichkeit im Zug. Mit blonden Kinder sind wir die „Stars" im Abteil. Viele Chinesen finden sich ein und wollen von uns wissen, wo wir herkommen, was wir machen, wie wir heißen, wie alt wir sind und vieles mehr. Kinder kommen um mit Alena und Lorenz zu spielen, und auch Nudelsuppen werden wieder angeboten.

Ziel in Leshan ist der große Buddha. Mit über 70 Metern ist er die größte buddhistische Figur der Welt, heißt es. Wir haben während unserer Jahre in Asien viele Buddhas gesehen, und eine unglaubliche Anzahl davon waren in ihrer jeweils speziellen Art „größte Buddhas der Welt". Es gibt den größten sitzenden, liegenden, aus Stein gehauenen, aus Holz geschnitzten, goldenen, im Tempel sitzenden, im Freien stehenden ..., *„you name it, they got it"*-Buddha der Welt. Daher sind wir immer ein wenig vorsichtig mit den Superlativen. Es ist jedoch schon ein beeindruckendes Bild, den Buddha, der aus einem roten Fels direkt am Fluss geschlagen wurde, vom Wasser aus zu sehen. Er sitzt barfüßig da, mit den Händen auf seinen Knien, und schaut auf die Heerscharen von Touristen herab. Imponierend ist es schon allein, die Füße mit den Zehen zu sehen. Die Fußnägel, rund ein Quadratmeter groß und perfekt maniküt. Ich stelle mir vor, was wäre, wenn der Buddha Fußpilz oder Schweißfüße hätte. Anne hält diese Gedanken alle für ziemlich pietätlos. Rechts des Buddhas sind Treppen in den Fels gehauen, die man erklimmen und danach dem Riesen fast in die Augen schauen kann. Wir reihen uns in die Schlange ein, klettern die Stufen hinauf und gehen anschließend an den Füßen entlang. Danach kann ich den Fußpilz und die Schweißfüße ausschließen.

Ins Dorf zurückgekehrt, wandern wir durch die Straßen, vorbei an kleinen Geschäften und einem Friseursalon, bei dem die Leute die Haare draußen geschoren bekommen. Wir essen in einem kleinen Restaurant mit Tischen und Stühlen auf der Straße, das Lorenz zu seinem neuen Lieblingsrestaurant in ganz China erklärt (natürlich gibt es Nudeln mit Tomatensoße). Das entlockt der Köchin ein fröhliches Lachen und erfüllt sie mit Stolz, und es bringt Lorenz einen kostenlosen Nachschlag.

Als nächste Station wartet ein heiliger Berg auf uns. Es gibt vier Heilige Berge des Buddhismus in China und einer von ihnen ist der Emei Shan. Der Berg ist knapp über 3000 Meter hoch. Auf dem Weg nach oben gibt es zahlreiche Tempel, wie sich das für einen heiligen Berg gehört. Auf dem Gipfel selber stehen ein wunderschöner goldener Schrein, eine große goldene buddhistische Statue, ein Tempel und ein Hotel.

Wir bezwingen den Berg, und zwar mit Bus und Seilbahn. Dies tun auch tausende anderer einheimischer Touristen. Was wir diesen Touristen allerdings voraushaben, ist, dass Anne, ganz die gute Urlaubsplanerin, ein Zimmer im Hotel gebucht hat. Oben angekommen, ist es schon spät und es wird langsam dunkel, daher gehen wir recht schnell in unser Hotel. Da es auf 3000 Metern kalt ist, schläft Alena nicht nur in der Fleecejacke, sondern zieht sich Annes Wollpullover zusätzlich als Hose an und macht es sich darin zur Nacht gemütlich.

Das „must do" hier ist es, den Sonnenaufgang auf dem Emei Shan zu erleben, und so bereiten wir uns auf ein frühes Aufstehen vor. Als ich kurz vor dem Zubettgehen nochmal zur Rezeption gehe, sitzen sehr viele Leute in der Halle.

Am nächsten Morgen um fünf Uhr stehen wir auf, der Sonnenaufgang ist für sechs Uhr angekündigt. In unseren deutschen Köpfen herrscht das idyllische Bild der Natur à la Caspar David Friedrich. Daher freuen wir uns jetzt auf das, was kommt. Extra früh aufstehen, wenn alle noch schlafen, raus an den Berg, sich lauschig irgendwo hinsetzen und das Naturschauspiel der aufgehenden Sonne an diesem heiligen Ort, vielleicht ja sogar über dem goldenen Schrein, genießen. Unvergessene Eindrücke in fantastischer Umgebung. Allenfalls gestört, wenn der Himmel bewölkt ist. Ist er Gott sei Dank nicht, wie uns ein Blick aus dem Fenster zeigt.

Ein erster Zweifel an unserem Idealbild kommt uns, als wir aus unserer Zimmertür treten. Raus aus der Tür und rein in die Überraschung. Jetzt wissen wir, wo die anderen tausend Touristen, die mit uns hochgekommen sind, übernachtet haben, nämlich in den Gängen und Hallen des Hotels. Überall liegen entweder Leute auf dem Boden oder setzen sich gerade auf und reiben sich die Augen. Ringsherum sind Zeitungen als Nachtlager ausgebreitet. Das Ganze wirkt eher wie ein Notaufnahmelager nach einer Naturkatastrophe als wie ein Hotel. Na ja, wir haben auf jeden Fall besser geschlafen.

Als wir das Hotel verlassen, stellen wir fest, dass Tausende und Abertausende denselben Plan haben wie wir. Weiß der Teufel, wo die alle herkommen, so viele Gänge und Hallen hatte das Hotel auch nicht. Die Leute stehen in mehreren Reihen an der Klippe und warten auf die Sonne. Uns bleibt nichts anderes übrig, als uns in die hintere Reihe zu stellen. Wir sind nur froh, dass das chinesische Volk im Durchschnitt klein ist, so dass wir trotz der Position gute Sicht haben. Dann kommt der Hauptdarsteller. Die Sonne geht auf. Ein Raunen dringt aus zehntausend Kehlen, und es wird geklatscht. Es betritt eben ein Star die Bühne, und das wird gefeiert. Kein Wunder, dass die Sonne hier gerne aufgeht und sich nicht hinter Wolken versteckt. Neben dem vielfachen Raunen recken sich gleichzeitig ungefähr fünftausend Arme nach oben mit waagrecht flach ausgestreckten Händen. Die Bedeutung dieser Geste ist uns zunächst nicht klar. Wir vermuten eine buddhistische Sitte oder chinesische Tradition oder gar eine Art morgendlicher Tai Chi Übung, bis wir sehen, dass weitere fünftausend Hände die Auslöser von Kameras betätigen. Anschließend wechseln die Protagonisten. Das Motiv ist so gewählt, dass die Sonne scheinbar auf der offenen Hand liegt. Also doch eine chinesische (Kitsch-)Tradition. Diese Art von Fotos werden wir noch oft zu sehen bekommen.

Nach ausgiebigem Fotografieren auch unsererseits (als „*fast lear-ner*" mit Sonne in der Hand) und einem Rundgang zu den Sehens-würdigkeiten auf dem Gipfel treten wir den Abstieg an. Wir haben uns entschieden, den Weg nach unten zu gehen, anstatt Seilbahn und Bus zu nehmen. Basis für diese Entscheidung ist eine Karte des Emei Shans aus dem Bus, die nur leider nicht maßstabgetreu ist. Das hätten wir nach sechs Monaten China eigentlich wissen müssen. So ist das, was aussieht wie ein ein- bis zweistündiger Spazierweg, am Schluss ein Weg von 15 Kilometern hinab ins Tal. Und die werden uns verdammt lang. Von den 15 Kilometern berg-ab bestehen dazu mindestens zehn Kilometer nur aus Treppen.

Es geht durch den Wald und vorbei an Tempeln und kleinen Ständen, bei denen man etwas trinken und essen kann. Die meis-ten Leute gehen bergab, es kommen uns allerdings auch immer wieder Leute entgegen. Wir haben abends einen weiteren Zug ge-bucht und damit eine Frist für unsere Ankunft. Am Anfang genie-ßen wir den Weg. Sind schwer beeindruckt von den Trägern, die die kleinen Stände mit Essen und Trinken versorgen. Sie haben viele Kisten, teilweise über 50 Kilo schwer, auf den Rücken ge-schnallt und laufen in einfachen Schlappen die Berge hinauf. Und dann sind da Sänftenträger. Ja, es gibt wirklich Leute, die sich den Berg in einer Sänfte hochtragen lassen. Sich einmal wie ein König fühlen? Wir widerstehen der Verlockung.

Je länger wir unterwegs sind, umso müder werden wir und umso besorgter, den Zug zu verpassen. Aufgemuntert werden wir weiter unten von Affen, die Touristen als einfache Beute entdeckt haben. Man hatte uns vorgewarnt und so schnappen wir uns beim ersten Anblick eines Affen einen Stock und schnallen den Ruck-sack enger auf den Rücken. Bei einem chinesischen Wanderer vor uns sieht das anders aus. Während das Erkennungszeichen des westlichen Wanderers wandertaugliche Schuhe und ein Rucksack sind, sind es für den chinesischen Wanderer die Straßentreter und die Plastiktüte in der Hand, gefüllt mit diversen Utensilien. Und so eine Plastiktüte ist natürlich viel schwieriger zu verteidigen als ein umgeschnallter Rucksack. Der Affe springt vor dem Mann auf den Weg, wie einst Robin Hood im Sherwood Forrest vor die Reiter des Sheriffs, faucht ihn an, springt auf ihn zu und reißt dem sichtlich eingeschüchterten Wanderer die Tüte aus der Hand. Anschließend läuft das Tier mit der Tüte an den Wegesrand und beginnt, sie seelenruhig zu durchsuchen. Der verzweifelte Versuch des Mannes, die Tüte zurückzubekommen, wird mit erneutem Fauchen, Zähne blecken und einer Kopfbewegung mit Blick: „Ey, was willst du!!" quittiert. Der Mann zieht sich daraufhin zurück. Unterhose und Hemd fliegen aus der Tüte, und der Affe fördert ein erstes Objekt der Begierde, eine Art Müsliriegel, hervor. Dieser wird aus der Verpackung geholt und geknabbert. Der Mann, der die Ablenkung nutzen will, wird diesmal nur mit einem kurzen Zähne blecken in die Schranken gewiesen. Wer hier am Weg der Chef ist, ist klar. Leider erfahren wir nicht, wie dieser ungleiche Kampf ausgeht, da wir weitergehen müssen.

Die letzten Kilometer werden zur reinen Tortur für mich. Niemals in meinem Leben bin ich so viele Stufen nach unten gestiegen. Entsprechend sind meine Muskeln dafür ausgebildet: nämlich gar nicht. Ich stehe am Schluss mit zitternden Beinen auf den Treppen, versuche das eine Bein irgendwie auf die Stufe darunter zu setzen und bewege mich auf diese Weise quälend langsam voran. Ich überlege jetzt ernsthaft, eine Sänfte zu nehmen. Dass ich nicht so tief sinke, liegt nach offizieller Erklärung an meinem Kämpferherz und meinem Durchhaltewillen, nach inoffizieller Version einfach daran, dass keine leere Sänfte vorbeikommt. Außerdem scheint der Abstieg Anne und den Kindern bei weitem nicht so viele Probleme zu bereiten. So gelangen wir, die Familie, ich und der größte Muskelkater der Welt, irgendwann unten an, fahren mit dem Taxi zum Bahnhof, besteigen den Zug und ich falle sofort in das Bett des Nachtzuges.

3. Ins Reich der Frauen

Am nächsten Morgen kommen wir in Panzhihua an. Dort holt uns der bestellte Fahrer mit dem Wagen ab, um uns den Rest der Reise bis Lijiang zu chauffieren. Er heißt Bangdong und ist ein kleiner, etwas untersetzter Mann um die 35 Jahre, sehr adrett gekleidet und freundlich. Später werden wir allerdings auch sehen, dass er wie viele der chinesischen Reiseführer auch seine eigene Agenda hat.

Wir fahren zum Lugu Hu. Dies ist eine Gegend, die bisher vom westlichen Tourismus ziemlich verschont geblieben ist, da der See nur mit größerem Reiseaufwand zu erreichen ist. Egal, von welcher Seite man kommt, eine Autofahrt von sechs Stunden von einem Bahnhof oder Flughafen aus ist mindestens erforderlich. Dass Anne diesen See in unser Programm aufgenommen hat, liegt an dem Buch „Das Land der Töchter" von Yang Erche Namu. Namu ist eine Moso, eine Angehörige des Volksstamms, der am Lugu Hu lebt. Bei den Moso herrschen die Frauen, sie sind als Matriarchat organisiert. Namu erzählt die faszinierende Geschichte ihrer Kindheit. Dieses Buch hat Anne vor unserer Abreise aus Deutschland als eine Art persönliche Vorbereitung gelesen und war von der Erzählung so angetan, dass sie diese Gegend unbedingt erleben will. Noch attraktiver wird der See für sie, als sie erfährt, dass Namu dort ein Hotel unterhält, man sie also persönlich kennenlernen kann.

Wir fahren durch „tiefstes" China. Die Straßen sind teils geteert, teils Kopfsteinpflaster, teils bestehen sie aus Schotter. Es geht vorbei an Reisterrassen, auf denen Reisbauern, durch ihren Basthut vor der Sonne geschützt, mit den Wasserbüffeln die Felder bestellen. Postkartenmotiv reiht sich an Postkartenmotiv. Auf teilweise schwindelerregenden, engen Schotterstraßen fahren wir die Berge hinauf. Wenn LKWs entgegenkommen, sind es oft nur Zentimeter, die uns vom Abgrund trennen. Eine Portion Gottergebenheit und der Gedanke: „Der am Steuer will ja auch nicht sterben", sind Voraussetzung für die Teilnahme an solch einer Fahrt. Wir kriechen in Haarnadelkurven tief hinunter in Schluchten, nur um uns am Berghang gegenüber genauso steil aus der Tiefe wieder herauszuschrauben.

Wir kommen an ausgedehnten Wäldern und an vielen kleinen Dörfern vorbei. In einem Dorf halten wir zum Mittagessen vor einer Art Restaurant. Das rohe Fleisch hängt am Fenster, das Essen ist jedoch Spitze. Wir erleben ein total anderes China als in Suzhou. Dies ist das Dritte-Welt-China. Auch das zeichnet China aus, dass es innerhalb eines Landes Regionen der Ersten, Zweiten und Dritten Welt zu finden sind. Bestrebung der chinesischen Regierung ist es, diese Kluft zu überbrücken. Genau diese Gegenden sind es, aus denen die Wanderarbeiter in den Osten Chinas kommen, um dort in der Ersten Welt Hochhäuser in den Himmel zu ziehen, und das verdiente Geld den zurückgebliebenen Familien in den Dörfern zu schicken.

Weiter geht die Fahrt. Bangdong breitet langsam seine Agenda aus.

„Wo wollt ihr denn zum Übernachten am Lugu Hu hin?" Als wir ihm den Namen unserer Jurten-Siedlung nennen, in der wir gebucht haben, sagt er: „Das ist sehr einfach, ich kenne da eine wesentlich bessere Unterkunft."

„Wir haben schon reserviert und die Jurten sollen sehr nett sein", erwidern wir und bleiben bei unserer Wahl. Zunächst. Nochmal preist Bangdong seine Unterkunft an:

„Das Hotel, das ich kenne, ist ganz zentral gelegen, da seid ihr gleich am See und in der Nähe sind Restaurants und Geschäfte." Wir verweisen erneut darauf, dass wir bereits reserviert haben. Wir fahren eine Weile weiter. Dann bekommen wir zu hören:

„Eure Jurten liegen weit außerhalb des Ortes, das ist im vereinbarten Fahrpreis nicht eingeschlossen, da müsst ihr extra zahlen." Nachdem wir bereits den ganzen Tag im Auto auf kurvigen Straßen unterwegs sind, fährt der Fahrer am Schluss sein stärkstes Geschütz auf. Mit einem Blick in den Rückspiegel in die Augen von Lorenz, der ohnehin schon ganz blass ist vom vielen Autofahren, sagt er:

„Zu eurer Unterkunft dauert es mindestens eine Stunde länger als zum Ort." Lorenz' Mundwinkel fallen deutlich nach unten. Punkt, Satz, Sieg für Bangdong. Wir willigen in seinen Hotelvorschlag ein, sagen ihm jedoch, dass er unsere Reservierung stornieren muss. „Kein Problem", antwortet er, telefoniert kurz und grinst ganz leicht.

Wir erreichen den See am Abend, beziehen unser Quartier (sehr durchschnittlich die Zimmer, sicher bestens die Tantiemen für den Fahrer) und gehen zum Essen. Bangdong schließt sich uns an und versucht, uns wieder irgendwohin zu lotsen. Diesmal sind wir die Gewinner, wählen eine sehr nett aussehende einfache Gaststätte und werden dafür mit sehr gutem Essen belohnt. Abgerundet wird der Abend mit einer Folkloredarbietung einschließlich Tanz, bei dem die Kinder eifrig mitmachen.

Nächster Tag. Wir trennen uns. Die Damen gehen zu Namu, die Herren bleiben im Ort. Der Lugu Hu ist ein wunderbarer See inmitten einer Berglandschaft. Das Blau des Wassers umrahmt von bewaldeten Bergen zusammen mit dem Blau des Himmels ergibt einen der seltenen Anblicke von unberührter Natur in China. Lorenz und ich machen mit einem lokalen Bootsführer im Einbaum eine Bootsfahrt zu einer Halbinsel, auf der ein Tempel steht. Aber nicht die Bootsfahrt oder der Tempel sind das Besondere für uns, sondern, dass man aus dem See direkt trinken kann. Der Bootsmann macht es uns vor: Er schöpft Wasser und trinkt. Wir machen es ihm nach. Eine für China ganz außergewöhnliche Gelegenheit. Unser Tourismusprogramm wird abgerundet mit einem kurzen Ritt durch den Ort und entlang des Sees. Das Pferd wird von einer Moso im authentischen Kostüm geführt. Es ist eine Nummer zu klein für mich. Während Lorenz sehr locker und lässig wirkt, muss das Pferd unter meiner westlichen Körperpracht ganz schön schwitzen und ist erleichtert, als der Ritt zu Ende ist.

Also ein nettes, relaxtes touristisches Programm für die Männer. Spannenderes für die Damen. Sie treffen Namu in ihrem Hotel, das aus drei Zimmern besteht, alle Räume sehr geschmackvoll mit einem eigenen Motto eingerichtet (zum Beispiel das Tibet-Zimmer). Das Hotel liegt etwas erhöht am Uferhang mit einer Terrasse zum See hin, von der man einen tollen Ausblick über das Wasser und die Berge hat. Namu, die inzwischen in China ein gefeierter Star ist (allerdings nicht wegen ihres Buches, sondern als Sängerin), empfängt die beiden sehr herzlich. Sie erzählt viel über ihr früheres und das jetzige Leben, das sich sehr davon unterscheidet. Vier Stunden später kommen Anne und Alena ganz begeistert zurück.

4. Tigersprung und schwarzer Drachen

Mittags treffen wir uns wieder und setzen die Fahrt nach Lijiang in Yunnan fort. Wir erleben eine weitere abenteuerliche Reise durch die Berge mit fantastischer Landschaft, jedoch etwas besseren Straßen als gestern, da Lijiang der Hauptausgangspunkt zum Lugu Hu ist. Auf dem Weg nach Lijiang überqueren wir den „Baby"- oder auch „Kleinkind"-Jangtze, der hier Jinsha-Fluss heißt. Erneut geht es tief in eine Schlucht hinunter und auf der anderen Seite mit vielen Haarnadelkurven wieder hinauf. Abends kommen wir an und beziehen unser Hotel. Bangdong haben wir auf der Fahrt unsere Meinung zu seiner Unterkunftsauswahl am Lugu Hu mitgeteilt. Daher verschont er uns diesmal mit Vorschlägen für Lijiang und bringt uns gleich zu unserem reservierten Hotel.

Die Tigersprungschlucht ist einer der berühmtesten Orte in China. Hier schießt der „Baby"-Jangtze durch eine Schlucht, die an der engsten Stelle so schmal ist, dass der Legende nach ein Tiger mit einem Sprung über den Fluss seinen Jägern entkommen konnte. *„Hu tiao xia"* – Tigersprungschlucht. Deshalb ist dort natürlich die Skulptur eines Tigers aufgestellt. Lebendige Tiger gibt es hier schon lange nicht mehr. Nach 70 Kilometern Fahrt durch grandiose Landschaft erreichen wir die Schlucht. Die Durchflussmenge durch die Schlucht ist mit unglaublichen 7800 qm/sec angegeben. Dies entspricht der dreifachen Durchflussmenge der Niagarafälle auf einer Breite von nur 25 Metern. Noch eindrucksvoller ist vielleicht der Vergleich, dass pro Sekunde genauso so viel Wasser durch die Schlucht jagt wie bei allen Wies'n-Besuchern Bier durch die Kehlen in den zwei Oktoberfestwochen.

Von der Straße aus ist es nur ein kurzer Weg nach unten, bevor man auf einer Plattform steht. Von dort kann man am Fluss entlanglaufen. Beeindruckend sind die Wassermassen, die dort durch die Engstelle gedrückt werden. Es sieht aus wie ein senkrecht fließender Wasserfall mit leicht gebräuntem Wasser. Dort hineinzufallen wäre absolut tödlich. Wir sind fast allein, Glück gehabt, keine Touristenbusse sind vor Ort. Aufgrund der Einmaligkeit des Platzes erliegen wir dem Werben des historischen Kostümverleihers und Alena wird zur Naxi-Prinzessin vor dem reißenden Jangtze. Dies ist wieder ein Ort, an dem die Natur vorherrscht. Wir fahren weiter in die Schlucht hinein. Die Klippen erheben sich imposant steil vom Flussufer empor. Wir sind in einer der tiefsten Schluchten der Welt mit einem Höhenunterschied von 3900 Metern zwischen niedrigstem und höchstem Punkt. Mittags halten wir bei Sean, einem kleinen Gasthaus und Restaurant in der Schlucht, mit herrlichem Blick in die Klamm und auf den Fluss. An den Hängen kleben ein paar wenige Bauernhäuser, deren Bewohner Terrassen zum Anbau angelegt haben.

Zurück in Lijiang gehen wir am nächsten Tag in den Park „Am Teich des schwarzen Drachen".

„Dies ist der Ausblick, für den ich nach China gekommen bin. Dieses Bild wollte ich mir immer anschauen", sage ich zu Anne. Wir stehen am Rand eines kleinen Sees im Park, dem Teich des schwarzen Drachens. Wasser bildet den unteren Rahmen des Bildes, in der Mitte eine wunderbar gewölbte Brücke aus grauen Granitsteinen mit fünf Bögen, und schön gestaltetem Geländer aus demselben Gestein. Ein paar Einheimische gehen darüber und lachen. Links und rechts der Brücke wunderbare alte chinesische Gebäude, links ein dreistöckiger Pavillon, der Deyue-Pavillon, mit geschindelten Dächern, Ornamenten in den Geländern der einzelnen Stockwerke und gekrönt von einer goldenen Spitze. Rechts der Brücke ein einstöckiges altes chinesisches Haus mit ebenfalls wunderbar geschwungenen Dächern. Das Ganze ist eingebettet in das Grün der alten Bäume. Und – über allem – am oberen Rand des Blickfelds thront der Jadedrachenberg mit seinen steilen Hängen, schroffen Gipfelfelsen und Schneefeldern. Das Ganze unter einem blauen Himmel und mit ein paar Wölkchen, um es noch interessanter zu machen. In diesem Bild liegt für mich China. Die fremde Kultur der Pagoden und Häuser, die sehr gefälligen Formen der Teiche, Pflanzen und Anlagen, die grandiose Natur des Berges und die Freundlichkeit der Menschen.

Vor uns ist ein Geländer, und daran hängen Schlösser. Heute sind diese auch in Deutschland Mode, damals sah ich sie zum ersten Mal. Sie sind ein Zeichen der Verbundenheit mit diesem Ort. Auf den Schlössern sind Worte eingraviert, und wir finden heraus, dass man sie bei einem Dongba-Priester erwerben kann.

„Ich würde gerne ein Schloss an dieses Geländer hängen", sage ich und muss Anne gar nicht groß überzeugen.

„Ich auch", ist die Antwort. Wir machen uns auf den Weg zum Priester, kommen zu einem kleinen Tempel und werden in einen getäfelten Raum geführt. Der Priester bittet uns, Platz zu nehmen. Wir erklären unseren Wunsch und er nickt. Ich frage:

„Wie viel kostet ein Schloss?"

„Lasst uns zunächst über die Gravur reden", ist seine Antwort. Da ich nun schon lange genug in China bin, frage ich nochmal.

„Bitte sagen Sie uns zuerst, was das Schloss kostet."

„Es gibt keinen festen Preis für das Schloss, ihr zahlt so viel, wie ihr dafür erübrigen könnt. So, und jetzt lasst uns wirklich erst die Gravur und euren Eintrag in das Gästebuch besprechen." Da ja ein Schloss nicht groß ist, ist die Gravur kurz: „*Good luck for our family* “. Anne bekommt das Graviergerät und schreibt mit ruhiger Hand die Worte.

„... so viel, wie ihr erübrigen könnt." Der Priester gibt uns das Gästebuch, in das wir einen Gruß eintragen können. Hier sind die Widmungen der Leute zu sehen, die das vor uns gemacht haben. Und wir können lesen, wie viel die Besucher für ein Schloss ge- spendet haben. 10.000 Yuan, 5.000 Yuan, 3.000 Yuan steht dort, also Beträge zwischen 1.000 und 300 Euro. Ich schlucke.

„Das zeigt nur, was andere gegeben haben. Ihr gebt, so viel ihr erüb- rigen könnt", sagt der Priester mit freundlicher Miene. Natürlich will man jetzt nicht als Geizkragen dastehen, der sich bei einem heiligen gemeinnützigen Zweck kleinlich zeigt. Dennoch sind 1000 Euro für ein kleines Vorhängeschloss (Materialwert vermutlich weniger als ein Euro) schon happig. Als ich allerdings etwas genauer hinschaue, mei- ne ich, bei den letzten zwei Nullen der 10.000 Yuan eine leicht andere Handschrift zu erkennen. Nachdem ich das gesehen habe, schaue ich bei den 5.000 Yuan ebenfalls genauer hin – hier ist es dasselbe. Da hat einer einfach hinter die 50 Yuan zwei Nullen gemalt, um den nächs- ten Spender zu einem schöneren Betrag zu motivieren. Ich schaue den Priester an, der guckt weiterhin mit Unschuldsmiene zurück.

„... nur, was ihr erübrigen könnt!" Ein Schlitzohr und heilig dazu. Tja, das komplettiert unsere Sicht auf China. Wir geben 399 Yuan, also rund 40 Euro für ein Schloss.

Dass dies fürstlich ist, merken wir gleich danach daran, wie positiv es aufgenommen wird. Wir dürfen noch ein Foto mit dem Priester machen, unsere Kinder bekommen Kronen aufgesetzt und Umhänge angelegt für weitere Fotos und wir werden mit großem Dank und „kommt wieder" verabschiedet (an dieser Stelle verweise ich auf den Abschnitt über erfolgreiches Verhandeln). Ganz sicher wird unser Nachfolger im Buch und nächster Spender lesen, dass wir 3990 Yuan für das Schloss gezahlt haben. Wir sind jedoch mit dem Ausblick verbunden, der für uns einer der Gründe war, nach China zu kommen, und das ist mindestens 40 Euro wert.

5. Lijiang und die Berge

Lijiang ist einer meiner absoluten Lieblingsorte in China. Eine Stadt, in der man sehr viel Altes erhalten, wiederaufgebaut und restauriert hat. Auf engen Gassen mit Kopfsteinpflaster gehen wir durch die große Altstadt, die zahlreichen Kanäle werden von teilweise jahrhundertealten Steinbrücken überspannt. Viele historische Häuser, die auf Steinfundamenten stehen, haben Türen und Balkone aus rotem Holz, geschwungene Ziegeldächer und Verzierungen. Hier ist das Zentrum der Naxi, einem Volksstamm, der von tibetischen Nomaden abstammt. In Lijiang sind die Han- Chinesen in der Mehrheit, aber vielleicht liegt es an der starken Naxi-Population, dass die Altstadt so gut erhalten ist, beziehungsweise, dass man viel Wert auf eine ursprungsgetreue Restaurierung gelegt hat. Die Stadt ist ein Ort, in dem das alte China zu leben scheint, das China des 13. oder 14. Jahrhundert. Dass dies auch von chinesischen Touristen honoriert wird, sieht man an den Besucherzahlen. Umso mehr verwundert es, dass in anderen chinesischen Städten oft so wenig Wert auf den Erhalt historischer Werte gelegt wird.

Es ist herrlich, durch die Stadt mit den vielen historischen Gebäuden zu spazieren. Besonders schön ist der Ausblick vom Löwenberg. Dort steht ein klassischer vierstöckiger Pavillon mit zahlreichen Verzierungen und den typischen roten Fensterstöcken und Türen. Der Blick über die Altstadt ist toll. Vor uns erstreckt sich ein Meer aus geschwungenen Ziegeldächern, die so eng beieinanderliegen, dass man sich fragt, wo eigentlich die Straßen oder Gassen zwischen den Häusern Platz finden. Natürlich gibt es sehr viele Läden und Touristen, dennoch kommt man, wenn man sich von den Hauptwegen entfernt, schnell in sehr ruhige Bereiche. Manchmal begegnet uns dort kein Mensch. Immer wieder laden kleine Restaurants oder Kaffees zum Verweilen ein. Aufgrund der Restaurierungen eine sehr untypische chinesische Stadt, mit lauschigen Plätzen und ohne den üblichen chinesischen Trubel.

Wir erleben eins der ganz wenigen Hotels unseres dreijährigen Chinaaufenthalts, das sich traditionell gibt. Es ist im Stil der alten Häuser errichtet, zweistöckig, mit Balkonen zum Innenhof, von denen die Zimmer abgehen. Die Balkone sind aus dem typischen roten Holz und die Fensterläden mit chinesischen Ornamenten verziert. Holzbilder schmücken die Balkone. Die Zimmer selber sind chinesisch antik möbliert, aber dennoch technisch modern eingerichtet. Weiterhin ist das Hotel in mehrere Häuser aufgeteilt, die miteinander über wunderschön gepflasterte Wege mit chinesischen Mosaiken verbunden sind. Alles absolut stimmig und bezaubernd anzusehen.

Es ist Abend geworden, und Musik erklingt. Zum Marktplatz ist es nicht weit. Die Kinder sind neugierig. Eine Folkloreband spielt, es herrscht eine herrliche Stimmung. Feuer brennen auf dem Platz und werfen gemeinsam mit roten Laternen ein ungewisses Licht auf die Szenerie. Viele Menschen haben sich eingefunden und hören der Gruppe und ihrer Musik zu. Wie es sich für eine Folkloreaufführung gehört, wird in Nationalkostümen getanzt. Das erwartet der Tourist und insbesondere der chinesische. Nach gutem Essen und Shoppingmöglichkeiten steht das Kennenlernen fremder Kulturen an Nummer 3 der wichtigsten Kriterien für einen gelungenen chinesischen Urlaub. Kommt man in China von einem Urlaub zurück, ist meist die erste Frage, die die chinesischen Kollegen stellen: „Und, wie war das Essen?", und anschließend wird sehr ausführlich berichtet, was es an kulinarischen Genüssen gab oder was getrunken wurde. Die in Deutschland nach einem Urlaub gern gestellte Frage: „Haben Sie sich gut erholt?", hört man in China nicht. In einem chinesischen Urlaub erholt man sich nicht, das ist nicht der Zweck der Reise. Man erlebt etwas, man isst, man kauft ein, man begegnet fremden Kulturen. Das deutsche „Mal die Seele baumeln lassen" kennt man nicht. Aus meiner Sicht ist das chinesische Leben turbulent und stressig, wird von den Chinesen aber wohl nicht so empfunden. Man braucht keine Zeit, um sich davon zu erholen. Die von uns so geschätzte Ruhe und einsame Natur wird von den meisten Chinesen bestenfalls als befremdlich, teilweise sogar als beängstigend wahrgenommen. „Da ist ja nichts los, was soll ich da?", ist die verbreitete Einstellung dazu. Sehr deutlich erleben wir dies bei unserem Ausflug zum Jadedrachenberg.

Wir fahren mit einem Sessellift auf ein Hochplateau in den Bergen, das auf einer Höhe von etwas über 3000 Metern liegt. Viele Chinesen sind Stadtmenschen. Der Anblick von wahrer Natur hat für sie schon etwas Abenteuerliches. Man will gut vorbereitet in dieses Abenteuer gehen, und so sehen wir einige Touristen, die mit kleinen Sauerstoffflaschen den Berg hochfahren. Als trainierter Mensch weiß ich natürlich, dass hier kurzer Atem nicht Ausdruck von Sauerstoffknappheit, sondern von mangelnder körperlicher Fitness ist. Aber das versuchen die Verkäufer dieser Flaschen unten am Lift anders rüberzubringen - mit Erfolg. Es tut mal gut, zu sehen, dass auch einheimische Touristen über den Tisch gezogen werden. Also ganz eindeutig ein weltweit verbreitetes Phänomen. Mit Touristen kann man es ja machen.

Oben angekommen, empfängt uns ein Rummel, der dem Volksfest einer deutschen Kleinstadt in nichts nachsteht. Essensstände und Kioske, an denen man etwas zu trinken kaufen kann. Viele Buden verleihen traditionelle Kostüme, die man sich anzieht, um darin für unvergessliche Urlaubsbilder zu posieren. Souvenirs in jeder Form von Kitsch und sogar ein Karussell für Kinder, auf dem die kleinen Prinzen und Prinzessinnen unter dem Blitzlichtgewitter der Eltern jauchzend, apathisch oder weinend ihre Runden drehen. Laute Musik aus diversen Boxen erfüllt die Luft. Die Hochwiese liegt, von einem Wald umrahmt, vor dem gigantischen, schneebedeckten Gebirgsmassiv des Jadedrachenberges. Für uns westliche Touristen ein Graus, die Natur so zu „verschandeln", für die chinesischen Touristen ein gelungenes Urlaubserlebnis, von dem sie sicher noch lange erzählen werden. Es wird gegessen, getrunken und der fremden Musik zugehört, es werden Souvenirs gekauft, Fotos in traditionellen Kostümen geschossen. Manchmal wird sogar ein bisschen getanzt (die Sauerstoffflasche kurz zur Seite gelegt). Da haben wir also wieder „The Big 3" des gelungenen chinesischen Urlaubs: Essen, Einkaufen, fremde Kulturen. Die Laune ist prächtig, und es macht Spaß, die chinesischen Besucher in ihrer Freude zu beobachten. Das Ganze spielt sich Gott sei Dank in einem Radius von 400 Metern um die Bergstation des Sessellifts ab.

Dadurch ist auch für unsere „Big 3" (Natur, Ruhe, Kultur fremder Völker) gesorgt. Auf dem Hochplateau sind Wege angelegt. Verlässt man die 400-Meter-Partyzone, sind wir sofort für uns. Der Rummel und die Musik ziehen einen imaginären Zaun um das Gebiet, das die tausenden einheimischen Touristen nicht verlassen. Wir wandern allein durch den Wald und über die Wiesen, im Hintergrund immer der grandiose Berg, der das Plateau überragt. Wir lassen die Seele baumeln in dieser unberührten Natur und genießen die grandiose Szenerie. Jetzt schießen wir unsererseits viele Fotos.

Nach zwei Stunden Wandern durch die tolle Landschaft kehren wir über den „imaginären Zaun" ins Ramba-Zamba-Gebiet zurück und fahren nach unten. Auf dem Rückweg nach Lijiang halten wir an einem Wasserfall und an kleinen Sinterterrassen. Da allerdings auch hier den Chinesen die Natur als Star nicht reicht, gibt es die obligatorischen Stände und als Highlight Yaks, auf denen man reiten kann. Dazu, um das Erlebnis perfekt zu machen, erneut traditionelle Kostüme, sodass das geschossene Foto allerhöchsten Urlaubsansprüchen genügt.

Nach unserer Rückkehr in die Stadt gehen wir abends wieder auf dem Marktplatz. Auch heute spielt dort die Folkloreband. Am Ende der Darbietung wird es erst so richtig lebendig. Bisher standen alle Zuschauer nur auf dem Platz, hörten zu und fotografierten. Jetzt fordert die Folkloreband die Zuschauer auf, mit zu tanzen. Schneidige Burschen holen sich Damen aus der Menge und hübsche Mädels im traditionellen Kostüm tun dasselbe mit den Herren. Meine typisch deutschen Gedanken: „Oh je, hoffentlich holt sie mich nicht. Ich verstecke mich mal hinter all den Leuten und ja kein Augenkontakt", wird von vielen einheimischen Touristen nicht geteilt. Im Gegenteil, freudig ziehen sie auf die imaginäre Tanzfläche des Marktes. Lorenz hat die deutsche Denkweise bisher nicht angenommen und ist flugs im tanzenden Getümmel. Es dauert nicht lang und die gemischte Gruppe (Tourist, Folkloreband) zieht als Polonaise zu den traditionellen Klängen über den Marktplatz, tanzt und wiegt sich im Rhythmus. Lorenz und inzwischen auch Alena mittendrin in der fremdartigen Kulturdarbietung. Besonders beeindruckt bin ich vom „Tanzbär". Chinese, 1.70 m groß, übergewichtig bis dick, etwa 45 Jahre alt, kurzgeschorenes Haar, Weste und Nerdbrille: Er trifft den Rhythmus besonders gut. Er schleicht wie Paulchen Panther zu den Klängen über den Platz, tanzt immer wieder andere Tänzerinnen oder Tänzer an, dreht sogar mit Lorenz und Alena eine Runde und hat ein ständiges „Yeah" ins Gesicht geschrieben. Ein Genuss, ihm zuzuschauen, der Mann hat Spaß, der Mann hat einen absolut gelungenen Urlaubstag.

„Ich habe Hunger", sagt Alena nach dem Tanzevent. Sie bringt damit unser aller Gefühl auf den Punkt. In den typischen Restaurants um den Platz herum werden Spieße gegrillt. Spieße mit allem: Gemüsespieße mit Zucchini, Paprika, Kohl; Fleisch jeder Art: Rind, Schwein, Lamm aber genauso Innereien, Hühnerkrallen, Tofu, Fisch ... eine tolle Auswahl. Da schlagen wir zu. Wir nehmen an einem Holztisch mit Holzbänken Platz, fast wie auf einer österreichischen Skihütte. Eine Frau in traditioneller Kleidung gart die Spieße auf einem kleinen selbstgebauten Grill vor dem Restaurant. Unglaubliche 50 Spieße, 3 Bier und 5 Sprite später ziehen wir glücklich von dannen in unser Hotel. Heute haben wir sowohl die westlichen als auch die chinesischen „Big 3" des Urlaubs erlebt.

Zum Shoppen bietet Lijiang reichlich Gelegenheit. Es gibt den für alle Touristenorte üblichen Souvenirkitsch, aber Lijiang zeichnet sich ebenso durch Läden aus, die interessantes handwerklich Gefertigtes und Kunst anbieten. Anne ist in ihrem Element. Künstlerisch ansprechende Ware zum Handeln, ihr persönliches Paradies. Das zählt ganz klar zu Annes „Big 3". In einem Shop sitzt ein Künstler und bemalt T-Shirts in Modern Art. Nur schade, dass die T-Shirt-Größen dem chinesischen Durchschnittsmenschen entsprechen und keines der Shirts geeignet ist, einen westlich geformten Körper zu umhüllen. Dabei geht es bei mir weniger um die Schulterpartie (Athlet) als umso mehr um den Bereich des Bauches (Biertrinker). Hier führt selbst größtes Verhandlungsgeschick nicht zum Erfolg, da ein gut verhandelter Preis das T-Shirt auch nicht größer macht.

Anders sieht es im Laden für handgemachte Lampions aus. Sie sind sehr geschmackvoll und kommen aus Yunnan und Myanmar, das nur knappe 100 Kilometer entfernt ist. Und es gibt viele davon, sehr viele. Einer soll 100 Yuan kosten. Das ist schon mal ganz falsch als Ausgangspunkt, viel zu teuer. Annes Antwort auf den genannten Preis ist ein kurzes empörtes Lachen und ein:

„Das ist viel zu viel" auf Chinesisch. Die Antwort auf Chinesisch ist bereits mindestens 20 Yuan wert, weil der Gegenüber erkennt, dass man kein Verhandlungsneuling ist. Sind wir also schon mal bei 80 Yuan. Jetzt fragt Anne, woher die Lampions denn kommen und:

„Was, alle kommen aus Myanmar und sind handgemacht, dort sind die Löhne wirklich niedrig. Das kann unmöglich 80 Yuan kosten."

Um ins Geschäft zu kommen, muss der Preis nach unten. Gut, 70 Yuan sind in diesem Verhandlungsschritt noch drin. Ein weiteres Gespräch, eine weitere Runde und *„penyii i dian dian"* („Ein bisschen billiger, bitte!") bringt den Preis auf 60 Yuan. Gut, da wären wir schon mal. Jetzt wird die Mengenkarte ausgespielt.

„Ein Lampion für 60, zwei für 100 Yuan!"

„Nein, ausgeschlossen, der Preis ist jetzt schon so niedrig, dass man unmöglich auf 100 für zwei gehen kann, nun gut, zwei für 105 Yuan."

Okay, das ist eine Basis. Jetzt wird sich erstmal hingesetzt und durch die Kisten gestöbert. Anne und Alena lassen sich häuslich nieder. Lorenz und ich kennen den Ablauf schon, kaufen uns erstmal ein Getränk, setzen uns an den Straßenrand und beobachten das muntere Treiben auf der Straße.

Anne: „Wie findest du diese Lampe?"

Ich: „Schön!"

„Die würde gut bei uns ins Büro passen."

„Finde ich auch."

„Nein, die ist besser, oder?"

„Ja, aber die andere ist ebenfalls nicht schlecht." Jetzt wendet sich Anne wieder an die Händlerin: „Wie ist der Preis bei vier Lampen?"

Verkäuferin, Taschenrechner raus: Vier Lampen, 210 Yuan.

Nein, 190 tippt Anne auf dem Taschenrechner ein und schaut die Verkäuferin mit einem Ausrufezeichen in den Augen an.

Verkäuferin: „Oh nein, letztes Angebot 200 Yuan!"

Anne: „Eine Lampe könnten wir Bärbel mitbringen, die hat ihren Garten so schön."

Ich: „Ja, könnten wir."

„Die da oder die da?"

„Die da."

„Eigentlich könnten wir Petra eine schenken, und bei uns in der Ecke im Garten passt diese hier doch ganz toll!"

Puh, ich gebe auf und trinke was. Schnell sind die Damen bei zehn Lampions, und weil es noch mehr Möglichkeiten für die Dekoration geben könnte und noch mehr potenzielle Beschenkte und man so schnell nicht mehr hierher kommt, zieht Anne mit 20 Lampions zum Preis von 30 Yuan pro Stück von dannen. Sie ist total glücklich über den Kauf. Das Mädchen aus dem Shop packt die Lampen in eine Tüte und grüßt, hat also was daran verdient (wir erinnern uns: nicht hingeschmissen, sondern überreicht und gegrüßt, heißt: mittelgut verhandelt). Der Vollständigkeit halber sollte erwähnt werden, dass 15 Lampions heute nach wie vor bei uns im Schrank liegen und auf das Verschenken warten. Wenn man allerdings mal vergleicht, eine Lampe für 100 oder 20 für 600 Yuan, können sie ruhig weiter ein bisschen ablagern.

DIE ZWEITE SEIDENSTRASSENREISE

1. An den Himmelssee

Ein zweites Mal zieht es uns zur Seidenstraße. Diesmal an den von uns noch nicht bereisten Teil in China von Urumqi bis Taschkorgan, das fast an der pakistanischen Grenze kurz vor dem Kunjerab-Pass liegt.

Diesmal sind wir nur zu viert und nur für zwei Wochen unterwegs. Die Reisestrecke beträgt allerdings über 2000 Kilometer.

Die schneebedeckten Gipfel des Tian Shan begrüßen uns, und kurz darauf senkt sich das Flugzeug zum Landeanflug auf Urumqi, der Millionenstadt im Westen Chinas, bis zu der wir auf unserer ersten Etappe gekommen waren.

„Gibst du mir bitte nochmal den Teller", sagt Anne. Wir sind erneut in unserem Lieblingsrestaurant in Urumqi. Sie nimmt sich einen der Fleischspieße.

„Ich mag Lamm am liebsten", erklärt sie, und der fünfte leere Holzspieß landet auf dem Teller.

„Ich finde den vom Rind am besten", meint Alena.

„Esst doch auch mal Gemüse und Reis", empfiehlt Lorenz und nimmt sich selber erstmal zwei Spieße. „Sooo gut!", ruft Alena. Es ist der perfekte Einstieg in die Reise.

Nachdem wir nun schon einige Erfahrung im Bereisen Chinas haben und vor allem Annes und Alenas Chinesisch sehr gut geworden ist, sind wir diesmal ganz kühn herangegangen. Gebucht haben wir nur den Hinflug nach Urumqi, das Hotel für die erste Nacht und den Rückflug aus Kashkar. Alles andere, Transporte, Übernachtungen, Essen und so weiter überlassen wir dem Augenblick und unserer Fähigkeit oder dem Glück, alles spontan zu organisieren. So haben wir eine Aufgabe vor dem Zubettgehen – die Organisation unseres Trips zum Tian Chi, dem „Himmelssee", den wir das letzte Mal aufgrund eines Erdrutsches nicht besuchen konnten.

Was macht man, wenn man einen Transport dorthin, 120 Kilometer von Urumqi entfernt, buchen will?

„Möchten Sie uns morgen fahren?", fragt Anne den Taxifahrer, der uns vom Restaurant zum Hotel bringt.

„Ja, gerne, wohin möchten Sie?", fragt er zurück.

„Wir wollen an den Tian Chi", antwortet Anne. Der Fahrer ist begeistert und bietet seinen Dienst gleich zum weit überhöhten Touristenpreis an. Nach fünf Minuten Austausch von sachlichen (z.B. die Strecke beträgt ja nur 120 Kilometer) und emotionalen (die Mutter ist krank und das Kind ist hungrig) Argumenten, einigen wir uns auf eine leicht über dem normalen chinesischen Preis liegende Summe. Fertig ist die Organisation des Transportes – wenn der Taxifahrer morgen wirklich erscheint.

Morgens. Wir haben gefrühstückt, wir haben gepackt, wir gehen runter in die Lobby zu der mit dem Taxifahrer vereinbarten Zeit, und wer ist da? Der Taxifahrer. So eine Fahrt lässt er sich nicht entgehen. Ein Ganztagesjob, ein Geschenk für ihn.

Zunächst fahren wir wieder entlang des Tian Shan mit seinen schneebedeckten Gipfeln, danach geht es in die Berge. Ein kurzer Halt zur Stärkung. Es gibt Lammspießchen. Der Fleischspender hängt nur einen Baum vom Grill entfernt, ausgenommen, das Fell abgezogen, der Kopf abgetrennt, kopfüber (strenggenommen nur noch „halsüber") an den Beinen festgebunden an einem Ast. Die Fleischstückchen werden herausgeschnitten, aufgespießt und gleich gegrillt. Willkommen zurück in Xinjiang. Das nächste Opfer steht im Übrigen neben dem Baum, ganz ruhig und hat wohl nicht ganz mitbekommen, was sich da für ihn anbahnt, obwohl der geschlachtete Kollege ihm fast ins Gesicht baumelt.

Mit unserem Taxi gelangen wir in die Berge, rauf auf den Pass und dann zum See. Drei Stunden dauert die Fahrt. Dort angekommen, erleiden wir erstmal einen Schock. Im Reiseführer als abgeschiedenes Gebiet tituliert, wimmelt es am See nur so von Bussen, Booten und Touristen. Die Mittelklasse wächst in China, sie liebt es zu reisen, und entsprechend voll sind die Attraktionen. Hunderte von Menschen drängen sich auf dem kleinen Stück zwischen Busparkplatz, Bootsanlegestelle und einem vielleicht 400 Meter langen geplätteten Weg entlang des Ufers. Der sehr idyllisch in den Bergen gelegene See vibriert förmlich von den tiefen Bässen der lauten Musik aus den Ausflugsbooten.

„Suchen Sie eine Unterkunft?", werden wir auf Englisch angesprochen. Vor uns steht ein großer Mann mit graumelierten, zurückgekämmten Haaren und einem kantigen Gesicht, sehr sauberen Hosen, Jacke und Rollkragenpullover.

„Ja, im Prinzip schon, für uns vier", antworte ich.

„Ich habe eine Jurte, da passt ihr alle rein", sagt er. Wir werden uns schnell handelseinig, unsere Sachen werden auf einen kleinen Lieferwagen gepackt und zu unserer Jurte etwas oberhalb des Sees gefahren. Traumhaft schön ist es, mit einem tollen Blick auf den See und die ihn umgebenden Berge. Es ist schon viel ruhiger, nur die Musik von den Booten schallt herauf.

„Ab vier Uhr wird es ruhig, da fahren die Busse der Tagesausflügler zurück", erklärt uns Damir, unser Wirt. Er ist ein Kasache, wie die allermeisten, die hier leben. Ihre Gesichter unterscheiden sich stark von denen der Han-Chinesen, sind entweder mehr zentralasiatisch oder schon turkmenisch.

„Wenn die Tagestouristen da sind, ist es immer sehr laut, abends wird es angenehm still", sagt Damir. Wir merken, dass die Kasachen unsere westliche Vorliebe für die Natur teilen und der ansonsten vorherrschenden Begeisterung für Lärm, Unterhaltung und Massen mit etwas Unverständnis gegenüberstehen. So unterscheiden sich die Kulturen. Aber um Geld zu verdienen, richten sie sich nach dem Geschmack der Mehrheit ihrer Gäste und veranstalten halt Lärm und Unterhaltung.

Wir laufen runter zum See und machen eine Bootsfahrt, mit einem kleinen Boot und ohne Musik. Es bringt uns zu einer Tempelanlage, die etwa einen Kilometer vom Bootsanleger entfernt ist. Auch hierhin verschlägt es einige andere Touristen. Hinter der Anlage führt der Weg weiter am See entlang. Wie immer, wenn es außer der Natur keine Attraktion gibt, sind wir alleine. Kein Lärm, keine Unterhaltung, keine Massen. Anne und Alena kehren zu unserer Jurte zurück und ich gehe mit Lorenz durch die wunderbare Landschaft, über Wiesen und über Steine am Ufer entlang. Wir werden nur von drei Kasachen überholt, die vermutlich zu ihren Jurten weiter hinten am See wollen. Wir machen ein Fußbad im kalten See und kehren nach zwei Stunden zu unserer Jurte zurück. Es ist 4.30 Uhr und die Ruhe ist eingekehrt, wie vorhergesagt. Gegessen wird draußen mit traumhaftem Blick auf den See, und anschließend geht's ab in die Jurte.

Dixi-Klo und Waschschüssel sind das „Bad". Da das Dixi-Klo für die ganze Jurtensiedlung ist, liegen meine Präferenzen ganz klar auf den Bäumen dahinter. „Nicht nur meine", denke ich und hüpfe zwischen Klopapierfetzen wie einstmals im Kindesalter beim Steinspringen zu meinem anvisierten Baum.

Waschschüssel, für die Kinder ein Traum. *„Legalize it - the Katzenwäsche".* - „Haalllo Maus", ruft Anne und meint damit ausnahmsweise mal nicht Alena, sondern die Maus, die gerade zwischen ihren Beinen an der Waschschüssel entlang läuft und wieder im Gebüsch verschwindet. Ein kurzer Haarschnitt für Lorenz, dafür hat es in Suzhou zeitlich nicht mehr gereicht, und wir sind frühstücksbereit. Es gibt Porridge (wenn wir ihn denn essen würden, aber unsere Geschmacksnerven rebellieren noch von der ersten Seidenstraßen-Reise), mit Fleisch gefüllte Teigtaschen und den für diese Region so typischen Eintopf aus Gemüse, Kartoffeln, Tomaten und Fleisch. Dazu Brot und Tee. *„A hearty breakfast"*. Gekocht wird draußen auf einem gemauerten Herd.

„Nehmt, nehmt", ruft unsere Wirtin und freut sich, dass wir ordentlich zulangen. Opa, Schwester und der Hausherr finden sich ebenfalls ein und so gibt es eine unterhaltsame Frühstücksrunde. „Kennen Sie jemand, der uns nach Kashkar fahren kann?", fragen wir Damir am Ende des Frühstücks. Der bekommt große Augen und fragt:

„Wohin?"

„Kashkar!"

„Das geht ja durch die Wüste und ist sehr weit."

„Ja, wissen wir, es sind so ungefähr 1500 Kilometer."

„Na, ich frage mal rum", sagt Damir. Er sieht sehr skeptisch aus, aber als guter Asiate möchte er nicht „Nein" sagen. Damit hat er seine Aufgabe für den Tag.

200 Meter sind wir jetzt bereits oberhalb des Sees, es ist 10.30 Uhr und die Musik beginnt, herauf zu wummern. Die ersten Touristenbusse scheinen angekommen zu sein. Boote befahren den See. Wir machen Pause auf einer kleinen Weide. Wir sind mit Pferden und Pferdeführer unterwegs hoch auf einen Berg, der knapp 1000 m oberhalb des Sees liegt. Nur langsam geht es nach oben. Das ist uns sehr recht so, da es sehr steil bergauf geht.

An einer Stelle rutscht ein Pferd ab und begräbt Anne unter sich. Mir bleibt der Atem stehen. Anne lacht jedoch nur. Gott sei Dank ist nichts geschehen. Gebrochene Rippen oder andere Verletzungen wären hier oben fatal. Nächste Pause, toller Blick. Anne, in John-Wayne-Manier, sitzt auf ihrem Pferd und raucht eine Zigarette mit ihrem Pferdeführer. Schafe gesellen sich zu uns, vorläufig nicht in Form von Fleischspießchen. Teilweise müssen wir laufen, weil es für die Pferde mit Last zu steil ist. Wir halten kurz an vier Jurten, einem Sommercamp von kasachischen Hirtenfamilien, die an dieser Stelle ihre Schafe weiden lassen. Alle kommen aus ihren Zelten, der neueste Klatsch aus dem Tal und aus den Bergen wird ausgetauscht und sogar ein Polizist in Uniform, der auf einmal auftaucht, tratscht mit.

„Die Polizei besucht manchmal die Jurtensiedlungen", erklärt uns unser Führer. „Sie sind meist sehr freundlich", ergänzt er.

Weiter geht's, wir bahnen uns den Weg durch eine große Schafherde. So muss sich Moses gefühlt haben, als er auf der Flucht vor den Ägyptern das Meer teilte. Kurz unterhalb des Gipfels machen wir Mittagspause bei den nächsten Jurten. Es hat inzwischen etwas zu nieseln begonnen und ist kühl. Der warme Tee kommt daher gerade recht. Der Ofen in der Jurte ist geschürt und im Kochzelt dampft das Essen, der typische Eintopf, den wir bereits vom Frühstück kennen.

Die letzten 200 Meter zum Gipfel legen wir über Steinplatten und Steinstufen zu Fuß zurück. Obwohl es eine andere, eine kasachische Welt ist, hat sich dort an dieser Stelle des Berges die chinesische durchgesetzt. Man kann diesen Berg auch zu Fuß erklimmen. Dazu fährt man vom See ein ganzes Stück weiter hoch und geht von dort zwei Stunden einen Weg hinauf. Alles geplättelt, überall Stufen. Auf diese Weise kann man mit den in der chinesischen Männermode so typischen normalen Straßentretern nach oben gelangen. Die Aussicht ist grandios, obwohl das Wetter nicht ganz so einladend ist. Der See liegt majestätisch unter uns und wir können tief in den Tian Shan, das Himmelsgebirge, blicken. Musik hört man nicht mehr.

Zurück geht es teilweise an noch steileren Hängen entlang.

„Papa, ist das okay?", fragt Lorenz ängstlich. Rechts geht es ungefähr 400 Meter runter, links 300 Meter hoch.

„Die Pferde kennen den Weg, es wird schon nichts passieren", entgegne ich. Als Vater habe ich schließlich die Verantwortung, meine Kinder zu beruhigen. In Wahrheit habe ich genauso viel Respekt wie Lorenz, da alles, was an diesem Steilhang das Oben vom Unten trennt, ein 20 Zentimeter breiter Pfad ist, auf dem die

Pferde gehen. Ein falscher Tritt, und wir würden ins Tal fallen. Die Alternative, abzusteigen und selber zu laufen, ist um nichts verlockender, als auf dem Pferderücken durchzukommen. „Die Pferde sind hier schon oft entlanggegangen, ich dagegen nie", denke ich. Es gilt: Augen zu und durch.

Nach und nach wird es flacher und die Nerven entspannen sich. Erneut eine Pause à la John Wayne, und wir sind bei unseren Jurten angelangt. Es ist später Nachmittag. Damir empfängt uns schon winkend.

„Ich hätte es nicht geglaubt", sagt er (Schlussfolgerung: Wir können also kasachische Gesichter lesen). „Den ganzen Tag habe ich telefoniert, keiner wollte fahren, ganz zum Schluss habe ich den Schwager von einem Cousin angerufen, und der bringt euch nach Kashkar. Er ist da und sitzt in meiner Jurte, kommt rein."

Wow", denke ich, „das hätte ich jetzt nicht erwartet, dass das klappt." Ich war mir sicher gewesen, dass wir erst nach Urumqi zurückmüssen, um die Fahrt von dort zu organisieren. Und nun scheint es so leicht zu gehen.

In der Jurte sitzt ein vielleicht 40-jähriger Mann, rundes Gesicht und ein Bäuchlein, uigurische Züge und schwarzes Haar, das unter einem Käppi, einer Takke, hervorschaut. Er lacht uns an und Damir stellt vor:

„Das ist Burhan. Er fährt euch, wenn der Preis stimmt. Ihr müsst erstmal sagen, wo genau ihr hinwollt." Also setzen wir uns, holen Karte und Reiseführer raus und zeigen unsere geplante Reiseroute. Da Kartenlesen scheinbar keine Stärke der Kasachen oder Uiguren ist, nennen wir explizit alle Orte, die wir besuchen wollen. Das wird mit Nicken quittiert. Dann geht das Verhandeln los. Das Technische ist geklärt. Ich kann mich also zurücklehnen. Die kaufmännische Leitung (Anne) übernimmt den kommerziellen Teil. Bald sind wir uns einig. Von Tian Chi nach Kashkar im Taxi für 200 Euro. Alle freuen sich und lachen, auch Damir, der bekommt wahrscheinlich zehn Euro als Vermittlungsgebühr.

So sitzen wir in der kasachischen Jurte bei Tee und besiegeln per Handschlag den Deal für unsere 1500 Kilometer lange Fahrt auf einer nördlichen Seidenstraßenroute entlang der Taklamakanwüste nach Kashkar.

2. Der Weg zur Mutter aller Märkte

Am nächsten Morgen, das gleiche Bad, das gleiche Frühstück, die gleiche Runde am Tisch, nur unser Taxifahrer ist jetzt noch zusätzlich dabei. Wir essen, verabschieden uns von Damir und seiner Familie und beginnen unsere Reise nach Westen. Vorbei an den Vororten Urumqis, vorbei an unendlich großen Windparks geht es in immer trockenere Gebiete. Ein Stopp am Bosten Lake, einem flachen See, in dem auch gebadet wird - aber nicht von uns, als wir das Wasser sehen. Auf der Fahrt zum See kommen wir an einer Fabrik für Tomatenketchup vorbei. Mindestens zwei Kilometer lang ist die Schlange der Traktoren mit Hänger, die mit Tomaten gefüllt sind. Millionen und Abermillionen von Tomaten warten darauf, verarbeitet zu werden. China - ein Land der Superlative.

Korla ist unser erster Übernachtungsstopp. Nach unseren zwei Tagen in der Jurte am Himmelssee und der Fahrt heute durch wüstenähnliche Gebiete mit Ortschaften, die aus Hütten bestehen, erscheint uns diese Stadt wie aus einer anderen Welt. Hochhäuser, sechsspurige Straßen, noble Einkaufszentren und Fünf-Sterne-Hotels. Unglaublich, dieser Gegensatz. Erstmal schwer vorzustellen, für wen dies alles errichtet wurde. Im Grunde bereitet einen nach der Durchquerung von so viel „Leere" nichts auf diese Stadt vor. Dennoch leben an diesem Ort über 400.000 Einwohner. Eine historische und kulturelle Bedeutung hatte sie schon lange, weil sie über viele Wasserreserven verfügt und an der Straße nach Kashkar liegt. Öl, das in der Taklamakanwüste gefunden wurde, hat ihr jedoch zu ihrem heutigen Status verholfen. Das ist es, was die Leute, die die Einkaufszentren beleben, nach Korla bringt. Allerdings: Seidenstraßenflair ist hier absolute Fehlanzeige.

Korla ist die Hauptstadt der „autonomen mongolischen Präfektur Bayangol". Für deren Durchquerung und für den weiteren Weg benötigen wir eine Durchfahrterlaubnis. Burhan organisiert sie, und wir fahren weiter Richtung Westen. Schon im nächsten Ort stehen überdachte Pferdekutschen statt Taxis am Straßenrand, hölzerne Verkaufsstände, gemauerte Hütten, Kohle wartet in großen Haufen zum Verkauf, Melonen an Straßenständen: Wir sind zurück auf der Seidenstraße.

Dann geht es erneut in die Wüste. Ein Stopp in der Ruinenstadt Subashi. Sie hatte ihre Blüte im 6. bis 8. Jahrhundert, wurde in einem Krieg im 9. Jahrhundert weitgehend zerstört und im 12. Jahrhundert verlassen. Heute zeugen nur noch Ruinen, die in der Wüste vor einem Bergzug liegen, von dieser großen Zeit. Es ist weniger als eine Stunde zu unserem nächsten Stopp: Kuqa. Was für ein Unterschied zu Korla. Eselskarren überall als gängiges Transportmittel, statt schicker Läden gibt es Straßenstände, an denen alles verkauft wird, wie Gemüse, Fleisch, Nüsse, getrocknete Früchte und sogar (unter der Rubrik Gewürze) getrocknete Schlangenhaut.

Der Bevölkerungsanteil der Uiguren in Kuqa ist sehr groß und das sieht man im Stadtbild. Wir gehen durch die Gassen und fühlen uns um ein Jahrhundert zurückversetzt. Wir kommen an einem Hufschmied vorbei. Die Kinder wissen gar nicht, was ein Hufschmied ist, geschweige denn, was er macht. Wir erklären es ihnen. Dieser Hufschmied schmiedet sogar seine eigenen Hufeisen, die er anschließend seinen „Kunden" unter die Hufe nagelt.

Vor fünf Minuten wusste Lorenz gar nicht, was hier passiert, und jetzt ist er schon Assistent. Kundschaft ist gekommen, ein Mann mit seinem Esel. Vor der Werkstatt sind zwei senkrechte Balken und ein Querbalken aufgestellt, ähnlich einem kleinen Rugby-Tor. Da wird der Esel jetzt mithilfe von Seilen reingespannt. Ein Bein wird hochgebunden, sodass der Huf nach hinten zeigt, und los geht's. Das alte Hufeisen wird rausgehebelt, das neue angelegt und mit Nägeln in den Huf gehämmert. Sogar die Nägel sind selbstgemacht. Als der letzte Nagel schon fast drin ist, gibt der Hufschmied Lorenz den Hammer und er darf den Nagel jetzt vollends versenken. Alle freuen sich über den neuen Mitarbeiter und der freut sich über die Ergebnisse seiner Arbeit. „Gut gemacht?", fragt er in die Runde und erntet ein Nicken und Lachen von seinem Lehrmeister. Das nächste Bein wird hochgebunden, und weiter geht es, bis der Esel runderneuert wieder auf die Straße geschickt wird. Die Frage: „Woher kommt ihr denn?", beantworten wir mit „Deutschland" und bekommen als Antwort zwei nach oben gestreckte Daumen und die Aussage: „Deutschland gut und Hitler sehr gut, er hat Ordnung gemacht." So sind wohl manche der historischen Fakten auf dem langen Weg von Europa in die Wüsten Asiens verlorengegangen.

Ein abgezogenes, kopfloses Lamm hängt am Haken des hölzernen Verkaufsstandes und wird, portionsweise in Zeitungspapier gewickelt, verkauft. Selbstgemachte Zinngefäße werden feilgeboten, der Friseur frisiert und rasiert draußen auf der Straße und seine Frau sitzt daneben und näht auf einer alten Nähmaschine Kleidung zusammen. Eselskarren fahren vorbei und transportieren Holz, Gras, Gemüse und was sonst alles befördert werden muss. Die Lehmgassen sind verwinkelt und führen zu kleinen Häusern, die meistens einen Innenhof haben, in dem Kinder spielen.

Gekochte Schafsköpfe werden zuhauf auf dem Markt angeboten. Das ist dann doch etwas zu exotisch für unsere westlichen Mägen. Wir essen an einem kleinen Stand Nudeln mit Tomaten und Fleisch und eins der sehr leckeren und knusprigen Fladenbrote, die gerade frisch gebacken aus einem Tonofen kommen.

„Heute fahren wir nach Kizil, zu den Tausend-Buddha-Grotten", sage ich zu Burhan.

„Weißt du den Weg dorthin?", fragt er.

„Ja, so ungefähr, es wird sicher auch ausgeschildert sein."

„Mhh", erwidert Burhan und fährt los. Nachdem wir ein ganzes Stück aus der Stadt raus sind, kommen wir an eine Kreuzung. Die Wegweiser kennzeichnen die Richtung, wie üblich, mit chinesischen und uigurischen Schriftzeichen, beides für mich nicht zu entziffern. Burhan stoppt den Wagen und fragt mich:

„Wo müssen wir hin?"

Ich schaue auf die Karte und sage: „Ich denke, nach rechts, steht da denn nichts?"

„Mhh", entgegnet er und biegt rechts ab. An der nächsten Kreuzung stehen erneut Schilder und wieder kommt die Frage:

„Wohin?"

Ich schaue ihn länger an. Schon bei der Suche nach dem Hotel in der Stadt konnte unser Fahrer mit der Angabe des Straßennamens nichts anfangen. Nur mithilfe der Beschreibung durch Passanten konnte er den Weg finden. Schon da kam für mich der Verdacht auf. Jetzt frage ich ihn direkt:

„Du kannst nicht lesen, richtig?"

Kleinlaut sagt er: „Stimmt, ich kann nicht lesen. Ich war als Kind nie in der Schule, ich musste meinen Eltern helfen. Und danach habe ich es nicht mehr gelernt." Da sind wir also irgendwo in der chinesischen Einsamkeit mit fünf Menschen im Auto, von denen keiner die Straßenzeichen lesen kann. Beste Voraussetzung für eine erfolgreiche Ankunft. Gott sei Dank geht die Straße meist nur geradeaus. Per Karte und unserer gesammelten Intuition finden wir die Grotten. Sie liegen in einer sagenhaften Landschaft mit roten Bergen, aus denen Wind und Wasser bizarre Säulentürme modelliert haben. Die Grotten selber sind eine Enttäuschung.

Immer weiter geht es gen Westen. Eine endlose Leere, allerdings auch schneebedeckte Gipfel am Horizont und ab und zu mal eine kleine Schaf- oder Ziegenherde mit Hirte begleiten uns. Es ist heiß, die Fenster sind offen und auf der Rückbank sind Anne und die Kinder aus Erschöpfung ins kollektive Koma gefallen. Sie wachen erst auf, als wir in den nächsten Ort kommen und dort an einem Straßenrestaurant halten. Der Ort klein, mit einer Moschee, einer Tankstelle, Straßenständen, gemauerten Häusern und Hütten und, nach Aussage von Lorenz, dem besten Restaurant der Welt. Eine füllige, freundliche Frau so um die 40, in uigurischer Kleidung, Schürze mit Blümchen und beigem Kopftuch, das die schwarzen Haare zusammenhält, kocht an ihrem Stand auf der Straße Nudeln mit Tomaten, Gemüse und Fleisch. Alles wird in Windeseile kleingehackt, im Wok angebraten und im eigenen Saft kurz geköchelt. Die Nudeln werden gekocht, fertig ist die Mahlzeit, und sie schmeckt großartig. Dieses für diese Gegend so typische Gericht erinnert stark an Spagetti Bolognese, die mehr oder weniger dieselben Zutaten haben. „Wer hat's erfunden?" - Sorry Italien, wir sind inzwischen davon überzeugt, „die Chinesen" und Marco Polo hat das Rezept nach Italien mitgebracht.

Den Kindern ist's egal. Sie hauen rein, und die freundliche Dame, die immer mehr strahlt, muss zweimal nachkochen. Die Kinder sind glücklich, weil es so gut schmeckt, wir sind glücklich, weil die Kinder glücklich sind, die Köchin ist riesig stolz und glücklich, weil die Kinder so reinhauen, und der Fahrer ist ohnehin immer guter Laune. Das Taxi der Glückseligen fährt weiter und erreicht Kashkar.

Kashkar, für mich eine der eindrucksvollsten Städte Chinas. Was heute davon übriggeblieben ist, vermag ich nicht zu sagen. Die chinesische Regierung hat wohl Teile der eindrucksvollen Altstadt abgerissen, um modernen Häuser Platz zu machen, und vermutlich auch, um den Uiguren etwas von ihrer uigurischen Identität zu nehmen und durch chinesische zu ersetzen. Ein absoluter Verlust. Kashkar ist keine chinesische Stadt, wie wir sie kennen. Natürlich gibt es moderne Viertel, doch die alten Stadtteile sind überwältigend. Der überwiegende Teil der Bevölkerung besteht aus Uiguren, sie prägen die Stadt mit ihren Basaren. Eine der größten und meistbesuchten Moscheen Chinas steht im Zentrum. Wir besichtigen sie. In den Gassen hat man viel mehr den Eindruck, durch eine zentralasiatische Stadt als durch eine chinesische zu gehen. Kebabgrills überall, umgeben von leckeren Düften. Alte Brotverkäufer mit langen Bärten, dicken Brillen, uigurischen Mänteln und Takke auf dem Kopf sitzen hinter ihrem Tisch und lesen, solange keine Kundschaft kommt, in uigurischen Büchern. Vor ihnen sind einige der kleinen Brote aufgetürmt, frisch aus dem Ofen. (Schatz-?) Truhen werden im nächsten Laden verkauft. Anschließend der Zahnarzt, dessen Behandlungsstuhl alt, jedoch schon elektrisch verstellbar, in einer offenen kleinen Garage steht. Man hat beste Sicht von außen, und damit bietet er sicher die eine oder andere gute Vorstellung für die Nachbarschaft.

Eine ganze Reihe von Geschäften, die Musikinstrumente verkaufen, schließt sich an. Die für diese Region typischen Instrumente wie Dutah oder Tanber, reich verziert, werden angeboten. Ausprobieren selbstverständlich möglich, und so „geigt" uns Lorenz erstmal einen und Anne erhandelt zwei Instrumente, die heute unsere Wohnung dekorieren. Wir versinken in einer anderen Welt. Kamele laufen durch die Straßen. Ein kleiner Teil der Altstadt ist nur mit Eintritt zu besichtigen, was sich allerdings lohnt, denn er fasziniert mit seinen alten Gebäuden, seinen engen Winkeln, in denen die Hauswände etwas Schatten spenden, und Innenhöfen, in denen Betten stehen. Hier wird nachts dann geschlafen, um ein wenig Kühlung durch den Abend- und Nachtwind zu bekommen. Die Bewohner sind allesamt Uiguren, Kasachen, Kirgisen mit faltigen, markanten Gesichtern. Nudelmacher und Bäcker säumen die Straßen. Gewaschen wird zentral an einem kleinen Bach mit Wasserstelle. Die Menschen bringen ihre Wäsche oder Teppiche hierher, um sie zu säubern und gleichzeitig die neusten Nachrichten und Gerüchte des Viertels zu teilen. Nach dem Besuch des Seidenstraßenmuseums, in dem die Geschichte dieser Handelsrouten ebenso wie die Seidenproduktion vorgestellt wird, kommt der abendliche Weg zum Restaurant, stilecht mit der Pferdekarre.

Hunderttausend Besucher aus der Stadt, aus den Dörfern und von den Weiden zieht es jede Woche zur Mutter aller Basare – zum *„Zhongxiya Shichang"*, dem west-zentralasiatischen Markt, dem Basar von Kashkar. Jeden Sonntag treffen sich Händler und Käufer, um alles zu handeln, alles zu kaufen. Es wird gefeilscht, es wird den Pferden ins Maul geschaut, es wird probegeritten, die Schafe werden abgetastet, Esel begutachtet. Eine Halle voller Fleisch mit der entsprechenden Masse Fliegen, getrocknete Früchte und Nüsse, so weit das Auge reicht. In der nächsten Halle Kleidung, Musikinstrumente, danach wieder Hühner und Gänse, Kessel, Geschirr. Alles nur Vorstellbare wird zum Verkauf angeboten. Laut geht es zu, eng, fremde Gesichter überall. Man schiebt sich durch die Gänge. Unsere Wertsachen haben wir dicht am Körper verstaut. Von zahlreichen Essensständen ziehen die Duftwolken herüber. Auch vor dem eigentlichen Basargelände wird kräftig verkauft. Melonen, Fische (in der Wüste!), Gemüse und Kartoffeln werden angeboten, alles ausgebreitet, entweder auf einer Eselskarre, einem einfachen Tisch oder auf einer am Boden liegenden Plane. Unglaubliche Auswahl, unglaublich, dass dies alles gekauft wird. Anne und ich könnten stundenlang durch die Hallen laufen, die Waren bewundern und den Leuten beim Handeln zusehen. Doch unsere Kinder meutern. Sie fühlen sich unwohl. Eine der wenigen Begebenheiten auf unseren Reisen, bei denen das der Fall ist. Zu viele fremdartige Leute, zu viel Lärm, zu viele Gerüche. Sie wollen weg, und notgedrungen verlassen wir diesen so interessanten Ort.

3. Ans westliche Ende Chinas

Kashkar ist noch nicht die westlichste Ecke Chinas. Wir fahren weiter gen Westen, auf dem legendären Karakorum Highway. Burhan, den wir gefragt hatten, ob er uns weiter chauffiert, lehnte mit blumigen Worten ab: Er wolle erstmal zurück zu seiner Familie. Wir suchen uns also das nächste Taxi. Es dauert nicht lange, und wir haben unseren Fahrer für die kommenden Tage gefunden. Wieder ist es ein typisches chinesisches Taxi, ein weinroter VW Santana.

Wir sind in Zentralasien. 4000 Kilometer nach Peking und nur ungefähr 100 Kilometer nach Kirgistan. Von unserer nächsten Station, Tashkorgan, sind es 20 Kilometer nach Tadschikistan, 50 Kilometer Luftlinie nach Afghanistan und nicht viel weiter nach Pakistan. Auch die Gesichter, die wir sehen, passen viel besser in diese Länder als nach China, die Menschen gehören den genannten Bevölkerungsgruppen an. Es gilt auch, dass der wachsende Wohlstand die Leute befriedet und sie wohl einsehen, dass ihr Lebensstandard besser ist als der vieler ihrer Stammesgenossen jenseits der Grenzen. Ob es unter der Oberfläche schwelt, sehen wir nicht, wir merken nur, dass es kein großes Polizeiaufgebot gibt: ein Anzeichen für Ruhe. Was uns in Taschkorgan auffällt, ist eine gewisse Unfreundlichkeit einiger Leute. Man fühlt sich als Tourist nicht wirklich willkommen. Auch das mich so beeindruckende Bild der nie rastenden Chinesen, die immer etwas tun und schaffen, sehe ich dort nicht. Viele Männer „hängen rum", schwatzen und schauen finster. Kein Ort, um sich wohlzufühlen. Mit einem chinesischen Touristen unterhalten wir uns länger. Er ist aus Shanghai und als alte „Suzhouer" fühlen wir uns mit ihm weit mehr verbunden als mit den Menschen hier.

Bevor wir allerdings in Taschkorgan ankommen, geht die Reise durch grandiose Landschaft. Wir fahren vorbei an den Bergen des Pamir. In einem Flusstal versperrt zunächst eine Herde Kamele den Weg. Das Tal wird immer enger, fast zu einer Schlucht, bevor es sich erneut öffnet und der Bulun-Kul-See vor uns liegt. Grüne Weiden, auf denen Yaks grasen, dahinter der spiegelglatte See vor einer Kette von vegetationslosen Bergen. Eine Kirgisin bietet Handarbeiten an und bittet uns in ihre Hütte, um uns eine noch größere Auswahl ihrer Produkte zu zeigen. Die Hütte ist sehr einfach, jedoch mit Teppichen schön ausgelegt. Ein alter, kleiner

Schwarzweißfernseher steht über einem Radio, ein bisschen Modernität ist also schon eingezogen. Das kleinste der vier Kinder wird in eine Art Hängemattenschaukel gesetzt und in den Schlaf gewiegt, zuvor durfte Alena das Baby ein wenig herumtragen. Viel Kunden hat die Dame sicher nicht, und ein wenig aus Mitleid kaufen wir eine kleine Tasche und einen Armreif.

Unwesentlich weiter ein Teppichhändler, der seine Ware einfach am Straßenrand über eine Mauer gelegt hat. Wir halten, Anne sondiert das Sortiment, beginnt zu verhandeln. Als das Geschäft nach einer halben Stunde immer noch nicht zum Abschluss gekommen ist, dränge ich langsam zum Aufbruch: „Wir kommen auf dem Rückweg nochmal vorbei, du kannst ja dann kaufen." Ein verhängnisvoller Fehler. Der Händler ist zwar auf unserem Rückweg da, das Stück der Begierde aber ist weg und darüber hinaus hält zeitgleich ein Touristenbus, dessen Insassen die Preise rundum versauen. Das Verhängnisvolle daran ist jedoch nicht der Verlust des Zielobjekts (zumindest nicht für mich), sondern, dass ich mir die Geschichte immer wieder anhören muss. Bei jedem Versuch, Anne von einer Verhandlung wegzuziehen, bekomme ich jetzt zu hören: „Du weißt, wie das mit den Teppichen war, lass mich also in Ruhe."

Wir halten an einem chinesischen Kontrollposten. Der Grund für den Posten ist entweder das „Tashkurgan Tajik Autonomous County", durch das wir kommen, oder ganz einfach der Wunsch Chinas, zu wissen, wer in diesen Grenzgebieten unterwegs ist. Da wir scheinbar nicht in das Feindesschema fallen, dürfen wir anstandslos passieren. Dagegen trifft es unseren Fahrer etwas später auf andere Art und Weise. Auf einer langen freien Strecke fährt er 10 km/h über dem Limit und wie aus dem Nichts ist auf einmal ein Polizeiwagen da. Er hält uns an. Der Polizist wechselt ein paar Worte mit unserem Fahrer, die wir nicht verstehen. Er steigt aus, entfernt sich mit dem Polizisten vom Auto, und ein paar Yuan später ist alles geklärt. Die Fahrt geht weiter.

Teer und Schotter wechseln sich ab. Es herrscht nur geringer Verkehr und wir passieren hauptsächlich hoch beladene LKWs. Die Baumaßnahmen laufen, um weitere Teile des Karakorum Highways zu asphaltieren. Dass man dabei mal vergisst, die Umgehungspiste wieder mit der eigentlichen Straße zu vereinen, soll vorkommen. Dann baut man sich halt selbst den Verbindungsweg. Es stehen schon ungefähr zehn Leute da. Sie schaufeln und tragen Steine. Unser Fahrer holt sein Werkzeug aus dem Kofferraum und baut mit. Lorenz entpuppt sich ebenfalls als geschickter Straßenbauer, und nach ungefähr dreißig Minuten ist das Verbindungsstück zur eigentlichen Straße aus Erde, Sand und Steinen fertig gebaut. Nach meiner Einschätzung können darauf zumindest Allrad-Fahrzeuge fahren, nach Einschätzung unseres Fahrers auch VW Santanas. Müßig zu erklären, wer recht hatte.

4. Ein Traumsee und Kamele

Einen Tag und eine Nacht in Taschkorgan, danach fahren wir ein Stückchen zurück und übernachten zwei Nächte in einer Jurte am Karakul-See. Ein jadegrüner Gletschersee, der auf 3700 Metern liegt und von hohen Bergen umgeben ist, die höchsten davon sind der 7546 Meter hohe Muztagh Ata und der 7719 Meter hohe Kongur Shan. Auf der Wiese, auf der wir übernachten wollen, stehen einige Jurten, in denen einheimische Familien wohnen und von denen drei für Besucher wie uns vorgesehen sind. Zurzeit sind wir allerdings die einzigen Übernachtungsgäste.

„Warum riecht es so komisch?", fragt Alena.

„Weiß ich nicht", sage ich, aber sie hat recht: Es riecht tatsächlich seltsam. Wir sitzen auf einem Teppich in der Hauptjurte, in der es unter anderem das Essen gibt. Der Vater der Familie hat den Ofen angeschürt. Da hier oben kein Baum und kein Strauch wächst, wird mit Yakdung geheizt. Daher kommt jedoch nicht der

Geruch. Um das Feuer zu vergrößern, wirft der Vater nochmal zwei handtellergroße schwarze Stücke ins Feuer, und jetzt wird klar, woher der Geruch kommt. Es sind Gummistücke von einem zerkleinerten Autoreifen. „Äußerst gesund", denke ich. Umweltschutz ist hier nicht das Thema Nummer 1.

Die Jurte ist ähnlich wie die Hütte der Kirgisin eingerichtet. Zwei große rote, etwas abgewetzte Teppiche liegen auf dem Boden, geben allerdings genug Sicht auf den grauen lehmigen Erdboden frei. Die Teppiche dienen zum Sitzen, sind gleichzeitig Sitzecke und Essecke, sind Couch, Couchtisch, Esstisch, Stühle – alles in einem. Ein etwas rostiger Bollerofen steht in der Mitte. An der Wand ein schon schiefes, älteres Holzregal, in dem die Vorräte und Kochutensilien hinter einem dunkelroten Samtvorhang verstaut sind. Oben auf dem Regal, auf einer festgetackerten, bunten Plastikdecke, steht eine Gaskochplatte. Nebenan im „Schlafzimmer" gibt es eine große, hübsch verzierte, rötliche Holztruhe, in der die Kleidung untergebracht ist, wieder rötliche Teppiche und Matratzen, die auch zusammengerollt werden können. Wir essen ein spätes Mittagessen und schauen uns draußen um.

Es ist wie Ferien auf dem Bauernhof für die Kinder, nur dass im Mittelpunkt keine Kühe, sondern Yaks stehen. Und es gibt sie reichlich, und zur großen Begeisterung der Kinder auch „Yakbabys" und „Yakkinder". Schwarz und zottelig sind sie und haben noch nicht die typischen Hörner. Eins lässt sich von den Kindern an einem Band herumführen. Um sie vor Wind und Wetter etwas zu schützen, haben unsere Wirtsleute aus Steinen ein kleines Karree gebaut. Darin befinden sich jetzt fünf Jungtiere, obwohl schönstes Wetter ist. Nebenan sitzt unsere Wirtin, melkt ein Yak und lässt uns von der Milch trinken. Schmeckt wie normale Milch. Schafe und Ziegen laufen rum, zwei Esel traben über die Weide und Vögel kommen und fliegen weg. Die Kinder helfen beim Zusammentreiben der Schafe und beim Füttern der Yaks. Für sie ein perfekter Tag und für uns Zeit, auszuruhen und zu lesen.

Das schönste Badezimmer der Welt wartet auf uns am nächsten Morgen. Wir laufen den Hang hoch, mit Wasserflaschen in den Händen, zu einem großen Felsbrocken, der den Blick auf die Jurten verdeckt. Unter uns der spiegelglatte Karakul-See mit grünen Weiden direkt am Ufer, bevor der sandige, steinige Boden etwas weiter weg vom See die Oberhand gewinnt. Schwarze und graue Yaks grasen auf den Weiden. Hinter dem See liegen grasige Hügel, denen die klare Luft hier oben und die Morgensonne scharfe Konturen verleihen. Dahinter majestätisch mit seinen Gletschern Muztagh Ata. Wie um seine „Herrschaft" zu untermauern, liegt über seinem Gipfel eine Wolke, die uns an eine Krone auf einem Haupt erinnert. Das alles sehen wir nicht nur direkt, sondern auch als Spiegelbild im See. Mit diesem Blick putzen wir uns die Zähne ausgiebig und waschen Gesicht und Hände. Nur die gedachte Toilette hinter dem Felsbrocken hat ihr „Fenster" zum Hang.

Heute wandern wir um den See. Ungefähr sieben Kilometer liegen vor uns. Wir haben Kaiserwetter. Der Weg ist einfach ein Trampelpfad, den die Menschen benutzen, und anscheinend auch die Tiere, wie die „Tretminen" verraten. Die Natur ist überwältigend. Die Idylle wird nur kurzzeitig gestört. In einem Bereich von 400 Quadratmetern auf der halben Seelänge ist ein „Touristenbereich" abgezäunt. Ziegen mit Glöckchen und bunten Federn auf dem Kopf laufen herum. Farbenfrohe, orientalische Kostüme hängen an einem Ständer und warten auf Touristen für das Erinnerungsfoto. Zwei Kamele zum Reiten, zwei Baby-Yaks und laute Musik gibt es. Das wird sicher ein Höhepunkt für den nächsten chinesischen Ausflugsbus. Wir laufen einfach drum herum und die Stille gewinnt bald wieder die Oberhand. Am anderen Ende des Sees geht ein Weg in Richtung der Berge zu einem kleinen Ort, der einzigen Ansammlung fester Häuser hier oben. Ein Hirte auf einem Fahrrad mit einer zehnköpfigen Yakherde begegnet uns. Der Ort besteht aus ein paar gemauerten Häusern und einigen Jurten. An einer ist ein Schild „Risturan" festgemacht, wir sind jedoch vom Frühstück noch gut gesättigt. Vor der nächsten Jurte treiben zwei kleine Jungs mit verblassten Schirmmützen zwei Gummireifen mit Stöcken vor sich her. So altmodisch das Dorf erscheint – es stehen doch stromerzeugende Solarpaneele an mehreren Ecken. Daneben gleich eine Steinmauer, auf der Yakdung zum Trocknen liegt, um später als Brennmaterial zu dienen. Vor der Mauer zwei Kamele, die uns desinteressiert betrachten.

Wir gehen weiter über eine Weide, auf der Kamele fressen, ganz nah lassen sie uns an sich heran. Wussten Sie, dass Kamele Mundgeruch haben? Esel kreuzen unseren Weg, ein Kamelreiter mit drei Lastkamelen kommt uns entgegen und zieht Richtung Dorf. Auf der nächsten Weide grasen erneut Yaks. Ein Babykamel gesellt sich zu uns, lässt sich von den Kindern streicheln und läuft ein bisschen mit uns mit, bevor es, wohl den Rufen seiner Mutter folgend, umdreht. Zwei Frauen waschen am See vor der Kulisse des Muztagh Ata Wäsche, haben allerdings kein Auge für den Berg, sondern nur für ihre Arbeit. Schließlich ist die Seeumrundung komplett und wir erreichen wieder unsere Jurten.

Bis zum Abendessen ist noch Zeit und die Kinder versuchen dem in etwa gleichaltrigen Sohn der Familie Mau Mau beizubringen. Unser Taxifahrer dient dabei als Dolmetscher, weil der Junge kein ausreichendes Chinesisch spricht. Alle sitzen auf den Teppichen, der damit sogar auch einen Spieltisch beinhaltet. Es dauert nicht lange und der Junge hat den Spielablauf verstanden. Als er dreimal hintereinander gewinnt, schlagen die Kinder ein neues Spiel vor. Alle vergnügen sich anschließend mit drei Runden „Mensch ärgere dich nicht", um sich dabei so richtig zu ärgern, wenn der Gegner einen kurz vor dem Häuschen rauswirft. Auch da unterscheiden sich kasachische Kinder nicht von deutschen.

In der anderen Ecke der Jurte sitzen die „Hausfrauen". Unsere Wirtin macht einen Nudelteig und Anne lässt sich genau zeigen, wie er zubereitet wird. Die Nudeln gestern haben ganz ausgezeichnet geschmeckt. Eine richtige kleine Nudelmaschine kommt dafür hinter dem Samtvorhang hervor, der Teig wird damit durchgewalzt und in Nudelform gebracht. Nach und nach strömt der Rest der Bewohner dieser Jurtensiedlung herein, es wird Tee in Schalen serviert, auf Wunsch mit Yakmilch, und die heutigen Abenteuer geteilt.

Die Nacht ist kalt, morgens scheint schon wieder die Sonne. Nach dem Besuch des schönsten Badezimmers der Welt und einem Frühstück nehmen wir Abschied von unseren Wirtsleuten. Unsere Kinder verabschieden sich besonders innig von den zwei Söhnen der Familie. Zurück geht die Fahrt, abermals vorbei an den Teppichhändlern, Bunkul-See und Kontrollposten.

Auf dem Rückweg haben wir etwas Zeit, und so machen wir einen Abstecher in die Berge zu einem Gletscher. Lange hielt sich das Gerücht, dass Osama bin Laden sich in diesen Bergen im Grenzgebiet zwischen Pakistan, Afghanistan, Tadschikistan und China verstecke. Dass es ganz anders war, haben wir dann alle später erfahren. Aber es wäre gut möglich gewesen, das wird einem klar, wenn man durch diese Region fährt. Sie ist sehr abgeschieden gelegen. Hier jemanden zu finden, der sich versteckt hält, ist so gut wie unmöglich. Besonders, wenn die Person bei der Bevölkerung ein gewisses Ansehen genießt und gedeckt wird.

Wir fahren auf einer Schotterstraße in einem Tal entlang, müssen dabei eine Strecke in einem Fluss zurücklegen, der hier als Straße dient. Wir halten in einem kleinen Dorf. Reitend geht es weiter. Lorenz bekommt einen Esel und sieht darauf wie einstmals Jesus aus. Zum Antreiben des Tieres hat er ein kleines Stöckchen bekommen. An den Gletscher kommen wir ganz nah heran. Er ist nicht besonders eindrucksvoll, da er stark mit Geröll und Sand bedeckt und so fast nicht zu erkennen ist. Auf dem Rückweg müssen wir diversen Schafherden und einer Kolonne von wandernden, riesengroßen Grashaufen ausweichen, die sich bei näherer Betrachtung als Esel herausstellen, bei denen nur ein wenig Kopf, ein wenig Schwanz und Beine aus der Ladung herausschauen.

„Wenn wir jetzt schon mal in Wüstennähe sind, wollen wir sie nochmal richtig erleben", sagt Anne. Wir sind inzwischen zurück in Kashkar und haben noch einen Tag Zeit. Also fährt uns unser Taxifahrer in die Wüste. Uns schwebte etwas Abgeschiedenes, Idyllisches, Einsames vor, ankommen tun wir dagegen in einer „Wüstenoase" für die normalen Touristen: mit Rummel, Händlern, Kamelreiten und so weiter. Allerdings irgendwie ganz nett. Einen kleinen See gibt es ebenfalls, an dem Sonnenschirme und Liegestühle stehen, und wo man ein schönes kühles Bier trinken kann.

Dass Kamele Mundgeruch haben, hatten wir ja schon gelernt. Dass Kamele auch niesen, kommt heute auf unsere „Aha, mal wieder was gelernt"-Liste dazu. Dass sie dabei das soeben gekaute Gras mit rauspeffern, hätte man folgern können, wenn man sich überlegt, was bei uns passiert, wenn wir mit Müsli im Mund niesen. Deshalb ist es dumm, dass das am Boden liegende Kamel genau dann niest, als die Kinder vor ihm stehen, um es für einen Ritt auszuwählen. So fliegt also das gekaute Gras direkt vom Kamelmund in die Gesichter und auf die Jacken der Kinder. Und es verfehlt seine Wirkung nicht. Wie von tausend Pfeilen getroffen, schreien die Kinder, weinen, rennen los zum Taxi, werfen sich auf die Rückbank und schlagen die Türen zu. Jetzt fühlen sie sich etwas sicherer, schreien dennoch weiter. Alle Beruhigungsversuche scheitern. Zwanzig Minuten bleiben sie im Auto, während derer wir versuchen, sie zu beruhigen. Nach und nach nimmt der Lärmpegel ab. Nach fünfzehn Minuten wird uns erlaubt, die Türe zu öffnen, und nach zwanzig Minuten kommen sie raus, machen jedoch einen weiten Bogen um die Kamele.

Wir rutschen mit Holzschlitten einen Sandhang hinunter, erklimmen eine Düne und spazieren durch die Gegend. Irgendwie scheint das größte Kameltrauma verflogen zu sein, denn als wir fragen, ob wir auf Kamelen reiten sollen, sind die Gesichter der Kinder zwar noch skeptisch, sie sagen aber zu. Allerdings jeweils mit Mama und Papa mit auf dem Kamel. So kommen wir doch noch in den Genuss, die Wüste stilecht zu erleben.

GUILIN

1. Reisterrassen

„Rapunzel, Rapunzel, lass dein Haar herunter." So könnte man rufen oder eigentlich kommt es einem so ein bisschen wie im Striplokal vor. Für zehn Yuan lassen die Damen die Haare herunter. Vor uns stehen acht Frauen verschiedenen Alters, alle in schwarzen Röcken, die über die Knie reichen. Sie tragen dunkle rosarote Jacken mit einer hübschen Borte am Kragen. Die Jacken werden von einer gleichfarbigen, gestreiften Schärpe über dem Bauch zusammengehalten. Große silberne Ringe hängen an ihren Ohren, und nur die Schuhe (Sandalen, Sportschuhe, kleine Stiefel) verraten, dass dies nicht ihre Alltagskluft ist, sondern die Uniform für uns Touristen. Auf dem Kopf haben sie alle eine Art kleinen Turban. Acht Gesichter strahlen uns an. *„Longhairs"* werden diese Damen vom Zhuang-Volk auch genannt. Unter dem schwarzen Kopftuch verbirgt sich das lange Haupthaar. Die Zhuang leben im Süden Chinas, nicht weit entfernt von Guilin.

Klar, für zehn Yuan wollen wir die Haare sehen. Wir entrichten unseren Obolus, die Haartücher werden geöffnet und die Haare fallen. Laut Reiseführer gehen sie bis an die Knöchel, das ist allerdings weit untertrieben. Wie einen Hochzeitsschleier könnten einige Damen ihr Haar hinter sich her schleifen. Ich darf mich für ein Foto dazustellen, vermutlich deshalb, weil ich mit meiner Halbglatze den Kontrast deutlich erhöhe. Na ja, dafür bin ich einen Kopf größer als die Zhuang.

Zwei der Frauen führen uns anschließend durch ihr Dorf Ping An und entlang der Hauptattraktion der Gegend, den Reisterrassen. Die Hänge sind sehr steil, ziehen sich in Stufen hunderte von Metern hoch. Die Arbeit hier ist hart, alles wird per Hand erledigt. Jedes einzelne der Felder muss bepflanzt, bewässert und bearbeitet werden. Bei unserem Besuch ist der Reis fast reif, hängt in Ähren herunter, ähnlich wie Hafer, und wartet auf die Ernte. Auf manchen der Felder hat sie bereits begonnen. Unsere Führerin bringt uns zu einem Aussichtspunkt. Wir sehen unter uns die grüngelben Terrassen, die an den Hängen kleben, und mittendrin das aus Holzhäusern bestehende Dorf. Wunderschön der Blick auf die Parzellen. Herrlich, wie die Farben der Natur mit den Farben der Holzhäuser harmonieren. Als rosarote Punkte sieht man von hier oben immer wieder Zhuang-Frauen, die auf den Terrassen arbeiten. Kilometerweit können wir auf die Reisfelder schauen. Allerdings wächst hier nicht nur Reis. Wir gehen an einer großen Plane vorbei, auf der Chilischoten zum Trocknen ausgelegt sind. Nebenan hängen sie in einem großen Feld noch an den Mutterpflanzen und warten auf die Ernte. In dieser Gegend, in der ein leicht tropisches Klima herrscht, wird auch Mais und anderes Gemüse wird angebaut.

Auf unserem Rundgang durch das Dorf passieren wir Restaurants und Teestuben, die reichlich Sitzgelegenheiten draußen mit Blick über die Reisterrassen bieten. Frauen stehen in der Gasse mit Körben, in denen Hühner zum Verkauf angeboten werden. Die Sänftenträger warten auf Kundschaft, da die letzten 300 Meter ins Dorf nur zu Fuß über Treppen oder eben per Sänfte zu bewältigen sind. Früchte und Reis werden angeboten und natürlich landestypische Kleidungsstücke. Eine der Verkäuferinnen bezirzt Lorenz mit einem Fernglas, das für ein paar Yuan anschließend den Besitzer wechselt.

Das Abendessen genießen wir in einem der Restaurants. Wir schauen dabei über das beleuchtete Dorf und auf die Reisfelder, von denen einige zwar kitschig und trotzdem wunderschön von Lichterketten illuminiert, die anderen allein vom Mond angestrahlt werden.

Action!!! Whitewaterrafting *chinese style*. Den Kindern zuliebe halten wir für eine Wildwassertour auf unserem Weg von Ping An zurück nach Guilin. Wir werden ausgerüstet: Schwimmweste, Paddel, Helm und – eine überdimensionale Wasserspritzpistole. „Ja, bitte nicht für mich, ich bin doch kein Kind. Ich bin ein erwachsener Mensch, der die Natur liebt und deshalb mitmacht", denke ich. Die Kinder nehmen eine, na ja, müssen sie selber wissen.

Los geht's, wir treiben den Fluss hinunter und kommen zu den ersten kleinen Stromschnellen. Nichts Atemraubendes. Wir sind nicht das einzige Boot auf dem Fluss. Wir überholen eins der anderen Flöße und als wir vorbeifahren, zack, habe ich einen Schwall kaltes Wasser im Nacken, der mir danach langsam den Rücken herunterläuft. Ich schaue zum Nachbarboot. Dort sitzt grinsend ein Junge mit einer Wasserpistole in der Hand.

„Hey, Lorenz, der hat uns vollgespritzt, wir schlagen zurück", rufe ich. Das war gar nicht nötig, denn schon fliegt ein Wasserstrahl aus Lorenz' Pistole ins Nachbarboot und ruft ein Kreischen und Juchzen hervor. Das Boot entfernt sich, es kommt jedoch schon der nächste „Feind". Auch der „attackiert" uns. Diesmal sind wir vorbereitet und halten dagegen. Die Kinder und unsere Mitfahrer spritzen kräftig mit. Da ich das sicher noch besser kann als die Kinder, leihe ich mir mal kurz die Pistole von Lorenz aus. Das quittiert er mit:

„Du hast gesagt, das ist Kinderkram und wolltest keine Wasserpistole!"

„Ist ja nur für ganz kurz", sage ich und gebe sie nach mehreren Spritzattacken schweren Herzens wieder an Lorenz ab. So fahren wir Richtung Tal und sind eindeutig die Könige des Flusses. Jedes Boot wird „beschossen". Als wirkungsvoll erweist sich auch eine Helmfüllung Wasser ins gegnerische Boot. Ich nehme Alenas Flunsch in Kauf, als ich mir, mit Blick auf die Flussherrschaft, ihre Pistole ausleihe. Klitschnass, kaum was von der Natur gesehen, aber total happy und lachend kommen wir an. Eine meiner besten Raftingtouren jemals. Whitewaterrafting *chinese style*.

2. Die Karstberge

Auf unserem nächsten Boot geht es deutlich gesitteter zu. Wir gehen in Guilin an Bord eines Ausflugsschiffes, um damit auf dem Li-Fluss bis Yangshuo zu fahren, vorbei an einer der berühmtesten chinesischen Landschaften, den Karstbergen von Guilin. Inzwischen sind sie auch bei den Chinesen kein Geheimtipp mehr, daher fahren wir mehr oder weniger Kolonne. Es gibt bald so viele Boote auf dem Fluss wie Karstberge am Ufer, dennoch ist es eine faszinierende Landschaft. Die Luft, wie meistens hier, ist etwas diesig. Die Konturen der bis zu 200 Meter hohen, mit Büschen überzogenen Felskegel erscheinen dadurch leicht verwischt, fast mystisch. Gänse schwimmen im Wasser und vereinzelt baden Wasserbüffel in dem sanft dahinfließenden Fluss. Viele der Berge und Hügel haben Namen, die sich meist aus ihrem Aussehen, das die Fantasie beflügelt, herleiten. King Kong ist einer von ihnen, Fischschwanzgipfel ein anderer. Mein Lieblingsname ist der *„Baxian Guojiang"*, der „Acht Unsterbliche überqueren den Fluss", bei dem zugegebenermaßen meine westliche Fantasie nicht ausreicht, um den Namen aus dem Anblick herzuleiten.

Nach sechs Stunden gemütlicher Bootsfahrt erreichen wir Yangshuo, das wunderbar inmitten der Karstberge liegt. Dort übernachten wir die nächsten drei Tage, und zwar in einer Art kleinem Landgut, das aus mehreren Häuschen besteht und von einem Holländer mit seiner chinesischen Frau betrieben wird. Er holt uns vom vereinbarten Punkt ab. Wir ziehen in eins der Gebäude, die wirklich sehr schön restauriert sind. Bernd, Annes Cousin, der in der Nähe von Hongkong in einem Labor an der Entwicklung eines Medikamentes arbeitet, stößt wenig später zu uns und bezieht den ausgebauten Dachboden unserer Unterkunft.

Heute geht's auf Fahrradtour. Schmale Wege führen zwischen den Karstbergen durch enge Täler zu kleinen Dörfern. Wunderbar. Es stellt sich ein für China ganz ungewohntes Gefühl der Ruhe und Entspannung ein. Das so typische *„huzzle and buzzle"*, immer bewegt sich was, immer will jemand irgendetwas, gibt es hier draußen nicht. Es ist einfach nur schön, idyllisch und harmonisch. Wasserbüffel suhlen sich im Schlamm. Bauern kommen uns mit einem Büffel entgegen. Sie führen ihn an einem Strick, der durch die Nase und über den Nacken des Tieres geht. Sie bieten Lorenz an, ihn mal zu halten. Reisfelder liegen vor uns, dahinter unzählige Karstberge. Wir befahren das Yulong-Tal mit dem berühmten Mondberg, einem Karstberg mit einer halbmondförmigen Öffnung am Gipfel. Es geht einen Weg hinauf zu diesem Durchbruch, von dem aus wir einen fantastischen Ausblick auf die umliegenden Berge haben. Für Kletterer ist das Gebiet ein Eldorado, wir sehen mehrere in den Felsenwänden. Während uns auf dem Fluss immer wieder kleine Flöße entgegenkommen, führt uns unsere Fahrradtour durch Felder, vorbei an einfachen Bauernhäusern weiter durch kleine Orte, zurück zu unserer Herberge.

„Happy birthday to you, happy birthday to you ...", singen wir und überreichen unsere Geschenke. Neun Jahre wird unser Kleinster. Das muss natürlich gefeiert werden. Nach einem ausgiebigen Frühstück schwingen wir uns abermals aufs Fahrrad, fahren durch dasselbe Tal wie gestern hinauf zur Anlegestelle der Flöße. Heute ist eine Floßfahrt dran. Auf jedem der aus Bambusrohren zusammengebundenen Gefährte sind zwei Sitz- und Liegestühle unter einem großen bunten Sonnenschirm. Wir nehmen zwei Flöße, eins für Bernd, eins für uns, und die Kinder pendeln zwischen den beiden hin und her. Die Fahrräder werden hintendrauf gelegt und unsere Bootsführer stochern los. So treiben wir den Fluss hinunter, links und rechts die Karstberge. Die Kinder, aufs Neue mit Wasserpistolen ausgerüstet, gehen baden, schwimmen neben uns her, entern mal das eine, mal das andere Floß. Spiegelglatt ist der Fluss, die Berge spiegeln sich im Wasser. Der abenteuerlichste Teil der Exkursion ist das Rutschen über eine 30 Zentimeter hohe

Stufe im Fluss, für die man nicht mal den Liegestuhl verlassen muss. Ein sehr gemütlicher Nachmittag.

Anschließend gehen wir angeln. In einer kleinen Teichanlage kann man sich für ein paar Yuan eine Angel ausleihen und den gefangenen Fisch - wenn man denn einen hat - von einem Koch zubereiten lassen. Da aber heute Lorenz' Geburtstag ist und Lorenz keinen Fisch mag, haben die Tiere Mitleid und beißen nicht. Die chinesischen Angler neben uns ziehen einen Fang nach dem anderen aus dem Wasser, nur wir bleiben verschont. Immerhin kann man zusätzlich zum Angelhaken auch die Seele baumeln lassen. Zur Abrundung des Tages gehen wir abends in einem See schwimmen und zum Abschluss italienisch essen in Yangshuo. Ein durchweg gelungener Geburtstag.

TIBET

1. Lhasa

„Klack, klack .... Klack, klack, ... Klack, klack, ... Klack, klack ... " Das Geräusch entfernt sich. Ich öffne das Fenster ganz, um zu sehen, woher es kommt. Eingebettet ist das Geräusch in ein Grundmurmeln, Rufen, Lachen, Schwätzen, Verhandeln. Da sind viele Leute, darunter einige Händler, an einer Wand gegenüber unserem Hotel. Diese Wand gehört zum Jokhang, dem heiligsten Tempels des Tibetischen Buddhismus mitten in Lhasa und mitten im - wie ich es nenne - „tibetischen" Viertel in Lhasa.

Viele Gläubige umrunden den Tempel, was, wie wir ja von unserer Seidenstraßenreise schon wissen, im Uhrzeigersinn zu erfolgen hat (obwohl viele Tibeter gar keine Armbanduhr besitzen). Dieses Grundmurmeln stammt von vielen Gläubigen, anderen Passanten, Händlern und von ein paar wenigen Touristen. Es kommt nicht von den chinesisch aussehenden Polizisten, von denen es hier einige gibt, denn die sind schweigsam und beobachten.

„Klack, klack...", höre ich erneut, es wird jedoch immer leiser. Jetzt kann ich den Ursprung des Geräusches sehen. Es ist ein Mann in weinroter Kutte, die Farbe der tibetischen Mönche, allerdings ist er kein Mönch. Er hat kurzes Haar, einen Schnurrbart, ist vielleicht 40 Jahre, schlank und groß. Vor der Kutte trägt er eine Lederschürze und um die Hände hat er kleine Holzplatten geschnallt. Der Mann steht, kniet sich auf den Boden, lässt sich nach vorne fallen, stützt sich mit den Händen dabei ab (Klack, klack), legt die

Arme und Hände vor den Körper und liegt flach auf dem Boden mit dem Gesicht zur Erde. Anschließend spricht er ein kurzes Gebet. Danach steht er wieder auf, macht einen Schritt vorwärts und wiederholt die Prozedur. Und so umrundet er den Tempel. Der Weg um den Tempel beträgt einen Kilometer, und er ist mindestens dreimal zu umrunden. Das dauert für diesen Mann Stunden, es ist die heiligste und demütigste Art der Umrundung und wird damit von Gott mit dem größten Segen belohnt. Ganz im Westen des Landes gibt es den Berg Kailasch, dessen Umrundung auch als heilig gilt und zu den größten Erlebnissen im Leben eines tibetischen Buddhisten gehört. Die über 50 Kilometer lange Umrundung wird teilweise auf diese beschriebene Art und Weise gemacht. Damit dauert der Vorgang mehrere Wochen. Wie stark muss der Glaube sein, um dies auf sich zu nehmen? Für einen westlichen Manager, für den jede Minute zählt, schwer vorstellbar. Es gibt definitiv unterschiedliche Auffassungen auf dieser Welt, wie man die zur Verfügung stehende Lebenszeit verbringt. Welche davon für einen selbst die Beste ist, muss jeder individuell entscheiden.

„Klack, klack ...", schallt es von draußen, von hinten kommt Stöhnen.

„Geht's schon ein wenig besser?", fragt meine Frau. – „Mmmmmmmh", ist die Antwort, was wohl als Nein zu interpretieren ist. Die Höhe hat unsere Kinder gefällt und ins Bett gebracht. Ihnen ist schlecht und sie haben Kopfweh. Übergeben haben sie sich bisher aber nicht.

Lhasa liegt auf 3600 Metern, und wir sind mit dem Flugzeug angekommen. Es gab also keine Chance der Akklimatisation. „Rabeneltern, was die ihren Kindern antun", mag mancher denken, aber mit der Höhe und ihrer Wirkung auf den Organismus ist es eine eigenartige Sache. Wie man darauf reagiert, ist schwer zu sagen. Fit zu sein, hilft nicht unbedingt. Der Sportlehrer unserer Kinder musste aus Tibet sogar ausfliegen, da er kurz vor einem Kollaps stand, während unser Qualitätsgruppenleiter, bestimmt mit 15 - 20 Kilo Übergewicht, nicht das Geringste von der Höhe spürte. Anne und mir geht es gut, wir werden allerdings später auf 4700 Metern Höhe Kopfweh bekommen. Wenn es mit der Höhenkrankheit zu schlimm wird, muss man absteigen, ansonsten hilft nur: akklimatisieren. So ist es dann auch mit unseren Kindern. Der erste Tag ist ein verlorener Tag, der zweite Tag wird schon besser.

Unglaublich schön ist der Blick auf den Tempel. Abermals diese irdenen Farben, weiß, bordeauxrote Wände. Die Fensterrahmen sind gelb und Fensterkreuze unterteilen die Fenster. Der Wind lässt leichte Wellen über die kurzen Vorhänge außen gleiten. Die Pilger gehen mit den kleinen Gebetsmühlen in der Hand, die sie dabei ständig drehen, auf dem Weg um den Tempel und werfen sich am Eingang immer wieder nieder, um ihre Demut vor Gott zu zeigen. Und, ja schon fast ungewöhnlich für die heutige Zeit, wir sehen keinen der Pilger in westlicher Kleidung, alle sind tibetisch gekleidet und haben Umhänge, Kutten, Tücher, Hüte.

Das Innere des Tempels ist überwältigend. Verzierungen überall, es gibt keinen einzigen Platz im Innenraum, der ohne Ornamente oder nicht irgendwie bemalt ist. Es gibt viele kleine Räume mit jeweils besonderen Götter- oder Buddhastatuen. Gläubige beten, spenden ein klein wenig Geld und zünden Kerzen aus Yak-Butter an. Viel Gold ist im Tempel, es wirkt nicht protzig, sondern ehrerbietend. Goldene Dächer mit kleinen vergoldeten Stupas. Das Dharma-Rad, ein Rad mit acht Speichen, wobei jede Speiche für eine Tugend steht, ist eins der bedeutendsten Symbole des Buddhismus. Auch dieses Dharma-Rad, eingerahmt von zwei Hirschen, steht hier in Gold auf dem Dach und hebt sich gegen den blauen Himmel ab, dahinter die Berge. Wunderschöne Eindrücke und unvergessliche Bilder, die man sonst in dieser Art nirgendwo auf der Welt erlebt. Dazu die tiefe Gläubigkeit der Menschen. Tibet ist ein besonderer Platz auf dieser Erde, wie wir in den nächsten zwei Wochen erfahren werden. Ein Volk auf dem Dach der Welt. Ein Teil Chinas und doch ganz anders.

Tibet ist ein schwieriges Thema. Kaum eine andere Region dieser Welt ist so bekannt aufgrund der politischen Situation. In der westlichen Welt, die sich ja oft „freie Welt" nennt, ist die Meinung eindeutig. Tibet ist von China besetzt und sollte frei werden. Dass dies nicht mit aller Vehemenz eingefordert wird, liegt sicher an der starken Position, die China inzwischen in der Welt hat. Ein Land, mit dem man sich nicht bis zur letzten Konsequenz anlegen will oder kann, besonders nicht nur für einen ethischen oder moralischen Wert wie „Freiheit". Fragt man die Tibeter, oder zumindest die, mit denen wir gesprochen haben, sehen sie es ebenso wie die westliche Welt. Sie fühlen sich besetzt. Ihre kulturelle und religiöse Freiheit wird eingeschränkt. Die Klöster sind von Regierungstreuen unterwandert. Peking versucht die Wahl des nächsten Dalai Lamas deutlich zu beeinflussen. Gemäß dem tibetischen Glauben wird der Lama nach seinem Tod in einem Kind wiedergeboren. Nach diesem Kind sucht eine Findungskommission aus Mönchen mithilfe gewisser Kriterien. Wenn dieses Kind gefunden ist, wird es zum nächsten Dalai Lama ernannt und erhält über viele Jahre eine klösterliche Ausbildung. Bei der Auswahl des Kindes für die Nachfolge des zweithöchsten tibetischen Würdenträgers, dem Panchen Lama, hat Peking bereits eingegriffen, und dies wird auch für die Auswahl eines neuen Dalai Lama befürchtet. Dazu kommt, dass mit der chinesischen Art der Kolonialisierung, nämlich viele linientreue Han-Chinesen in eine unruhige Region zu schicken, der Anteil der Tibeter im eigenen Land an der Gesamtbevölkerung abnimmt. In keiner Region in China, in der Minderheiten leben – und wir waren in vielen Regionen unterwegs – haben wir so viel Polizei und Militär gesehen wie in Tibet. Ein klares Zeichen dafür, dass die Situation nicht durchgängig friedlich ist.

Die Anwesenheit Chinas bringt allerdings auch einen gewissen Wohlstand in diese Region, die vermutlich auf sich allein gestellt wesentlich ärmer wäre. Ebenfalls hervorzuheben ist, dass China keine demokratische Regierung in Tibet verdrängt hat, die ihren

Bürgern Wohlstand und Freiheit brachte. Es wurde eine religiöse Diktatur feudaler Prägung vertrieben. Die etwas verklärte Meinung vieler Menschen im Westen, dass eine Selbstbestimmung automatisch zu freien demokratischen Verhältnissen und Wohlstand in einem Land führt, ist, wie viele Beispiele beweisen, nicht richtig. Sicher, man kann sagen, dass es vom Volk so selbst bestimmt und nicht von außen aufoktroyiert wurde. Oft sind Regionen oder Menschen von Demokratie auch überfordert und es kommt zu einer politischen Führung, die dann wieder diktatorisch agiert. Die Verhältnisse in Tibet sind nicht so schwarz oder weiß, wie sie von den verschiedenen Seiten dargestellt werden. Sie sind weit komplizierter, und eine für alle Seiten befriedigende Lösung ist auf kurze Sicht nicht erkennbar.

Nach der Besichtigungstour im Tempel streifen wir durch die nahegelegenen Gassen. Viele Händler mit religiösen Waren finden sich hier, aber ebenso mit allem möglichen Ramsch. Auch ganz normale Dinge werden verkauft, wie Fleisch, das wie üblich offen in Ständen an Haken hängt oder auf Tischen liegt. Und es gibt, für uns faszinierend, weil ja vom Namen her bekannt, Yakbutter. Die sieht ehrlich gesagt wie ganz normale Butter aus. Was mich als Ingenieur begeistert, sind die Wasserkocher in den Gassen. Als Hochland hat Tibet sehr wenig Holz. Die Kocher sind im Grunde Sonnenkollektoren. Sie haben zwei ungefähr 70 mal 40 Zentimeter breite, gebogene, mit Spiegelplatten besetzte Flügel, die das Sonnenlicht in der Mitte auf ca. ein Meter Höhe bündeln. An diesem Punkt ist eine Metallplatte auf einem Gestänge angebracht, die durch die Strahlen erhitzt wird. Auf der Platte steht der Kessel und das Wasser kocht. Das Ganze hat ein kleines Gestell und zwei Rollen, damit es immer optimal in die Sonne geschoben werden kann. Äußerst simpel und effektiv. Wir setzen unsere Besichtigungstour fort, durch schöne schmale Sträßchen an alten gepflegten Hauswänden vorbei, sehen viele Tibeter, vereinzelt Uiguren und natürlich Han-Chinesen.

Nicht weit entfernt von Lhasa befinden sich weitere faszinierende Klöster. Alena und Lorenz finden es hochspannend, die Gebetsmühlen bei der Umrundung zu drehen, was von den anwesenden tibetischen Pilgern nicht etwa als Gotteslästerung angesehen, sondern mit wohlwollendem Lächeln quittiert wird. Mönche in jedem Alter in roten Kutten laufen vor dem Tempel entlang, alte Frauen und Männer in tibetischen Trachten und mit Opfergaben in der Hand strömen in die Tempel. Gesichter, in die sich jedes Leiden der letzten 60 Jahre als Kerbe oder Falte gegraben hat, lächeln einem entgegen. Weiße Mauern, rote Rahmen, goldene Statuen, goldene Dächer und tibetische Menschen, alles vor dem Hintergrund der hohen Berge. Ein sich tief einprägender Eindruck.

Im Tempel sitzen die Mönche und meditieren. Ein Murmeln erfüllt den Raum, das berühmte „Ohmmm" erklingt immer wieder von hunderten der Gottesdiener jeden Alters. Es wird gesprochen und gelacht. Eine gleichermaßen spirituelle wie entspannte Atmosphäre.

Schauplatz Kloster Sera, 16.00 Uhr. Es geht hoch her. Es wird aufgestampft, vehement und laut gesprochen, Fäuste werden in den Himmel gereckt, schreiende Gesichter nähern sich auf wenige Zentimeter mit aggressiven oder sehr ernsten Gesichtsausdrücken. Wir sind nicht Zeugen des Aufstands der Mönche gegen die Staatsgewalt, sondern des täglichen Debattierclubs im Kloster, bei dem der Disput gelehrt und gelernt wird. Dazu sitzen oder stehen die Mönche in Gruppen zusammen und unterhalten, rufen, schreien, gestikulieren in der beschriebenen Weise. Dabei sind sie von Zuschauern umringt, die das Spektakel betrachten. Es dauert nur genau zwei Minuten, bis Alena und Lorenz sich in ähnlicher Weise voller Freude unterhalten oder – aus der Sicht eines Außenstehenden – beschimpfen. Nach glücklicherweise nur drei Tagen haben sie das Gesehene einigermaßen vergessen und die Gespräche laufen wieder normal.

„Ich schaffe das noch nicht", sagt Lorenz. Nicht umsonst empfiehlt der Reiseführer, das Wahrzeichen Lhasas, das Potala, den

Palast und den eigentlichen Wohnsitz des jeweils aktuellen Dalai Lama, nicht am ersten Tag zu besuchen. Um ihn zu besichtigen, muss man einen steilen Hügel erklimmen, hundert Meter über der Stadt. Es ist ein eindrucksvolles Gebäude, das die ganze Kuppe einnimmt. Es ist schwer zu sagen, was die Faszination dieser tibetischen Gebäude ausmacht. Ob es die Farben sind, nicht strahlend, sondern erdverbunden, die nach oben ganz leicht konisch zulaufende rechteckige Bauweise oder das Muster, das aus den vielen klein unterteilten Fenstern entsteht? Die Verzierungen und Rahmen der Fenster, die leicht wehenden Vorhänge? Es ist vermutlich nicht das einzelne, sondern das stimmige Zusammenspiel dieser Komponenten.

„Setz dich hoch", sage ich, und so laufe ich mit Lorenz auf meinen Schultern die steilen Stufen hinauf. Bei der ersten Toilette ruft er „Halt!", klettert hinab, verschwindet schnell und kommt nach zwei Minuten mit einem erleichterten Gesicht zurück. Hier im Inneren des Potala sehen wir überwältigende Pracht und viele betende Tibeter. Wunderschöne Statuen, geschmückt mit reichen Verzierungen. Wir gehen anderthalb Stunden durch die zahlreichen Räume, die der Öffentlichkeit zugänglich sind. Die allermeisten sind es übrigens nicht. Der Blick vom Balkon des Potalas über die Stadt ist eindrucksvoll. Er zeigt auch, wie wenig „Tibet" in der Stadt übriggeblieben ist und wie viel „China" schon eingezogen ist. Vieles sieht bereits aus wie die durchschnittliche chinesische Stadt, zum Glück ohne die typischen Hochhäuser.

Anschließend lassen wir uns auf dem großen Platz zu Füßen des Potalas nieder, und die Kinder beginnen, das imposante Bauwerk zu malen. Bald sind sie umringt von Einheimischen und chinesischen Touristen, die interessiert sind, wie denn Westler so ein Potala malen.

Und dann wird uns abends die Tasche geklaut. Mit der Tasche die Videokamera und die Pässe. Wir essen in einem Restaurant zu Abend. Tibet, für vieles berühmt, jedoch nicht für sein gutes

Essen, zeigt sich eigentlich von der besten Seite. Saftige Yak-Steaks, gutes Bier. Anne legt die Tasche neben sich auf den Boden. Wir essen, wir unterhalten uns, wir lachen. Auf einmal fällt der Kellnerin ein Tablett aus der Hand, es scheppert, es klirrt, die meisten Augen gehen zur Unglücksstelle, nur wohl ein Paar Augen nicht. Die schauen auf die Tasche und angeln erfolgreich mit dem Fuß nach dem Riemen, denn als Anne das nächste Mal danach schaut, ist sowohl sie als auch der Mann vom Nebentisch weg. 1000 Yuan, verschmerzbar, die Videokamera ist schon schlimmer, aber die Pässe weg, das ist wirklich übel. Wir rufen sofort Tenzin, unseren Reiseführer, an. Er kommt umgehend und verständigt die Polizei. Wir erzählen, was passiert ist und wie es sich unserer Meinung nach zugetragen hat. Man nimmt uns mit zur Wache und es wird eine recht lange Nacht, bevor wir sorgenvoll ins Bett sinken. Die Kinder haben wir vorher heimgebracht.

Als erstes am nächsten Morgen bringt uns Tenzin zu einer anderen Polizeistelle. Diese erstellen uns tatsächlich temporäre Ausweise, ohne die wir sofort die Rückreise hätten antreten müssen. Das hat nur dank unseres Reiseführers geklappt. Wir sind heilfroh und bedanken uns tausendfach.

2. Wanderung im Himalaya

Die Reise geht also weiter. Beim Hotel erwartet uns ein Fahrradtransporter. Unser Gepäck wird aufgeladen und durch das Gassengewirr gefahren, bis wir eine richtige Straße erreichen. Wir laufen hinterher. An der Straße wartet Kunzang, unser Fahrer, in seinem Geländewagen und lädt unser Gepäck auf. Wir steigen ein und fahren los. Nach kurzer Zeit liegt die Stadt hinter uns. Wir fahren auf Schotterstraßen hinein in die Berge, vorbei an Weiden und Blumenwiesen. Zur Mittagspause rasten wir an einem munteren Fluss. Es ist warm in der Sonne, T-Shirt-Wetter, wir sind von Bergen umgeben, eine Traumgegend. Allerdings kommen wir immer höher. Es ist der vierte Tag, wir sind schon etwas akklimatisiert, doch Lorenz zeigt noch selten sein gewohntes Lächeln. Am späten Nachmittag haben wir unser Etappenziel erreicht, den Start unserer dreitägigen Wanderung durch die tibetischen Berge.

„Welcome", begrüßen uns drei Männer. „I am Sangpo, I am Rapten, I am Tsering – and I am Karma!", (den Namen kann ich mir wenigstens merken; gutes Karma haben wir) sagt ein vierter, der gerade aus einem Zelt kommt, „I am the cook." Das ist also unser Reisetross für die nächsten Tage. Allesamt Tibeter. Sie sind so um die 20 bis 30 Jahre alt, nur der Koch ist etwas älter. Während wir mit tollsten Wanderschuhen, Goretex-Jacken und Wanderhosen angerückt sind, läuft unsere Crew in Schlappen, Pullover, Jeansjacken und Stoffhosen. Gegen die Sonne schützen Hüte, die John Wayne oder Al Capone zur Ehre gereicht hätten. Die Gesichter wettergegerbt, bronzefarben und meist lächelnd. Den größten Wiedererkennungswert hat „gutes Karma". Ihn ziert ein schmales Oberlippenbärtchen à la Hitler. Gott sei Dank erinnert in seinem Wesen sonst nichts an diese dunkle Gestalt der Geschichte.

Zusätzlich zu unseren fünf Begleitern (auch Tenzin wandert mit uns) haben wir vier Yaks, die das Gepäck tragen. Dazu bietet man uns für ein bisschen Extrageld ein Pony an, das in Notsituationen jemanden tragen kann. Wir schlagen zu. Im Nachhinein erweist sich das als die richtige Entscheidung, da den Kindern die Höhe erneut zu schaffen macht.

Wir haben ein Zelt zu viert, der Rest der Mannschaft schläft im Kochzelt, in dem auch gegessen wird. Unser Camp ist direkt neben einem kleinen Fluss. Auf der anderen Seite des Flusses, vielleicht 100 Meter entfernt, liegt ein tibetisches Kloster, das wir abends noch besuchen. Gebetsfahnen wehen im Wind. Die Sonne geht langsam unter, die Sonne bestrahlt den Fluss und das Kloster mit seiner Goldstupa und taucht es in magisches Abendlicht. Die Yaks stehen neben den wehenden Gebetsfahnen am Fluss und trinken. Das ist Tibet.

Dinnertime. Obwohl Tibet nicht für seine Küche bekannt ist, was bei der Abgeschiedenheit und Höhe zu entschuldigen ist, zaubert uns der Koch ein sehr wohlschmeckendes Mahl. Wir sitzen alle im Gemeinschaftszelt auf Decken, und in der Mitte stehen die Speisen: Kartoffeln, Blumenkohl-Möhrengemüse, Ei mit Tomate und Fisch und Bohnen. Davor eine Nudelsuppe und Teigstückchen, Tsampa. Immer wieder fordert uns der Koch auf, nachzunehmen, bis wir fast platzen. Sogar die Kinder hauen rein. Dazu Tee oder Kaffee. Ein vorzügliches Mahl in der Höhe. „*Dee shimbo doo*" (das schmeckt köstlich) ist unser kleiner Dank an „gutes Karma", was ihm ein breites Lächeln ins Gesicht zaubert.

Als wir aus dem Zelt nach draußen gehen, schlägt uns die Kälte entgegen. Die Sonne ist untergegangen. Wir gehen in unser Zelt und schlafen auf einer Höhe von 4300 Metern erstaunlich gut.

Rufe und eine Art Muhen wecken uns. Ich schaue aus dem Zelt. Sangpo und Rapten treiben gerade die Yaks zusammen und verladen schon die ersten Gepäckstücke. Es ist etwas kühl draußen, aber das Licht und die Sonne sind wunderbar. Raus aus den Schlafsäcken und ab ins „Badezimmer". Fließend kaltes Wasser direkt am Fluss zum Zähneputzen und Gesicht- und Händewaschen, und die Rückseite eines großen Felsblockes als Toilette. „Basic", aber ausreichend.

Ei, Brot, Tee, Kaffee, Marmelade zum Frühstück, die Yaks werden weiter beladen und unser kleiner Trupp ist abmarschbereit. Wir laufen mit unserem Führer schon mal los, während das Gemeinschaftszelt verstaut und der letzte Yak beladen wird. Die Landschaft ist sehr karg. Der Weg ist leicht ansteigend, allerdings nicht steil. Wir wandern durch ein langes Tal, an den Berghängen wachsen Gras und winzige Büsche. Kein Baum, kein Strauch. Das Pony hat Dauereinsatz. Die Auswirkungen der Höhe sind den Kindern immer noch anzumerken.

Wir kommen vorbei am „Friedhof der Schuhe". Auf einer Wiese an einem Bach liegen viele Schuhe, die meisten mit abgelöster Sohle.

Tenzin weiß ebenfalls nicht, warum. Etwas später merken wir es am eigenen „Fuß". Bei Anne löst sich auf einmal die Sohle. Woran liegt es? Zermürbt die Höhe vielleicht die Schuhe? Oder der höhere UV Lichtanteil zerstört den Kleber? Oder ist es ein tibetischer Fluch? Wir erfahren es nicht, haben jetzt jedoch auch ein Grab im „Friedhof der Schuhe". Selbst eine Internetrecherche, die wir später durchführen, gibt keine eindeutige Antwort. Klar ist nur, dass sich die Zwischensohle auflösen kann, begünstigt durch geringen Gebrauch, hohe Temperatur und Feuchtigkeit. Alles keine Probleme, mit denen wir in Tibet zu tun haben. Also doch ein Fluch? Gott sei Dank hat Anne noch Turnschuhe dabei, die sie anzieht. Wir wandern weiter.

Jetzt brummt mir sogar der Schädel. Unser Lager ist heute auf 4700 Metern. Eine offene Wiese mit einem Bächlein kurz vor einem Pass. Rumlaufen und kaltes Wasser ins Gesicht helfen. Die Yaks werden abgeladen, die Zelte aufgebaut und Essen gekocht. Unsere Lasttiere gehen „stiften". Eine ganze Herde Yak-Kollegen ist in diesem kleinen Tal, zu denen sie sich erstmal gesellen. Wahrscheinlich schimpfen sie über die Touristen, die ihr Zeug nicht selbst tragen können:

„Schau dir den in der blauen Jacke an, macht auf Boss, aber kann nicht mal seinen Rucksack tragen!" „Und erst die kleineren Menschen da; nicht nur, dass sie nichts tragen, die quälen unseren Freund, das Pony, die ganze Zeit, indem sie auf seinem Rücken rumsitzen!"

Für uns klingt das natürlich nur alles wie „Muh, muh". Sie ziehen mit der Herde langsam den Hang hoch, auf den Kamm und dann sind sie weg. Tsering und Rapten unterhalten sich mit den Hirten der anderen Yaks, lachen und spaßen, bevor ihr Tonfall plötzlich ins tibetische Fluchen übergeht, als sie erkennen, dass die Yaks fort sind. Alle springen auf und rennen ihnen hinterher. Spät abends sind sie erst zurück, immerhin mit den Yaks im Schlepptau.

Am nächsten Morgen unsere morgendliche Routine: Badezimmer (Bach), Toilette (Felsblock) und Frühstück. Lorenz jagt „Ambras", eine Wühlmausart, die hier oben lebt. Nach einer weiteren Nacht der Akklimatisation geht es uns heute allen besser. Wir ziehen weiter hoch und erreichen bei 4900 Metern den höchsten Punkt unserer Wanderung. Hirsche springen über den Weg. Lorenz kommt huckepack an. Die weiteren 200 Höhenmeter haben ihm erneut etwas zugesetzt, und weil seine Schwester mit dem Pony weit voraus ist, nimmt ihn Tenzin kurzerhand auf seinen Rücken. Wir haben wirklich Glück mit unserem Führer.

Wir passieren ein kleines, verlassenes Gehöft am Wegesrand und laufen ein Stück hinab, um anschließend auf einer kleinen Hochebene anzukommen, auf der Zelte stehen und eine Herde weidet. Es sind Nomadenzelte.

„Die Leute kommen im Frühjahr mit ihrer Herde hier hoch und bleiben bis in den Herbst, bevor sie erneut ins Tal ziehen", erklärt uns Tenzin. Wir stellen unsere Zelte etwa 100 Meter entfernt von den Nomadenzelten auf.

„Das Leben ist nicht einfach hier oben, kein Strom, kein fließendes Wasser, kein Laden", berichtet Tenzin weiter, „die Leute lieben es aber, sie sind frei, können leben, wie sie es gerne möchten." Zwei Familien, die uns auch gleich besuchen kommen, wohnen an diesem Ort. Jeweils Vater, Mutter und drei Kinder. Zwei der Kinder haben Frostbeulen auf den Wangen, die Eltern, noch jung, mit der typischen bronzenen Hautfarbe und wettergegerbten Gesichtern, die sie wie 30 oder 40 aussehen lassen.

„Die kleinen Kinder kommen mit ihren Eltern auf die Sommerweide, die größeren bleiben bei Verwandten in der Stadt und gehen zur Schule", erklärt unser Führer. Wir haben Kekse für die Kleinen, was die bereits sehr freundlichen Kindergesichter noch mehr zum Strahlen bringt. Extrem beliebt bei den Kindern sind Stifte. Die Bitte danach wird mit dem Streichen des Daumens über das Innere der Finger geäußert, bei uns die Geste für die Bitte um Geld. Nachdem Tenzin uns über den Unterschied aufklärt, kramen wir in unseren Taschen und verschenken zwei Kugelschreiber.

Die Kinder und unsere beiden sehen wir erstmal nicht wieder. Gemeinsam rennen sie alle über die Wiesen, Richtung Yaks, spielen Fangen und haben einen Riesenspaß. Als Dank, dass wir auf ihrem „Grundstück" zelten dürfen, lassen unsere Begleiter den zwei Familien ein paar Lebensmittel da. Die einzige Verbindung zur Außenwelt stellen hier die eigenen Beine oder Pferd und Yak dar. Wenn Lebensmittel ausgehen, müssen sie in den nächsten Ort reiten, eine Tour von rund drei Stunden, und mit Yaks zum Tragen von Waren dauert es entsprechend länger. Ein paar Lebensmittel mehr ersparen ihnen eine aufwendige Reise.

Wir gehen heute zum Ende unserer kleinen Wanderung durch die tibetischen Berge. Der Weg ist angenehm, leicht abschüssig, und die Aussicht auf die umliegenden Täler und Berge atemberaubend. Es begegnet uns ein Trupp Einheimischer, der Nachschub aus dem Ort geholt hat, mit einem Reiter und beladenen, teilweise gesattelten Yaks. Kinder kommen zu uns gelaufen, zwei Jungs, die sich gleich in Pose stellen und fotografiert werden möchten. Nur ihrem Wunsch nach Stiften können wir nicht mehr nachkommen. Aber wir bezahlen das „Modeln" mit Keksen. Yaks weiden, am Hang gegenüber zieht sich ein Gletscher fast bis ins Tal, schneebedeckte Berge und eine Ruhe, die einen ganz und gar durchdringt.

Anschließend kommt das Dorf. 20 - 30 Häuser und ein Kloster. Mönche kommen aus dem Kloster und gehen über die Wiese. Die Yaks laufen an den Dorfteich und trinken. Der Chef-Yak scheint schon wieder abhauen zu wollen und kann nur mit Gewalt von unseren Yak-Führern zurückgehalten werden. Wir liegen im Gras zusammen mit unseren Begleitern und warten auf unseren Pickup, genießen die Landschaft und die Stimmung. Der Geländewagen fährt vor und wir verabschieden uns von unserem Tross, innig und mit ein bisschen Trinkgeld.

etwas zerzausten Bubikopf. Türkisblaue kleine Steine hängen wie Ohrringe über die Ohren. Einer trägt eine Brille, die man heute als „Nerdbrille" bezeichnen würde, mit schwarzem Rahmen und schon länger nicht geputzt. Und die Gesichter: bronzefarben, spärlicher Bartwuchs, drei Tage nicht rasiert. Keine glatte Stelle im Gesicht, nicht mal über den Wangenknochen. Unzählige Falten um die großen Nasen. Dies sind Gesichter wie die Natur: geprägt von Kräften wie Sonne, Wind und Kälte, rau, ausdrucksstark, in sich ruhend und bodenständig. Diese Gesichter, diese Menschen zusammen mit den Bauwerken und der Natur, das ist es, was Tibet ausmacht.

Auch dieses Kloster in Shigatse, der zweitgrößten Stadt Tibets, ist beeindruckend. Ein dreistöckiger Säulengang, mit Wandbildern verziert, läuft um den gefliesten Innenhof. Tibetische Händler bieten Kleidung zum Verkauf an. Die Dächer und vergoldeten Statuen gegen den blauen Himmel ergeben erneut ein eindrucksvolles Bild. Wir umrunden die äußere Klostermauer mit ihren Gebetsmühlen, die uns zunächst den Berg hinaufführt. Von dort bietet sich ein toller Blick über die Klosteranlage, die Stadt, und als ganz besonderes Highlight haben wir eine grandiose Aussicht auf die alte Befestigungsanlage des Tsang-Reiches. Von dort aus regierten die hier herrschenden Könige im 17. Jahrhundert große Teile Tibets. Die Befestigungsanlage sieht dem Potala in Lhasa sehr ähnlich, diente ihm vermutlich als Vorlage, ist jedoch wesentlich kleiner.

Weiter gen Westen. Wir halten an einem Schild, auf dem steht: 5000 Kilometer bis Shanghai. Dafür lässt Alena schon mal einen ihrer Milchzähne springen, der ihr, wohl beeindruckt durch die Entfernung, aus dem Mund fällt. Zu Füßen des Schildes wird er beerdigt. Vielleicht wächst heute dort ja ein kleiner Zahnbaum. 5000 Kilometer, eine Entfernung, die in Europa nur schwer zurückzulegen ist. Nur mit einer Reise vom Nordkap ins südliche Sizilien oder von Lissabon in die Tiefen Russlands schafft man eine vergleichbare Distanz.

Wir fahren weiter auf dem Friendship Highway. Er verbindet Lhasa mit Katmandu, ist Teil der Straße G318, die, von Shanghai ausgehend, nach Kathmandu führt und von dort aus weiter nach Indien. Sie verbindet also sozusagen die chinesischen Freunde über die tibetischen und nepalesischen Freunde mit den indischen Freunden. Der Highway ist ein Sinnbild dieser Freundschaften: rau, teilweise frostig, voller im Weg liegender Steine, mit vielen Schlaglöchern, und so mancher Erdrutsch hindert die Freunde an der Begegnung.

4. Der höchste Berg der Welt

Dann geht es durch ein großes Tor, geschmückt mit vielen Gebetsfahnen, in das Mount-Everest-Gebiet. In Tingri müssen wir erstmal eine Prüfung bestehen, da die Region von China speziell abgeriegelt werden kann und es deshalb hier eine Passkontrolle gibt.

„Die Pässe bitte", sagt der Beamte hinter dem Fenster. Zusammen mit Tenzing geben wir unsere vorläufigen Pässe ab.

„Nein, die richtigen Pässe."

„Das sind richtige vorläufige Pässe."

„Nein, Sie brauchen richtige Pässe, um das Gebiet zu betreten."

So geht das Gespräch die nächsten Minuten weiter und endet erstmal mit dem Kopfschütteln des Beamten. Danach tritt Alena an den Schalter, lächelt den Beamten an und sagt im schönsten Chinesisch: „Hallo, wir wohnen seit zwei Jahren in Suzhou. Wir mögen China sehr. Mein Bruder und ich sind schon sehr, sehr gespannt, den größten Berg der Welt zu sehen. Bitte lassen Sie uns dorthin fahren." Der Beamte schaut sie lange ausdruckslos an, lächelt anschließend, spricht kurz mit seinem Kollegen und haut den ersten Eingangsstempel auf den provisorischen Pass, gefolgt von den anderen drei Pässen. Wir bedanken uns ausgiebig auf Chinesisch und betreten das Gebiet des höchsten Bergs der Welt.

Wir übernachten im nächsten Ort in einem tibetischen Gasthaus. Einfache, sehr saubere Zimmer von einem Hof aus zugänglich, auch die Toiletten okay. Kunzang und Lorenz spielen „Tritt den Fuß". Dabei nimmt man sich an die Hände und versucht durch geschicktes Springen oder Schreiten, dem anderen auf den Fuß zu treten. Großzügig, wie Kunzang ist, verliert er meistens freiwillig, und Lorenz fühlt sich wie der König von Tibet. Alena beginnt derweil, im Sand vor unserer Zimmertür eine Burganlage mit Straßen, Häusern und Park zu bauen. Schnell wird sie dabei von Lorenz und dem Jungen unserer tibetischen Zimmernachbarn unterstützt. Stolz präsentieren die drei ihren jeweiligen Eltern das Ergebnis der deutsch-tibetischen Zusammenarbeit.

Wir frühstücken gemeinsam mit Tenzing, Kunzang ist noch nicht da. Erst 15 Minuten vor der vereinbarten Abfahrtszeit kommt Kunzang angerannt und redet auf Tenzing ein. Der bleibt ganz gelassen, und schüttelt den Kopf. Kunzang schaut ungläubig, schlingt das Essen herunter und geht nach draußen, um das Auto vorzubereiten. Tenzing kann sich nicht mehr halten und prustet los: „Ich habe heute Nacht Kunzang den Wecker verstellt und jetzt hat er verschlafen. Ich habe ihm gesagt, dass ich nicht wisse, was er wolle und was passiert ist." Als wir draußen am Auto sind, klopft er Kunzang auf die Schulter, der ruft laut etwas und sie jagen sich lachend um das Auto. Schließlich erwischt Kunzang Tenzing und nimmt ihn in den Schwitzkasten. So beginnt der Tag schon mit guter Laune.

„Fahren wir jetzt zum Mount Everest?", fragt Lorenz.

„Ja, wir fahren jetzt auf den Mount Everest, wir können nicht ganz hochfahren, die letzten 500 Meter musst du laufen", antwortet Kunzang, und Tenzing übersetzt.

„Wir fahren fast bis hoch?", will Lorenz skeptisch wissen.

„Ja, wir haben ein ganz tolles Auto, da können wir fast ganz hochfahren."

Tenzing übersetzt wieder und legt mit der Bemerkung: „Und das geht nur, weil Kunzang so ein guter Fahrer ist", noch einen obendrauf. Man sieht förmlich, wie es in Lorenz' Kopf rattert. „Geht das? Wie geht das? Das habe ich immer ganz anders gehört." Er dreht sich um und fragt mich:

„Papa, stimmt das?" Ich spiele mit:

„Wenn die es sagen, wird es schon so sein". Als er weiter skeptisch schaut, prustet Kunzang los, gibt Lorenz einen Klaps auf den Oberschenkel und erklärt, wie weit wir wirklich mit dem Auto kommen. Nämlich bis zum Gasthaus auf 5200 Metern.

Willkommen im Land der Verarschung, der Ironie und des Sarkasmus. In zwei Jahren China haben wir das vermisst. Keine nette Veräppelung und schon gar keine Ironie. Ironie können sie in China nicht. Die Chinesen sind gewohnt, dass man etwas so sagt, wie man es meint. Etwas zu sagen und das Gegenteil davon zu meinen, erschließt sich ihnen nicht (Ausnahmen bestätigen die Regel). Natürlich hat Ironie oder als stärkere Form der Sarkasmus immer viel damit zu tun, dass man etwas nicht ändern kann, obwohl man es gerne täte. Davon gibt es eigentlich in China, in diesem straff geführten Reich, eine ganze Menge. Umso erstaunlicher, dass es in China so gut wie keine Ironie gibt. Der westlichen Seele tut es daher gut, mal wieder in einer Umgebung zu sein, die so etwas kennt. Das macht die Leute doch gleich sympathisch.

Unsere tibetische Crew unterscheidet sich auch deutlich von unseren bisherigen chinesischen Reiseführern. Wie bereits erwähnt, hatte ich bei den meisten unserer Guides oft den Eindruck, dass sie eine eigene Agenda hatten, dass sie Dinge vorschlugen, die hauptsächlich ihnen einen Nutzen brachten. Sie waren oft „pushy" und wir mussten ständig verhandeln. Dies ist hier ganz anders. Wir haben wirklich den Eindruck, dass Tenzing und Kunzang alles tun, damit es uns gefällt, alles tun, was wir uns wünschen. Niemals sind sie aufdringlich. Natürlich sind wir nicht so naiv, zu glauben, dass sie dies aus reiner Nächstenliebe tun. Letztendlich ist es ihr Job, Gäste durch Tibet zu begleiten. Sie machen das aber ausgesprochen freundlich und liebenswert und sind die angenehmste Begleitung, die wir in unseren chinesischen Jahren auf Reisen haben. Zwei Wochen immer mit jemandem zusammen zu sein, der nicht zur Familie gehört, ist nicht einfach, mit Tenzing und Kunzang dagegen ist es äußerst wohltuend.

Runter vom Friendship Highway und rauf auf die Jeep-Piste Richtung Mount Everest.

„Da rechts ist der Cho Oyo", sagt Tenzing.

„Aha", antworte ich.

„Der ist 8200 m hoch", erklärt er.

„Waaas? 8200 m hoch?", frage ich.

„Ja."

„Bitte anhalten!" - Mein erster Achttausender. Sieht gar nicht so groß aus, aber er ist auch ein ganzes Stück weg und wir sind jetzt schon auf 5000 Metern. Durch Bäche und über Steine geht es weiter.

„Ein chinesischer Geländewagen", sagt Kunzang und deutet auf ein Auto. „Die können halt nicht fahren, die Chinesen." Das Auto sitzt im Schlamm fest. Eiskalt fährt er vorbei, ohne zu helfen.

„Die Tibeter helfen den Tibetern, die Chinesen den Chinesen, aber die helfen uns nicht und wir helfen denen nicht." Da gibt´s wohl zwischen Chinesen und Tibetanern noch was bezüglich des Teambuildings zu tun. Anschließend sehen wir Fahrradfahrer. „Garantiert Westler, wer sonst würde sich in 5000 Metern Höhe über Stock und Stein im kühlen Wetter durch die Landschaft quälen", denke ich und bekomme als Bestätigung beim Passieren ein amerikanisches „Hi" zu hören. Na gut, Japaner hätten es genauso sein können.

Und dann sind wir angeblich da, blicken jedoch nur auf Wolken. Dort, wo der Mount Everest sein soll, ist ein dickes Wolkenband. Nichts zu sehen, absolut nichts. Gott sei Dank haben wir ja noch den morgigen Tag. Wir sitzen im Restaurant und Aufenthaltsraum der Herberge und Lorenz und Kunzang albern erneut herum. Wahrscheinlich ist Kunzang genauso wie Lorenz nur ein verzaubertes Spielkalb. Sie jagen sich, verstecken sich gegenseitig Sachen und haben richtig Spaß. Wir schauen ständig zum Fenster raus, die Wolken rücken aber keinen Zentimeter weiter und es wird langsam dunkel. Wir essen und gehen anschließend in die Betten, mit dicken schweren Decken, denn draußen ist es inzwischen empfindlich kalt.

Um sieben Uhr stehen wir auf, der erste Blick geht Richtung Berg – und damit kommt schon die erste Enttäuschung des Tages. Nach wie vor alles voller Wolken und nichts zu sehen. Tenzing erklärt uns, dass man zunächst ein bisschen näher heranfahren kann und danach zirka eine Stunde zu einem Aussichtspunkt für den Mount Everest laufen muss. Oder man mietet eine Kutsche, die einen dorthin bringt. Wir entscheiden uns fürs Laufen. Man sieht ja eh nichts, wozu also die Eile einer Kutschfahrt. Auf dem Weg zum Aussichtspunkt passieren wir das höchstgelegene Post Office der Welt (ein kleiner Container von China Post) und das erste Base Camp des Chomolungma, wie der Mount Everest auf Tibetisch heißt. Hinter einem so erlesenen Namen wie „Base Camp Holiday Inn" verbirgt sich ein großes Zelt mit Feldbetten darin. Davon gibt es recht viele. An kleinen Verkaufsständen wird Schmuck für die Touristen angeboten.

Wir gehen weiter. Ab und zu überholt uns eine Pferdekutsche, auf der hauptsächlich chinesische Touristen sitzen. Wandern ist bisher nicht zum Volkssport aufgestiegen in China. Wenn es auch bequem geht, warum soll man es sich denn anstrengend machen? Wir laufen weiter gegen ein Wolkenband, nur dank der Schilder wissen wir, dass es hier Richtung Berg geht. Nach einer halben Stunde sagt Lorenz:

„Schau mal, ein Loch im Himmel!", und wirklich, ganz rechts reißt im Wolkenteppich ein kleines Loch auf. Zwar nicht da, wo der Mount Everest sein soll, aber immerhin. Das Loch bleibt klein, zieht allerdings in die Richtung des höchsten Berges der Welt.

„Los, Lorenz, wir beeilen uns, wenn wir Glück haben, ist das Loch genau dann über dem Berg, wenn wir am Aussichtspunkt sind." Und so stürmen wir Richtung Aussichtspunkt, während

Anne und Alena etwas zurückhängen. Auch das Loch zieht weiter in diese Richtung. Jetzt reißt über uns der Himmel auf, vor dem Berg ist jedoch weiterhin das Wolkenband. Und dann kommt wirklich die Spitze raus, nur die Spitze. Wir laufen weiter, rennen fast, und als wir den Aussichtspunkt erreichen, gehen die Wolken auf wie ein Theatervorhang und geben den Blick frei auf den höchsten Berg der Welt. Ein wahrlich majestätischer Anblick. Der weiße, eisbedeckte Riese hinter einer grauen Schotterebene. Rechts eine weiße Wand, und daran anschließend steigt der Berg an auf 8848 Meter. Gigantisch. Wir sind jetzt auf 5400 m. Vor uns inzwischen rein blauer Himmel und das Bergmassiv. Wir wandern den Hang vom Aussichtspunkt hinunter und über eine Ebene Richtung Berg bis zu einem Fluss, hinter dem nur erfahrene Bergsteiger mit Klettererlaubnis zugelassen sind. Wir machen unzählige Fotos. Wow, gerade für die Kinder, was für ein Erlebnis, mit acht und neun Jahren bereits vor dem größten Berg der Welt zu stehen. Jetzt ist sogar die berühmte Schneefahne am Gipfel zu sehen, die wohl eigentlich eine Wolkenfahne ist, wenn die feuchtigkeitsgeladene Luft am Gipfel kondensiert.

Als wir zwei Stunden später zurückgehen, ziehen schon wieder die ersten Wolken über den Berg. Wir halten am berühmten Rongpu-Kloster, das vor der Nordwand des Chomolungma liegt. Mit der weiß-goldenen Stupa und den Gebetsfahnen im Vordergrund und dem Mount Everest im Hintergrund gelingen unvergessliche Bilder. Ich bin dankbar, dass wir den höchsten Berg der Erde so eindrucksvoll erleben durften.

5. Zurück nach Lhasa

Wie ist das jetzt noch zu toppen? Diesen eindrucksvollen Berg im schönsten Wetter für Stunden gesehen zu haben. Wohl gar nicht, denke ich mir, dennoch müssen wir weiter. Wir sind am

Scheitelpunkt unserer Reise und fahren jetzt zurück Richtung Lhasa. Abends übernachten wir abermals in einem tibetischen Gasthaus, wieder ist es einfach, sauber und mit wunderschön verzierten Balkonen, auf denen Blumentröge stehen. Abends lernen wir das tibetische Würfelspiel Sho kennen, mit dem wir uns den Abend vertreiben. Es gibt leckeres Essen und einen wunderbaren Tee (ohne Yakbutter).

Am nächsten Tag besuchen wir eine tibetische Mühle und die Kinder dürfen beim Beladen des Mahlguttrichters mithelfen. Als wir uns auf Chinesisch beim Mühlenwirt zum Abschied bedanken, fragt Lorenz, was wir denn gesagt hätten. Wir erklären, der Mühlenwirt suche Helfer und dass wir angeboten hätten, ihm Lorenz hierzulassen. Sein Gesicht zeigt, dass er darüber eher entsetzt ist und er antwortet: „Alena ist viel geschickter und fleißiger als ich, die kann doch bleiben." Wir übersetzen das dem Mühlenchef und gehen (fast) alle herzlich lachend auseinander. Ja, wer Geschwister hat, braucht keine Feinde mehr.

In Gyantse darf Lorenz in einem Laden mithelfen, in dem Wolle gesponnen wird. Ziegen werden auf der Hauptstraße durch den Ort getrieben und Pferdefuhrwerke sind unterwegs. Deng Xiaoping lächelt von einem Plakat, das den Fortschritt verspricht, und im Laden in der Stadt werden Klopapier, Besen, Polster, Milchkannen und Teppiche verkauft. Er wird sicher bald durch einen Supermarkt ersetzt. Um die Ecke vor dem Fahrradladen baut der Besitzer gerade zwei Fahrräder zusammen. Der Rahmen ist schon mit Schutzblechen, Lenker, Sitz, Pedale und Zahnkranz versehen, und der Mann ist gerade dabei, die Speichen in die Räder einzuziehen. Es gibt auch Autos, allerdings nur wenige und meist Kleinlaster. Vor der Hauptattraktion der Stadt, dem Kumbum, stehen ein paar Busse. *„Kumbum"* bedeutet „einhunderttausend heilige Bilder" und ist ein mehrstöckiger Rundbau mit Bildern und Kapellen. Das schönste und bekannteste steht in Gyantse im Kloster Pelkor Choede. Es ist wieder ein herrliches Beispiel der buddhistisch-tibetischen Baukunst. Bunte Blumen schmücken den Innenhof, und im Kloster werden, wie in so vielen Klöstern, Schriften, aber auch Yakbutter gelagert. Hier findet man auch wunderschöne Schnitzereien und Buddhastatuen, alles in gedeckten schwarzen, braunen und roten Farben – kein Fleckchen im Kloster, das nicht verziert wäre. Überragt wird das Ganze von einer Burg. Auf dem Weg vom Kloster zur Burg kommen wir durch enge Gassen, in denen Kinder spielen und gleichzeitig Kühe herumlaufen. Fast vor jeder Tür steht ein Kälbchen oder eine Kuh, die nachts ins Haus geholt werden. Die Kinder sind sehr freundlich und neugierig. Sie laufen auf uns zu, machen Tänze und schneiden Grimassen. Der Blick von der Burg über die Stadt, über die grünen Felder und zum Kloster hin ist sehr beeindruckend.

Einen weiteren Stopp machen wir am Yamdrok-See, dem drittgrößten See Tibets, und danach kommen wir zurück nach Lhasa. Abends essen wir in Lhasa auf einer Dachterrasse nochmal Yak und spülen es mit einem Lhasa-Bier hinunter.

Als wir am nächsten Morgen nach der herzlichen Verabschiedung von Tenzing und Kunzang aus Tibet per Flugzeug aufbrechen, lassen wir einen der eindrucksvollsten Plätze Chinas hinter uns. Wir sind beeindruckt von der Freundlichkeit, Einfachheit und der tiefen Verwurzelung der Menschen im Glauben. Ein tief gläubiges, an vielen Stellen auch noch rückständiges Land. Ob sich die Bevölkerung wirklich wünscht, diesen Rückstand komplett aufzuholen, mit all seinen negativen Seiten, erscheint manchmal fraglich. Da die Partei in Peking erwartet, dass alle Bürger sie im Herzen tragen, sind ihnen die gläubigen Tibeter sehr suspekt, in deren Herzen sie nicht an erster Stelle stehen. Wie in allen Minderheitsgebieten Chinas gilt, solange Wachstum und ein gewisser Wohlstand einziehen, wird die Bevölkerung ruhig bleiben. Diese Ruhe ist von allen von China übernommenen Gebieten in Tibet am fragilsten, weil Wohlstand aufgrund des starken Glaubens nicht für alle das oberste Ziel ist. Ich bin überzeugt, dass das Thema Tibet die Welt noch lange beschäftigen wird.

Übrigens: Nach zwei Wochen in der Höhe Tibets zurück in Suzhou, gelingt mir meine schnellste je gefahrene morgendliche Fahrradrunde. Erstmalig ist die Lunge „stärker" als die Beine. Ein Hoch aufs Höhentraining.

IM KALTEN NORDEN

1. Kälte und Tiger

Winter in China und wir sind da, wo es richtig kalt ist: in Harbin. Harbin, eine Stadt im Nordosten Chinas, ist eine Gefrierkammer. Nördlicher als Wladiwostok gelegen, hat es im Winter schon mal unter -40 Grad und der Wind, der bläst, kommt meist direkt aus Sibirien.

„Oh, ist das schön warm", sagt Alena. Wir haben die Tür zu unserem Hotelzimmer aufgeschlossen und uns schlägt die wohlige Wärme einer Zentralheizung entgegen. Wohlige Wärme ist etwas, was wir aus Suzhou, nachdem dort die Wintermonate begonnen haben, nicht mehr kennen. „Nirgendwo friert man so sehr wie in warmen Ländern im Winter", hat mal ein schlauer Kopf gesagt und er hatte recht. Suzhou liegt südlich des Jangtze, und südlich des Jangtze, heißt es, gibt es keine Heizungen. Ob dies bis zur letzten Konsequenz stimmt, kann ich nicht beurteilen, für unser Haus und unsere Wohnumgebung kann ich es bestätigen. Geheizt wird über die Klimaanlagen. Da die Hauptaufgabe von Klimaanlagen das Kühlen ist, sind sie in der Regel oben unter der Decke angebracht. Die schwere kalte Luft fällt Richtung Boden und kühlt den ganzen Raum. Perfekt im Sommer. Für das Heizen erweist sich diese Konstruktion als eklatanter Nachteil. Die erzeugte leichtere warme Luft bleibt nämlich gleich unter der Decke kleben, während man unten sitzt und weiter friert. Da wir um diese Unzulänglichkeit wussten, haben wir uns von unserem Vermieter einen Pelletofen installieren lassen. Der steht allerdings in der Ecke des nach oben offenen Wohnzimmers, gleich neben der nicht gedämmten Wand zwischen zwei nicht isolierten, bis zum Boden reichenden Fenstern. Das Ofenrohr, das ja im Normalfall schöne Wärme abgibt, ist direkt nach außen gezogen. Warm ist es durch diesen Ofen also nur, wenn man in einer Art Lagerfeuerromantik in einem halben Meter Entfernung direkt um ihn herumsitzt, oder im dritten Stock. Dorthin steigt nämlich die Restwärme durch das offene Treppenhaus hinauf.

Ein weiteres Geschütz meinten wir, gegen die Kälte aufgefahren zu haben. Wir hatten beim Einzug nach einer Sauna gefragt. Diese wurde uns ohne große Diskussion gewährt und sofort eingebaut. Aber: „Wer hat's erfunden?" Nicht die Chinesen. Die Wände der Sauna sind aus einfachen Holzbrettern gemacht, mit Astlöchern, durch die die kalte Luft direkt in den Saunabereich gesaugt wird. Die dünne Saunatür hat keine Dichtung. So kommt man dort nur ganz leicht ins Schwitzen, wenn man sich direkt neben den Saunaofen kauert. Daher hilft im Winter nur eins im Haus: warm anziehen und schlafen in der Fleecejacke. Auch in den Restaurants in Suzhou ist es im Winter nicht anders. Man isst in der Winterjacke und wird von eingemummelten Kellnern bedient.

Diese durchdringende Wärme im Hotelzimmer in Harbin ist also ein ganz ungewohntes schönes Gefühl. Dass es uns in dieser Kälte warm ist, damit haben wir wirklich nicht gerechnet. Nachholbedarf bei der Isolierung gibt es jedoch genauso, das zeigt der kleine Eiswall an den Innenkanten der Fenster. Da nur einfach verglast, gibt es jede Menge Kondenswasser an den Fensterscheiben, das nach unten rinnt und dort um den Fensterrahmen herum erneut zu einer dicken Eisschicht gefriert. Die Dicke der Schicht wird durch die Zimmerwärme reguliert, die ihrerseits die Eisschicht wieder schmelzen lässt und einen kleinen See auf dem Fensterbrett verursacht. So kommt das Zimmer ins thermische Gleichgewicht aus Eis, Wasser, Wasserdampf. Die Kinder würden am liebsten eine Schneeballschlacht im Zimmer veranstalten, wir können sie gerade davon noch zurückhalten.

Genug der Wärme gefrönt.

„Wann gehen wir endlich raus?", fragt Lorenz.

„Okay, jetzt", sage ich und wir machen uns ausgehfertig. Wir ziehen an: lange Thermounterwäsche, Skihosen, Hemden, Fleece Pullis, Skijacken und die Kinder die sogenannten *„Killerjackets"* der Schule (extra dicke Daunenjacken), Winterstiefel, Handschuhe, Mützen. Anschließend gehen wir vor die Tür. Wow. Blauer Himmel, Sonnenschein, -20 Grad und ein leichter eisiger Wind, der vom Fluss her kommt. Es ist ein Zufluss des Amur mit Namen Songhua Jiang, der durch die Stadt fließt. Besser gesagt: Im Sommer fließt er, und jetzt bildet er eine schneebedeckte Eisplatte. Und „Wow" deswegen, weil sich in meinem Leben selten etwas so kalt angefühlt hat wie das „Draußen" hier.

Wir laufen ein wenig umher und bekommen schon einen kleinen Vorgeschmack auf das eigentliche Ziel unserer Reise, auf das Eisfestival. Wir sehen die ersten Eisstatuen: Fische, perfekt aus Eis geformt.

„Mir ist kalt", sage ich nach einstündigem Rundgang, „lasst uns reingehen und was trinken." Wir sind trotz unserer vielen Kleidung nach kurzer Zeit wirklich durchgefroren, sodass wir heißen Tee, Kaffee und Schokolade brauchen, um wieder aufzutauen.

Direkt vor dem Hotel auf dem Amur ist eine fußballfeldgroße Fläche für die verschiedensten Eissportvergnügungen vom Schnee befreit. Man kann Schlitten mit Stöcken mieten oder Schlittschuhe.

„Wir wollen einen Schlitten", ist die eindeutige Aussage der Kinder. Also mieten wir einen Schlitten, auf dem die Kinder gleich Platz nehmen und sich mit Hilfe der Stöcke über das Eis stoßen. Da dies nur langsam vorangeht, ist bald die starke väterliche Hand gefragt und ich ziehe die beiden über den Fluss. Es ist einiges los auf der blanken Fläche. Manche Leute sitzen auf Schlitten und rutschen übers Eis, viele gehen ganz einfach nur spazieren, andere versuchen, sich trotz Schlittschuhen aufrechtzuhalten, was den meisten allerdings nicht gelingt. Zwischendrin Händler, die heiße Maroni und Kartoffeln verkaufen. Dazu haben sie Öfen auf ihre Transportdreiräder montiert, in denen die Feuer brennen, auf denen das Verkaufsgut erhitzt wird. Sie stehen dort in Wintermantel und Mütze, teilweise ohne Handschuhe, und verkaufen ihre Waren. Mein höchster Respekt, wie diese Menschen die Kälte auf der Eisfläche über Stunden hinweg aushalten.

Für die Kinder ist es ein großer Spaß, auf dem Schlitten über das Eis gezogen zu werden oder sich selbst mit den Stöcken abzustoßen. Sie rollen sich in kleinen Schneehaufen oder spielen beim Laufen über das Eis den „fallenden Mann". Auch sie scheinen die Kälte nicht zu spüren. Mir geht es da anders. Der nächste Cafébesuch steht an und danach ein bemerkenswerter Ausflug.

„Papa, warum ist da eine Ziege vorne bei uns mit drin?", fragt mich Alena. Wir sind vor den Toren Harbins und fahren gerade Bus im „Tigerpark". China versteht es mal wieder, uns zu überraschen. Der Tigerpark ist der größte Tierpark für sibirische Tiger weltweit. Es sind etwa 200 Exemplare hier, von denen rund 100 besichtigt werden können. Es gibt Gehege, die man zu Fuß umrunden kann, und ein Freigehege, durch das unser Bus gerade fährt. Dabei können wir die Tiere, nur durch eine Buswand von ihnen getrennt, sehen. Schöne, beeindruckende Exemplare.

„Das weiß ich auch nicht", antworte ich, habe jedoch nach fast drei Jahren China eine gewisse Vorahnung. Die Vorahnung wird bestätigt. Der Bus hält. Die Tür geht auf. Die Ziege wird unter dem Geschrei der Ziege und dem Gejohle einiger Mitfahrender rausgeworfen. Sie dreht sich kurz um, die Tiger haben sie schon gesehen und wissen sicher von vorherigen Busfahrten: Bus bleibt stehen, Türe geht auf = Futter. Die Ziege rennt, die Tiger genauso und schon ist es passiert – die Ziege wird geschnappt und der schnellste oder mächtigste Tiger reißt sich das erste Stück Fleisch aus der Beute.

Die Kinder sind noch ganz konsterniert, aber da fährt der Bus schon weiter zu einer anderen Tigergruppe. Er stoppt, die Tür geht auf und diesmal fliegen zwei Hühner raus (Futter für den kleineren Geldbeutel). Der gleiche Ablauf: Die Tiger kommen, das Gegacker ist groß, aber nur kurz und schon hat ein weiterer Tiger sein Essen. Abgesehen von dieser für uns doch sehr überraschenden Fütterung ist die Fahrt durch das Gehege ein beeindruckendes Erlebnis. Es sind kräftige Tiere, die wir sehen, gut genährt mit glänzendem Fell, groß und majestätisch. Sie gehen, laufen oder dösen vor sich hin. Ein Tigerpärchen zeigt, wie man aus 200 Tigern demnächst 201 Tiger macht, und auch sonst lassen sich die Tiere von den Bussen oder Jeeps nicht stören. Mit im Freigehege sind auch Löwen, denen die tiefen Temperaturen, für mich überraschend, nichts auszumachen scheinen.

Nach der Busfahrt gehen wir entlang der Gehege. Hier sitzen ebenfalls Hühner in einem Käfig, haben jedoch offensichtlich nicht verstanden, was ihnen da droht. Ein Mann kommt, zahlt, und bis dem Huhn klar wird, worum es geht, ist es schon zu spät. Der Tiger leckt sich die Pfoten. In der etwas unblutigeren Variante kann man den Tiger mit einem saftigen Rindersteak füttern. Zwei weitere Besonderheiten hält der Tierpark bereit. Das eine sind weiße Tiger: sowohl der bekannte weiße Tiger (weißes Fell mit schwarzen Streifen) als auch der Schneetiger, der komplett weiß ist. Noch ausgefallener sind die Liger. Dies ist eine Kreuzung eines männlichen Löwen und eines weiblichen Tigers. Diese Verbindung kommt allerdings nur in der Gefangenschaft und nicht in der freien Wildbahn vor. Bis zu diesem Tage wusste ich nicht, dass so etwas überhaupt existiert. Das Tier wirkt schon sehr sonderbar.

Nächster Stopp: Bastelstunde. Wo: Pizza Hut Harbin. Wer: Chinesische Schüler. Was: Bauen einer Pagode. Material: verschiedene Salate von der Salatbar. Ziel: Geld sparen. Das optimale Spiel für die Kombination aus chinesischer Baukunst und chinesischer Knausrigkeit.

Ausgangssituation: eine Schale Salat, 15 Yuan, kein Refill. Ablauf: Man nehme eine Schale (Durchmesser ca. 12 Zentimeter, Höhe ca. 7 Zentimeter) und lade schwere Salate (Kartoffeln, Nudeln, Mais) unten in die Schale, dann etwas drücken und verdichten. Anschließend nehme man Gurkenscheiben und stecke sie senkrecht, schräg nach außen um den ganzen Rand in die Schale. Damit erhöht sich die Schale um ca. 2 Zentimeter und wird um 2 Zentimeter weiter im Durchmesser. Den neu gewonnenen Raum fülle man weiter mit schwereren Zutaten, z.B. Bohnen oder Mais. Danach nehme man Karottenstifte und platziere diese wieder senkrecht um den Rand herum. Damit erhält man eine weitere Vergrößerung der Schale. Da hinein kommen weitere Salate. Anschließend stecke man in selber Weise Salatblätter um den Rand und fülle das Ganze weiter auf. Als Topping etwas Brotkrumen und fertig ist die Salatpagode, Höhe ca. 20 Zentimeter. Sättigt fünf chinesische Schüler. Nach unserer Stärkung im Pizza Hut, in dem wir Zeuge dieser faszinierenden Baukunst sein dürfen und diese nur sehr unzulänglich kopieren können (ja, wir sind ebenfalls manchmal „*Copycats*"), fahren wir zurück zum Hotel.

2. Eis und Schnee in vielen Formen

Es geht zum eigentlichen Höhepunkt unserer Reise, dem Eisfestival in Harbin. Das Eisfestival findet jeden Winter im Januar und Februar statt. Dabei werden riesige Gebäude und filigrane Skulpturen aus Eisquadern nachgebaut, die zuvor aus dem Eis geschnitten wurden. Das Gelände, über einen halben Quadratkilometer groß, ist ein weiterer Beweis dafür, dass in China vieles, was unmöglich erscheint, möglich ist. Was wir hier zu sehen bekommen, mutet unfassbar an und ist sehr beeindruckend.

Das Festival öffnet abends, und die verschiedenen Eiskunstwerke sind wunderschön mit buntem Licht be- oder durchstrahlt. Der Eingang führt durch eine naturgetreue gefrorene Nachbildung eines chinesischen Tors. Gleich dahinter stehen rechts Autos, aus Eis geschnitten und geformt, die so echt wirken, dass man jederzeit erwartet, sie würden durchstarten. Die Kinder lassen sich gleich neben dem Porsche ablichten.

20 Meter hoch, blau, gelb, pink und grau durchstrahlt – so präsentiert sich der detailgetreue kalte Nachbau der Tower Bridge. Lebensecht wirkt Schloss Versailles, es fehlt nur Ludwig XIV, der von der Terrasse grüßt. Bei der Akropolis, angestrahlt in gelben und rötlichen Farben, ist sogar der Berg, auf dem sie steht, nachgebildet. Notre Dame, Schloss Neuschwanstein sind weitere Highlights in der Sektion gefrorener Bauwerke der Alten Welt. Nicht weniger beeindruckend das kalte Asien, beginnend mit Ankor Wat. Wir erleben teilweise unsere Reisen nochmal. Wir besichtigen Bauwerke der verbotenen Stadt, glitzernd aus Eis, und spazieren über die Eisquader der lebensgroßen Nachbildung der Chinesischen Mauer, übrigens mit ebenso vielen Besuchern wie beim Original. Nur kann man von dieser Chinesischen Mauer auf einer Eisrutsche heruntergleiten, was die Kinder juchzend ausnutzen. Es sind nicht nur die großen Nachbildungen, die begeistern. Buddhastatuen, Comicfiguren – alles ist naturgetreu aus dem Eis modelliert und mit farbigem Licht in Szene gesetzt. Zwischen all den Eisskulpturen bunt angestrahlte Bäume, Essensstände mit Getränken zum Aufwärmen. Eine total faszinierende Welt, in der wir trotz der Kälte Stunden umherlaufen.

Am nächsten Tag gönnen wir uns etwas Besonderes: Skifahren in China, zwei Stunden nördlich von Harbin. Die Piste ist nicht zu vergleichen mit Skigebieten in den Alpen, sondern eher mit dem „Idiotenhügel" bei uns um die Ecke, aber es ist eine der wenigen Gelegenheiten, in China diesen Sport zu treiben. Auf der Hinfahrt haben wir Sorge, dass wir keine Schuhe und Skier in unseren Größen bekommen, das erweist sich jedoch als unbegründet, und so sind wir für ein paar wenige Yuan ausgerüstet. Und runter geht's den Hügel. An der Seite des Hanges ist ein Schlepplift, der die Skifahrer nach oben bringt und an dem schon einige der chinesischen Skineulinge scheitern. Haben sie es nach oben geschafft, geht es hinab im versuchten Pflug, der sich dank der zunehmenden Geschwindigkeit in Schussfahrt verwandelt, von einem langgezogenen Schrei gefolgt wird und mit einem dumpfen „Bung" im Schnee endet. Lachend und mit Schnee bedeckt steht man wieder auf, und das Schauspiel wiederholt sich. Um dem Risiko, über den Haufen gebrettert zu werden, aus dem Weg zu gehen, fahren wir am Rand des Hanges. Für die Kinder und für uns ist es das erste Mal seit vier Jahren auf Skiern. Wir geben auch keine Paradebeispiele versierter Alpenskifahrer ab. Wir erfreuen uns am Schnee, an der Geschwindigkeit auf den Skiern und an der Begeisterung unserer Mitfahrer.

Zurück in Harbin. „Cheers", schallt es uns entgegen. - „Nastrovje!", aus der anderen Ecke. Whiskey on the rocks kann jeder, aber Wodka **in** the rocks gibt's nur hier. Wir gehen durch die Fußgängerzone und haben die Ice Bar entdeckt. Die macht ihrem Namen alle Ehre, denn sie ist aus - Eis. Die Wände sind aus Eisblöcken, ebenso wie das Mobiliar. Die Tische, die Bänke, die Bar, alles aus Eis, durchsichtig und klar. Auf den Bänken und Tischen liegen Felle, damit weder das Hinterteil noch die Trinkbehältnisse kleben bleiben. Und der Wodka kommt nicht „on the rocks", sondern im „rock": Es gibt keine Gläser, sondern die Spirituose wird in als Gläser geformte Eiswürfel gefüllt. Sehr stilvoll. Cool. „Nastrovje!"

Nach drei Wodka ruht man schön. Am nächsten Tag nehmen wir die Pferdekutsche über den zugefrorenen Amur auf die andere Seite der Stadt. Vorbei geht es am „Eisbruch", Stellen im Fluss, aus denen Eisblöcke für die gestern gesehenen Kunstwerke gewonnen werden. Auf der anderen Seite des Flusses spazieren wir entlang alter Villen aus der russischen Zeit, einem Teil Harbins bewegter Geschichte, zum Schneefestival.

Ähnlich, wie wir es gestern beim Eisfestival erlebt haben, sind hier Bauwerke, Figuren, Skulpturen aus Schnee nachgebildet. Madam

Curie und Isaac Newton blicken uns gleich hinter dem Eingang aus weißen Gesichtern an. Daneben ein chinesischer Tempel, detailgetreu mit kleinen Drachen auf dem Dach. Die Treppen in die verbotene Stadt sind diesmal aus Schnee mit einer Rodelbahn zwischen den Treppenfluchten, auf der uns schon die ersten Kinder auf Reifen entgegenkommen. Die Künstler sind bei der Arbeit zu beobachten, wie sie aus verdichteten Schneehaufen Figuren schnitzen. Höhepunkt für uns ist eine Schneewand, die auf einer Länge von 100 Metern und einer Höhe von 20 Metern die Nachbildung verschiedener Motive aus Frankreich zeigt. Montmartre, Jeanne d'Arc, ein Weinkelch, Rosen, alles exakt aus dem Schnee geschnitzt. Eine unglaubliche Leistung. Und davor steht ein Flügel mit Hocker aus Eis, der nur auf den Pianisten zu warten scheint, um Chopin vor dieser Kulisse zu zelebrieren. Etwas rustikaler, aber ebenso beeindruckend ist die Nachbildung russischer Blockhütten. Zwei Länder im Schnee, nur wenige Meter getrennt.

Als wir Harbin wieder verlassen, sind wir ein weiteres Mal beeindruckt davon, was in China alles möglich ist. Den einzigen Wunsch, den uns Harbin überraschenderweise nicht erfüllt hat, ist eine dicke Schneedecke. Trotz der Kälte lagen nur ein paar Zentimeter Schnee, das war gerade für die Kinder enttäuschend. Als wolle uns der Wettergott dafür entschädigen, schickt er ein Schneechaos nach Shanghai. Dort schneit es sehr selten, nur einmal in drei Jahren zuvor hatten wir in Suzhou kurzzeitig Schnee. Als wir in Shanghai und Suzhou ankommen, erwartet uns neben dem Straßenchaos ein Wintertraum, der uns eine Woche erhalten bleiben wird. Für die Kinder gekrönt wird dies durch zwei Tage schneefrei in der Schule. Unglaublich schön, die Kanäle mit ihren alten Häusern, die Gärten Suzhous und alte Straßen in der weißen Pracht zu sehen. Lange Eiszapfen hängen von den chinesischen Dächern. Und die im Herzen Kind gebliebenen Chinesen bauen überall Schneemänner. Suzhou im Schnee, ein wunderbarer Eindruck, den wir im letzten Jahr unseres Aufenthalts noch mitnehmen.

PEKING, HONGKONG UND SHANGHAI

Denkt man sich Peking, Hongkong und Shanghai als drei Schwestern, wäre Peking die älteste: gesetzt, verantwortungsbewusst, gediegen, weltmännisch, ordentlich, großzügig angelegt, Souveränität ausstrahlend. Hongkong wäre die mittlere: ausgewandert und dort reich geheiratet, strukturiert, elitär, zwischen Ost und West, nicht Fisch, nicht Fleisch, kompliziert und nicht so ganz geliebt. Shanghai wäre die jüngste, der Paradiesvogel, hip, etwas ausgeflippt, unberechenbar, immer neu, risikobereit, hoch dynamisch und kommerziell.

1. Peking

Wir nähern uns Peking über Tsingtao an. Deutschland in China wollen wir erleben, daher besuchen wir die ehemalige deutsche Kolonie. Das ist ganz witzig. Man ist tausende Kilometer weg von zuhause, und dann steht da wirklich eine Kirche in der Stadt, die genauso bei uns stehen könnte, oder man sieht Jugendstilhäuser. Und um es wirklich authentisch zu machen, steht beim Straßenhändler ein Schild auf Deutsch: „Gezeichnete Postkarten von Gebäuden aus deutscher Zeit". Natürlich ist der „altdeutsche Bereich" nur eine ganz kleine Ecke in der ansonsten sehr typisch chinesischen Stadt mit Hochhäusern und Einkaufszentren. Eben das Touristenviertel. Die Stadt liegt direkt an einem Strand, und der ist stärker besucht als der Timmendorfer Strand an einem Hochsommerwochenende. Wir lassen ihn aus. Dann ist da noch das Highlight von Tsingtao, die Brauerei. Es war vermutlich einer der ersten geglückten Know-how-Transfers von Deutschland nach China. Die Deutschen machten in ihrer Kolonialzeit 1903 eine Brauerei auf. Sie gingen, die Brauerei blieb. Tsingtao-Bier ist heute bei Weitem die größte Biermarke in China und nicht schlecht, selbst für einen deutschen Bierliebhaber. Die Brauerei selber, wie wir beim Rundgang sehen, ist sehr ordentlich sauber und modern. Der Auftritt und die Führung sind sehr professionell. Man merkt, dass hier die Weltmarken Anheuser Busch und Asachi beteiligt sind. Zum Abschluss der Führung gibt es ein ungefiltertes Bier, und das ist wirklich erste Klasse.

Peking: breite Boulevards, große Plätze, die Hochhäuser sind irgendwie anders als in Shanghai. Nicht so schlank und hoch. Breiter, gesetzter. Die Stadt ist eine Weltstadt und wirkt auch so. Und sie ist voll. Voller Touristen jeglicher Nationalität.

Wir stehen auf dem geschichtsträchtigen „Tian an men"-Platz. Bei uns ist er hauptsächlich für die Niederschlagung der studentischen Protestbewegung 1989 dort bekannt. Er ist der Hauptplatz in Peking und an ihn schließen sich die Große Halle des Volkes, das Parlamentsgebäude, das Mausoleum von Mao Tse Dung und das Tor des himmlischen Friedens an (der Eingang in die verbotene Stadt), das dem Platz seinen Namen gab. Ein absolutes Highlight. Mit „die verbotene Stadt" bezeichnet man den Kaiserpalast, der seinen Namen bekam, weil er für Normalsterbliche nicht zugänglich war.

Die Kaiser und ihr bis zu 6000 Personen umfassender Hofstaat lebten dort. Viele der Kaiser verließen sie selten. So konnten sich die Monarchen in ihrem Elfenbeinturm, ungestört vom gemeinen Volk, überlegen, was wohl das Beste für eben dieses Volk war. Die Gebäude, die Tempel, die Dächer, die Figuren auf den Dächern, die Statuen, die Malereien an den Holzbalken, die kleinen Anlagen: Alles ist hier tief beeindruckend und wunderschön. Es ist Ausdruck der Entwicklung Chinas über die Jahrtausende und seiner Bedeutung in Asien und in der Welt.

Bemerkenswert ist, dass an einem der vielleicht chinesischsten aller chinesischen Orte der kapitalistische Klassenfeind Amerika mit Sponsoring unterstützt, und zwar mit einem seiner kapitalistischsten Symbole, der American-Express-Card. Der Name dieser Firma steht unter so manchem Informationsschild an den kaiserlichen Gebäuden. Vermutlich hat Mao sich im Mausoleum umgedreht, um das nicht sehen zu müssen. Es zeigt aber auch, wie wenig vom alten Klassenfeinddenken wirklich übriggeblieben ist, und es verdeutlicht den chinesischen Pragmatismus und Kommerzsinn. Und dann gibt es als Belohnung die mit vier Sternen bewertete „star rated toilet", issued by the Beijing Tourism Administration. Eine Wohlfühloase, bei der nur noch der Swimmingpool fehlt und die zumindest eine kleine Linderung meiner ach so tiefen von schrecklichen Toiletten verursachten Wunden darstellt, erlebt auf unseren vielen Reisen.

Da es im Sommer in Peking sehr heiß und stickig wurde, benötigte man (Kaiser) einen Sommerpalast. Davon gab es während der verschiedenen Epochen unterschiedliche. Der heute als Sommerpalast bekannte war einer der letzten. Auch diese ist eine sehr schöne Anlage, diesmal geprägt durch Parks, Seen, kunstvolle Gebäude und ein Schiff aus Marmor. Für mich sind es erneut die Pracht der Gebäude, die Malereien an den Holzbalken, die Verzierungen und die Figürchen auf den Dächern, die die Faszination ausmachen. Ein Besucher-Muss. Der dritte im Bunde der kulturellen Highlights ist der Himmelstempel, der als Schnittstelle zwischen Himmel und Erde galt. Der Himmel ist dabei als rund symbolisiert, die Erde als quadratisch. Der Tempel selber ist rund, steht jedoch auf quadratischen Sockeln. Der, der Himmel und Erde verband, war der Himmelssohn, der Kaiser. Im alten China vollzog der Kaiser hier die wichtigen Staatszeremonien.

„I am a man", ruft Lorenz mit in den Himmel gestreckten Armen. Genau an seinem Geburtstag besuchen wir die große Mauer rund

100 Kilometer nördlich Beijings. Er bezieht sich auf eine chinesische Redensart, nach der man auf der Chinesischen Mauer gestanden haben muss, um ein Mann zu sein. Da es erst sein achter Geburtstag ist verzichte ich ihm zu erklären, was in Deutschland nötig ist, um sagen zu können: „Ich bin ein Mann".

Wir haben ein Stück der Mauer gewählt, das touristisch etwas weniger überlaufen ist, und sind damit nur in der Gesellschaft tausender, und nicht zehntausender anderer Besucher. Immer noch beeindruckt bin ich von der „Geländegängigkeit" dieser Mauer. In meinem Kopf war sie stets eine überdimensionale Stadtmauer und eine Stadtmauer ist in aller Regel eben, genauso wie ihr Wehrgang. Die Große Mauer ist ganz anders. Sie läuft entlang des Geländes und wenn das Gelände ansteigt, z.B. einen Berg hinauf, steigt die Mauer auch an. So steil, wie der Berg, so steil ist der Wehrgang. Und so ist das Begehen der Mauer jetzt besonders im Sommer eine schweißtreibende Angelegenheit, vor der so mancher kapituliert und die sogar schon zu Toten unter den Touristen durch Herzinfarkt geführt hat. Im Grunde sind wir Memmen, die wir in kurzen Hosen und T-Shirts hier entlanglaufen. Die Soldaten patrouillierten an diesem Ort in voller Montur mit Waffen. Das muss so viel anstrengender gewesen sein als unser kleiner Sommerausflug. Sehr beeindruckend, wie die Mauer sich durch das Gelände schlängelt: in eine Richtung bis zum Horizont, in der anderen bis zur letzten sichtbaren Bergkuppe. Geht man ziemlich weit auf dem restaurierten Teilstück, werden die Menschen weniger und es gelingt mir tatsächlich, Bilder der Mauer ohne Besucher zu schießen.

Was ist ein Pekingbesuch ohne Pekingente und Peking-Oper? Pekingente – meins ist sie nicht. Von all den leckeren Speisen, die ich in China essen durfte, nimmt die Pekingente maximal einen Mittelplatz ein. Nicht weil sie schlecht oder eklig ist, sie trifft einfach nicht meinen Geschmack. Möge es jeder selbst probieren und sein Urteil abgeben.

„Peking-Oper, willst du da wirklich hin?", frage ich Anne.

„Ja, wenn wir schon in Peking sind, müssen wir sie einmal erlebt haben." Ich lasse mich breitschlagen. Oper ist eigentlich nicht mein Ding. Aber das macht Spaß. Ich hätte es wissen müssen. Langeweile ist nichts für den Chinesen, da wird er ganz unruhig. Die Aufführung ist also alles andere als langweilig, sie ist abwechslungsreich. Es wird nicht nur gesungen, es wird geschauspielert, getanzt und sogar gekämpft und Akrobatik vorgeführt. Ein bunter Strauß der verschiedenen Künste. Die Masken und Gewänder sind toll, die Szenen aus einer Reihe von Sagen und Märchen entnommen. 90 Minuten um. Kaum zu glauben. Ein gelungener Abend.

2. Hongkong

Hat man China ganz tief in die Seele geschaut, dann ist Hongkong – ein wenig langweilig. Eine tolle Stadt, die viel zu bieten hat, keine Frage, allerdings eben wesentlich geordneter, organisierter, westlicher als die anderen großen chinesischen Städte. Wer das chinesische Chaos lieben gelernt hat, und dazu zählen wir uns, wird enttäuscht. Wer sich genau von diesem Chaos mal erholen will, der hat es dort schon besser.

Dabei hat Hongkong einiges zu bieten. Hier findet man den teuersten Häusermarkt der Welt. Monaco wird davon auf Rang zwei verwiesen, es ist nirgendwo auf der Welt so teuer wir in Hongkong, eine Wohnung oder ein Haus zu kaufen. Die größte Dichte an Rolls-Royces und Ferraris auf der Welt soll es hier geben, eine Aussage, der man, wenn man durch die Stadt geht, gerne zustimmen will. Wer im Hotel „Penninsula" übernachtet, dem stehen 14 Rolls-Royces als Ausflugsfahrzeuge zur Verfügung. Der reichste Verein der Welt ist der „Hongkong Jockey Club". All das sind Dinge, die man nicht unbedingt in der Stadt eines kommunistischen Landes erwarten würde. Weiterhin bietet Hongkong: die längste Rolltreppe der Welt, die höchstgelegenste Bar der Welt (um diesen Titel streiten sich inzwischen mehrere Städte), die längste regelmäßige Lichtershow der Welt und mal wieder, wie so oft in China, die größte Buddhastatue der Welt, diesmal in der Kategorie „freistehend und sitzend". Schön anzuschauen ist, wenn die chinesischen Kunden vor dem Louis-Vuitton-Laden oder vor Gucci Schlange stehen wie einst die Leute vor dem Supermarkt in der DDR, wenn es Bananen gab. Also doch noch ein bisschen kommunistischer Flair in Hongkong.

Lorenz und Alena sind begeistert vom „Hongkong Ocean Park". Eine wirklich tolle Delfinshow wird aufgeführt, mit freundlicher Unterstützung von einigen Seelöwen. Die Aquarien sind schön, der Ausblick auf die darunterliegende Bucht ist fantastisch und als besonderes Highlight gibt es Pandas. Der Blick auf die Skyline Hongkongs von der Kowloon-Seite aus ist einfach gigantisch. Die Skyline Hongkongs, ganz sicher eine der beeindruckendsten der Welt, die Hochhäuser fantasievoll und formvollendet. Morgens jogge ich auf der Kowloon-Seite über den Hongkong-„*walk of fame*", auf dem beispielsweise Jacki Chan verewigt ist. Dort entlang zu joggen, ist nicht nur schweißtreibend, sondern beschert einem auch eine Gänsehaut angesichts der Einzigartigkeit des Platzes.

Der Blick vom Viktoria Peak ist atemberaubend. Von dort oben hat man eine Aussicht auf die ganze Stadt mit ihren Wolkenkratzern. Sind in Hongkong die Wohnungspreise schon gigantisch, so sind sie am Victoria Peak astronomisch. Hier liegt die teuerste Straße der Welt mit der Peak Road. Für ein Grundstück von 11.000 qm, das entspricht anderthalb Fußballfeldern, zahlte ein chinesischer Tycoon mehr als eine halbe Milliarde Euro, ohne Haus und nur mit einer Bauruine, die abgerissen werden musste.

Schön und erholsam sind der Zoo und der botanische Garten mit im Übrigen freiem Eintritt. Ein bisschen Asienfeeling ergibt sich noch beim Schlendern über den Markt, auf dem u.a. Haifischflossen (wirklich traurig), zum Trocknen auf eine Art Holzkreuz aufgespannte Eidechsen oder getrocknete Seesterne angeboten werden. Und ein bisschen Chaos hat Hongkong doch zu bieten, wenn sich nämlich Sonntagmorgens die Maids der Hongkonger, die größten Teils aus Indonesien oder den Philippinen kommen, auf den Walkway-Brücken auf Pappkartons niederlassen, den Tag dahin ratschen und ihre mitgebrachten Speisen und Getränke verzehren.

3. Shanghai

Shanghai liegt direkt vor unserer Haustür, viele Male und aus vielen Anlässen sind wir dort. Es ist zweifellos eins der neuen Zentren der Welt, hip, modern und ohne Grenzen. Gestern war es ein großer Sumpf, heute steht mit dem Stadtteil Pudong einer der modernsten Finanzdistrikte der Welt auf diesem Boden. Während man in Deutschland noch diskutiert, um wie viele Monate oder Jahre die Eröffnung des Berliner Flughafens erneut verschoben werden muss, baut man hier am Flughafen in nur etwas mehr als zwei Jahren Runway Nummer 3, Terminal Nummer 2 und einen Frachtterminal. Shanghai ist ein Ort der Superlative und eine besondere Stadt für uns:

Shanghai ist der Bund. Der „*Waipan*", der Ausländerstrand. Heute aktueller denn je wegen der vielen Touristen, die diese Uferpromenade am Huangpu besuchen. Die alten hohen Gebäude, die Hotels oder Bars beheimaten, auf der einen Seite und die tolle Skyline von Pudong mit Pearltower, Jin Mao, „Flaschenöffner" und all den anderen Hochhäusern auf der anderen. Die Menschenmassen, die am Bund flanieren, die Händler, die etwas verkaufen, der Wind, der vom Fluss her weht, die Schiffe auf dem Huangpu: Der Bund ist ein echtes Highlight in Shanghai und von uns mit jedem Gast besucht.

Shanghai ist French Concession. Das alte Viertel, das ein wenig den Zauber des alten Shanghai verstrahlt. Niedrige Häuser, alte Bäume, kleine Gärten, nette Restaurants, nette Cafés. Unsere Lieblingsgegend in Shanghai.

Shanghai ist der Fernsehturm. Dieses bunte farbenfrohe Wahrzeichen Shanghais, der Pearltower. Leider lohnt es sich meist nicht, hochzufahren, weil Shanghai unter einer Dunstglocke liegt und damit die Aussicht sehr mäßig ist.

Shanghai ist Transrapid. Im Grunde eine verkehrstechnisch überflüssige Verbindung, weil sie vom Flughafen bis zum Messegelände führt, welches außerhalb des Stadtzentrums liegt. Daher meist leer und teuer, aber cooool. 431 Stundenkilometer. Sieben Minuten braucht sie für die 30 Kilometer lange Strecke. Die 431 Stundenkilometer fährt sie nur eine Minute lang, die restliche Zeit braucht sie, um sanft auf die Höchstgeschwindigkeit zu beschleunigen beziehungsweise wieder abzubremsen.

Shanghai ist die Fahrt auf der „inner elevated road" oder „outer elevated road". Durch ein Häusermeer geht es, die Hochhäuser teils ganz nahe an der Straße, sodass man in die Fenster schauen kann. Tolle Hochhäuser, langweilige Hochhäuser, Häuser, Häuser, Häuser, so weit das Auge reicht. Man fährt im dritten Stock durch die Stadt, unbelästigt von Ampeln. Besonders schön die „Yang an road", die mitten ins Herz der Stadt führt und mit einem Schwung Richtung Bund.

Shanghai ist Lupu, Yangpu und Nanpu Bridge. Das sind die Brücken über den Huangpu, von denen aus man eine tolle Sicht auf die Skyline der Stadt hat. Ganz besonders von der Nanpu Bridge, die sich in einem abenteuerlichen Kreisel auf die „elevated road" herab dreht.

Shanghai ist auch ein wenig Yu Garden und Jing an Temple, allerdings nur ein bisschen, weil wir in Suzhou die wesentlich schöneren Gärten und authentischeren Tempel haben.

Shanghai ist Simply Thai. Unser Lieblingsrestaurant für thailändisches Essen. Gepflegt, gemütlich, großartiges Essen, im Sommer mit Garten. Wenn wir „Essen in Shanghai" sagen, weiß Mr. Li, wo er uns hinfahren muss.

Shanghai ist Carrefour. 90 Prozent der Dinge, die wir gerne essen oder trinken, bekommen wir in Suzhou, drei Prozent müssen wir aus Deutschland mitbringen und die anderen sieben Prozent gibt es in Shanghai. Hier leben viel mehr Expats, daher gibt es mehr westliche Waren, bei denen wir bei unseren Besuchen in Shanghai oft zuschlagen. Wussten Sie übrigens, dass 10.000 Deutsche im Großraum Shanghai leben?

Shanghai ist Fakemarket. Einmal waren wir dort auf der Rückreise von einem Winterurlaub. Kalt war es und ungemütlich, und es fühlte sich an wie ein Weihnachtsmarkt. Viele Buden, viele Stände, zwischendrin etwas zu essen und zu trinken. Und lauter nachgemachte Waren. Die Rolex für zehn Euro, die Gucci-Tasche für fünf, die Vans für zwei Euro oder Etienne Aigner für 20 Euro. Feilschen, handeln, lachen, schimpfen. Dann wird der Markt geschlossen, da er ja gegen internationales Handelsrecht und gegen Produktschutz verstößt. Ein neuer Markt macht auf. Am Eingang ein großes Schild, dass es verboten ist, nachgemachte Waren zu verkaufen und man sich an internationales Recht hält. Die Polizei patrouilliert und in Verkaufsständen hängen vorne keine Fakes aus. Wenn man jedoch nach einer Aigner-Jacke fragt, wird eine kleine Tür hinten im Stand geöffnet und die Fakejacken herausgeholt.

Shanghai ist Superbrandmall. Alle Läden, die man braucht. Im vierten Stock ist ein sehr guter Italiener mit der Eine-Million-Dollar-Aussicht auf den Huangpu-Fluss mit seinen Booten und auf die Häuser der alten Seite des Bunds, wunderbar angestrahlt.

Shanghai ist das Aquarium. Weltklasse zumindest zu unserer Zeit mit allen möglichen Meerestieren und einer Röhre, durch die man gehen kann und in der einem die Haie vor der Nase schwimmen.

Shanghai ist Century Park. Wer Asien hinter sich lassen will, geht in den Century Park, eine sehr moderne Grünanlage. Es ist alles sehr gepflegt, nicht überlaufen, sehr beruhigend und sehr schön.

Shanghai sind Jürgen, Maru, Matthias, Marie, Franz, Babara, Hans, Bärbel ... unsere Expat-Freunde.

Shanghai ist einfach toll und ein bisschen Zuhause.

**Teil 3
Abschied**

GESCHICHTE, DIE AUCH IN
DIE ZUKUNFT WEIST

Der Mensch neigt dazu, die Gegenwart auf die Zukunft und auf die Vergangenheit zu projizieren. Wenn heute etwas so ist, glaubt man, dass es früher genauso war. In meinem Kopf und vermutlich in vielen anderen Köpfen ist daher das Bild eines dominierenden, weiterentwickelten, überlegenen Westens und eines hinterherhinkenden, unterlegenen Ostens, sprich Asien (vielleicht mit Ausnahme von Japan), festgebrannt. Das ist wohl derzeit auch so, das muss aber nicht so bleiben, denn in der Vergangenheit war es nicht immer der Fall.

Auf unseren Reisen haben wir viel von der Geschichte Chinas kennengelernt, viele geschichtsträchtige Plätze besucht. Zufällig kaufte ich das Buch „Why The West Rules - For Now" von Ian Morris. Ein Buch, das viele Fragen beantwortet, die ich mir bei meinem Aufenthalt in Asien gestellt habe. Wie war die Entwicklung in Asien? Welche Verbindungen gab es zwischen West und Ost? Ist der Westen wirklich überlegen? Warum ist der Westen führend? War das schon immer so?

Ian Morris zieht die Trennlinie zwischen Ost und West entlang der sogenannten Movius-Linie. Zum Westen und seiner Entwicklung zählt er damit in der Geschichte Europa, Nordamerika aber auch Gebiete wie Mesopotamien und Ägypten. Der Osten entspricht im Wesentlichen den Bereichen des Fernost und der nördlich davon liegenden Gebiete und teilweise Zentralasien. Während im Westen die führenden Nationen oft wechselten, standen an der Spitze des Ostens fast ausschließlich China beziehungsweise dessen Vorgängerreiche. Der erste „Westler" ist der Neandertaler, der erste östliche Mensch ist der „Peking-Mensch". Als Messlatte für den Entwicklungsstand nimmt Ian Morris eine Kombination aus Energieverbrauch der Menschen in der jeweiligen Zeit und Region, den Stand der Urbanisierung und die Fähigkeiten bezüglich Informationsfluss und Kriegsführung. Diese so modern anmutenden Begriffe hatten auch vor zehntausend Jahren schon ihre Bedeutung. Über die genaue Trennlinie von Ost und West und über das Messsystem des Entwicklungsstandes lässt sich vermutlich trefflich streiten. Die Schlussfolgerungen, zu denen Ian Morris oder andere Wissenschaftler kommen, bilden jedoch sicher die Realität ab.

Die Zivilisation, wie wir sie kennen, begann 12.000 – 14.000 Jahre v. Chr. in Mesopotamien. Zivilisation heißt hier: Sesshaft werden, Anbau von Nahrungsmitteln, Viehwirtschaft. Genau dieselbe Entwicklung, nämlich der Schritt vom Jäger und Sammler zum Landwirt, erfolgte im Osten etwa 2000 Jahre später. Die Entfaltung der Zivilisation ging einher mit größeren Ansiedelungen, Ausbau der Landwirtschaft, Erweiterung der Viehwirtschaft, ausgeklügelten Bewässerungssysteme, stabileren Hausbauten, Herstellung von Schalen und Gefäßen und ausdrucksstärkeren Kunstgegenständen. Dieser Fortschritt fand parallel im Westen und im Osten statt, wobei der Westen seinen Vorsprung von rund 1000 Jahren zunächst behielt. Da es in der damaligen Zeit wohl kaum eine Verbindung und einen Austausch zwischen den zwei Welten gab, ist es für mich die erste erstaunliche Erkenntnis: Die Weiterentwicklung des Menschen verläuft bei ähnlichen klimatischen Bedingungen und äußeren Stimuli zwangsläufig gleich.

Die ersten Großreiche entstanden im Westen 3000 - 2000 v.Chr. mit Ägypten, Akkad und Babylon. Der Osten war noch nicht so weit. Ein paar Jahrhunderte vor Christi Geburt begannen sich die Entwicklungsstadien allerdings anzunähern. Im Westen waren erst Persien, Ägypten und dann vor allem Griechenland und Rom die führenden Nationen. Im Osten bildeten zunächst die Qin- und anschließend die Han-Dynastie die ersten geeinten Reiche. Der erste Qin-Kaiser war Qin Shi Huang, eben jener Herrscher, der sich die Terrakotta-Armee bauen ließ. Sieht man Skulpturen aus dem Römischen Reich oder aus Griechenland und vergleicht damit die Terrakotta-Soldaten aus der Qin-Dynastie, so erkennt man, dass diese von Menschen erschaffen wurden, die auf einer ähnlichen Entwicklungsstufe standen. Platos und Sokrates' philosophische Thesen entstanden zur fast selben Zeit wie die des Konfuzius im Osten.

Während der Zeit des Römischen Reiches erreichte der Westen ein lokales Maximum seiner Entwicklung, die in den Jahrhunderten nach Christi Geburt leicht zurückgeht und im Mittelalter stark absinkt. Als Gründe nennt Ian Morris dabei die Zerschlagung der Reiche durch Vandalengruppen, aber auch die Einengung der Gedanken und neuer Ideen durch die Religion spielt dabei eine Rolle. Zunächst gibt es auch im Osten kleinere Rückschritte, aber um 500 n. Chr. gelingt es dem Osten erstmals, den Westen entwicklungsmäßig zu überholen. Dies ist die Zeit, in der der Kaiserkanal in China gebaut wird, der die Hauptgebiete des Südens und Nordens verbindet und zu einer Ausweitung des Handels, der Kommunikation und des Wohlstands führt. Stimuli, die die Weiterentwicklung beschleunigen. Dieser Vorsprung des Ostens hält für rund 1000 Jahre an. War die größte Stadt der Welt um Christi Rom, so ist es um 800 n.Chr. Xian bzw. Chang 'an mit einer Million Einwohnern. Marco Polo lebte Ende des 13. Jahrhunderts etliche Jahre am Hofe des chinesischen Kaisers und durchreiste das Reich mehrmals. Nach seiner Rückkehr berichtete er über den hohen Entwicklungsstand in China, der den in Europa bei Weitem übertraf. Staatssystem, Wirtschaft, Kunst, soziales Zusammenleben waren deutlich weiter herausgebildet als im Westen.

Um 1700 mit dem Beginn der Kolonialisierung und des Handels mit Amerika änderte sich das Bild wieder. Der Westen holte auf und überholte den Osten schließlich erneut. Beim ersten „offiziellen" Zusammentreffen der beiden Welten im Rahmen der Kolonialisierung, war der Westen überlegen und unterjochte den Osten. Was wir momentan erleben, ist eine deutliche Annäherung der Entwicklungsstadien von Ost und West.

Mein Schwiegervater berichtete oft, wie man bei uns in den Fünfzigerjahren zu dritt oder viert auf dem Motorrad fuhr. Bilder, die man jetzt begeistert in Asien knipst und als exotisch empfindet. Der Tante-Emma-Laden war vor vierzig Jahren ein wichtiger Bestandteil unseres Viertels, so, wie es heute in China der Fall ist. Wir reden von einem Entwicklungsabstand von allenfalls ein paar Jahrzehnten, der bei der rasanten Entwicklung in China sicher bald aufgeholt sein wird. China ist eine Nation absolut auf Augenhöhe, auch wenn es natürlich im Inneren durch seine verschiedenen Bevölkerungsgruppen und unterschiedlichen Entwicklungsstände im Land, noch viele Aufgaben lösen muss.

China ist auf dem Weg zur Weltmacht, wenn es dort nicht sogar schon angekommen ist. Um Weltmacht zu sein, braucht man erstens die Möglichkeiten und Voraussetzungen und zweitens den Willen und den Anspruch, es zu sein. Amerika vereint beide Punkte. In Europa ist nur der erste Punkt, aber nicht der zweite gegeben. China besitzt schon klar aus seiner Historie und seinem Charakter heraus den zweiten Punkt (das verdeutlicht sich, wenn man mit den Menschen spricht), und ist auf dem besten Weg, auch den ersten Punkt zu erlangen. Die Zukunft verspricht, interessant zu werden.

DER ABSCHIED AUS CHINA

Drei Jahre sind wir jetzt in China. Über drei Jahre geht auch mein Auslandsvertrag. Die Fertigung ist aufgebaut. Sie läuft gut und erfolgreich. Sehr stolz sind wir, dass die Qualität unserer Produkte auf dem Niveau der deutschen Produktionen ist, teilweise sogar besser. Mit dem richtigen Konzept und der richtigen Motivation lässt sich also in China erstklassige Qualität herstellen. Mr. Zhu war mein erster Mitarbeiter, drei Jahre später sind allein im Fertigungsbereich über 500 Leute beschäftigt. Wir haben nicht nur den Anlauf, sondern auch bereits den ersten steilen Hochlauf bewältigt. Schaut man sich heute das Werk in Suzhou an, so „ist die Saat aufgegangen": Die Beschäftigung hat sich in den letzten Jahren fast verzehnfacht.

Nach dem erfolgreichen Start ist es das sicher richtige Ziel der Firma, die zahlreichen Expats der Initialphase nach und nach durch lokale Kräfte zu ersetzen. Dies hat vor allem auch wirtschaftliche Gründe. Unser Aufenthalt in Suzhou geht also zu Ende und es ist Zeit, sich neuen Ufern zuzuwenden. Dies ist das typische Los eines Expats, das im Übrigen unser soziales Umfeld in den letzten drei Jahren mit immer wieder wechselnden Bekanntschaften bestimmt hat. Gerade für die Kinder war es oft nicht einfach, wenn der beste Freund oder die beste Freundin auf einmal das Land verließen.

Wir haben uns in Suzhou sehr gut eingelebt, sind sogar heimisch geworden. Die Firma deshalb zu wechseln und hier bei einem anderen Arbeitgeber anzufangen, kommt mir trotzdem nicht in den Sinn. Da bin ich zu sehr deutsch. Bekannte aus anderen Nationen haben das tatsächlich gemacht. Sie kamen mit einer Firma und wechselten vor Ort zu einer anderen, ohne damit eine Rückkehr-garantie in ihre Heimat zu haben. Sehr mutig, aus meiner Sicht.

Ein paar Monate dauert es immer, bis die passende Anschluss-stelle gefunden ist. Es gibt Gespräche in Deutschland und in Asien und dann geht es wie üblich ganz schnell. Vor Weihnachten wird es konkreter, Anfang Januar fliege ich zum Orientation Trip und im Februar soll es schon losgehen in der neuen Stelle.

Wir bleiben in Asien, konkreter: in Südostasien. Wir werden nach Penang in Malaysia ziehen.

Die Entscheidung dafür kommt einstimmig aus dem Familien-rat. Wir alle haben uns in Asien bisher so wohl gefühlt, dass wir uns eine Verlängerung, wenn auch in einem anderen Land, gut vorstellen können. Nur einen Skiurlaub in Deutschland haben die Kinder als Zustimmungsvoraussetzung gefordert. Über die Weih-nachtsferien kommen wir dem selber gerne nach.

Wie bei uns geht das Schuljahr in Suzhou bis zum Sommer. Um den Wechsel nicht zu abrupt zu machen, beschließen wir, dass Anne und die Kinder noch bis Juni hierbleiben. Wir werden für vier Monate eine „innerasiatische" Fernbeziehung führen, das bedeutet monatliche Heimflüge für mich von Penang nach Suz-hou und Kurzferien der Familie bei mir in Malaysia. Die Firma stimmt zu, und so verteilen wir uns über Asien.

Es naht die Zeit der Abschiedsfeiern. Die erste ist die Verabschie-dung aus dem Werk. In einem meiner chinesischen Lieblingsrestau-rants haben wir einen großen Raum gemietet und feiern mit 80 Leu-ten Lebewohl. Es sind viele chinesische Kollegen und Expats dabei. Wunderbares Essen, ausreichend zu trinken, Reden und Abschieds-geschenke. Entsprechend der chinesischen Gepflogenheit gehe ich von Tisch zu Tisch und stoße mit jedem an. Das ist eine schöne Gelegenheit, mit jedem der Gäste nochmal ausführlich zu sprechen.

Denn das ist eins der Dinge, die ich in meinen drei Jahren in Chi-na wirklich bedauert habe. Wir haben privat keinen engeren Kontakt zu Chinesen knüpfen können, haben keine privaten chinesischen Freunde gewonnen. Der Hauptgrund dafür ist sicher die Sprachbarriere, jedoch auch unterschiedliche Lebensweisen und das soziale Umfeld spielten eine Rolle. Dass wir so vieles über das Leben in China erfahren haben, lag einmal an den engen Kontakten, die wir zu unseren beiden „guten Seelen" hatten, nämlich zu Mr. Li und unserer Ayi. Zum anderen waren es die Gespräche mit Mitarbeitern aus meiner näheren Umgebung, die mich an den Hoffnungen, Sorgen und Gedanken der Menschen, die hier leben, teilhaben ließen und mir so halfen, einiges, was ich sah, besser zu verstehen. Es war Mrs. Lu, die Tigerlady, die mir einmal erzählte, dass die Generation ihrer Eltern selbst in China als die verlorene Generation bezeichnet wird. In der Zeit von Mao musste sie sehr viel an ideologischer Heilsbotschaft erdulden und die Mehrheit der Menschen büßte dafür ihr persönliches Lebensglück oder sogar teilweise das Leben selber ein. Aber eben diese Eltern warnen ihre Kinder jetzt davor, das Pendel ganz auf die andere Seite schwingen zu lassen, nur noch dem persönlichen Vorteil beziehungsweise dem Wohlstand und dem Kommerz hinterherzulaufen und sich komplett von Werten loszusagen. Mrs. Lu war es auch, die auf einem Seminar auf die Aufforderung: „Nennen Sie ein Ereignis des letzten Jahres aus dem privaten Umfeld, das Sie besonders stolz und glücklich gemacht hat", antwortete: „Dass meine Tochter Klavierspielen gelernt hat." Daraufhin führte sie aus, wie sie die Tochter, trotz deren täglicher Belastung in einer der besten chinesischen Schulen, dazu bringen konnte, bis in die späte Nacht hinein zu üben und so das Instrument zu erlernen. Ein Sachverhalt, der uns Westler eher mit Mitleid für das Mädchen erfüllt und uns die Frage stellen lässt, wann das Kind denn spielen und seine Kindheit genießen kann. Dies sind eben die unterschiedlichen Sichtweisen auf die Ziele des Lebens. Es ist ein schönes Beispiel der immens großen Motivation der Chinesen, etwas zu erreichen und weiterzukommen.

Es ist schön, mit den Begleitern dieser letzten drei Jahre zu reden und zu spüren, dass die Bindung im Arbeitsalltag nicht nur rein sachlich, sondern auch emotional war. Emotionen spielen im chinesischen Arbeitsleben eine wichtige Rolle. Es tut ebenfalls gut, zu merken, dass meine Abreise ein wenig bedauert wird, genauso, wie ich diese Menschen und das Werk nur schweren Herzens verlasse.

Die Abschiedsparty mit Freunden und Bekannten aus dem privaten Umfeld feiern wir nach Leerräumen des Hauses und während meiner letzten Heimreise aus Penang nach Suzhou. Diesmal sind wir also an der Reihe. Abschiedsfeste zu feiern, gehört fast schon zur Routine des Expats, da man aufgrund der Vertragslaufzeiten quasi jährlich ein Drittel seiner sozialen Kontakte wechselt. Dennoch entstehen Freundschaften und Bekanntschaften, die sehr viel länger als die gemeinsame Zeit im Ausland halten. Es kommen Expats aus der Firma, mit denen wir uns privat gut verstanden hatten, Annes Freundinnen aus verschiedenen Kursen und aus dem Verein der Expatdamen, Eltern von Freunden unserer Kinder und die Truppe der „*Maiyou tai tai weeks*", diesmal mit „*Tai tai*".

40 bis 50 Leute. Der Grill glüht im wahrsten Sinn des Wortes. Viel essen, viel trinken, viele Erzählungen von gemeinsam erlebten Abenteuern, viele Gespräche, eine Pyramide aus Tiger-Bierdosen. Ein wunderschöner langer Abend und eine lange Nacht, die wieder den Abschied schwermacht.

Ein Essen noch in unserem aktuellen Lieblingsrestaurant (Fusionsküche mit chinesischen, japanischen und westlichen Einflüssen), und dann kommt der Moment, an dem ich wirklich merke, dass ich mein Zuhause in Suzhou verlasse. Ich verabschiede mich von unserer Ayi und von Herrn Li. Während der Kontakt zu Arbeitskollegen und Expatfreunden bestehen bleibt, werden diese beiden Personen unseres chinesischen Lebens verschwinden. Ich werde sie wirklich vermissen.

Der Rückweg nach Penang ist lang und vieles geht mir durch den Kopf, als ich im Auto auf dem Weg zum Flughafen Pudong sitze. Ziemlich genau vier Jahre ist es her, als ich mit Anne das erste Mal auf dieser Autobahn nach Suzhou im Rahmen unseres Orientation Trips fuhr. Nie hätte ich gedacht, dass eine Zeit von so unendlich vielen und nachhaltigen Eindrücken und Überraschungen vor mir liegen würde.

Eines der Dinge, die für mich am tiefsten nachwirken, ist die Diversität dieses Landes. Auf Menschenmassen und riesige Städte war ich eingestellt. Sehr überrascht hat mich die Vielfalt der Natur, die wir erlebten. Unglaublich schöne Gegenden haben wir in diesen drei Jahren gesehen, imposante Berge, herrliche Seen, bizarre Felsen, karge Wüsten. Niemals hätte ich gedacht, dass China so viele Naturwunder bereithält. Nicht nur die Natur, sondern auch die Kultur ist extrem vielseitig in diesem Land. Viele unterschiedliche Völker haben wir besucht und damit viele unterschiedliche Lebensweisen kennengelernt. Auch das hat uns sehr überrascht, da es in unserem Kopf doch nur den „einen" Chinesen gab. Stark beeindruckt hat mich die geschichtliche und kulturelle Tiefe, die uns begegnete. Im Westen sind meist nur die Zeit unter Mao, der derzeitige wirtschaftliche Aufschwung und vielleicht der Name Marco Polo gegenwärtig. Dass dieses Reich eine zu Europa absolut ebenbürtige, teilweise größere Geschichte und Kultur aufzuweisen hat, ist bislang nicht ins westliche Bewusstsein vorgedrungen. Die vielen Zeugnisse dieser reichhaltigen Kultur, die wir besichtigten und aus denen wir viel lernten, waren ein riesiger Gewinn für unsere Betrachtungsweise.

Ich bewundere die Schnelligkeit und die Dynamik des Lebens in China. In einer für uns unvorstellbar kurzen Zeit werden hier Gebäude errichtet, Autobahnen gebaut, Tunnel gegraben oder Firmen hochgezogen. Selbst in den drei Jahren, in denen wir in Suzhou lebten, hat sich so vieles geändert wie in Deutschland in einem ganzen Jahrzehnt nicht. Die Leistung, China in quasi 30 Jahren nach Mao auf dieses Niveau zu bringen, Millionen von Menschen über die Armutsgrenze zu heben, nötigt mir allerhöchsten Respekt ab. Natürlich gibt es in etlichen Dingen, wie zum Beispiel in der Freiheit der Meinungsäußerung, noch großen Nachholbedarf.

Vieles werde ich vermissen, wenn ich in mein Flugzeug steige. Das lebendige Chaos wird mir fehlen. Das Gewusel, die Fülle an Leben, egal, zu welcher Uhrzeit. Immer waren die Straßen und Städte voller Menschen, sodass man glauben konnte, Chinesen würden nie schlafen oder lebten in einem Schichtbetrieb. Die Geräusche, die Gerüche, auch die physische Nähe der Menschen untereinander. Das „Geht nicht, gibt`s nicht" und das „Es gibt immer einen Weg" wird mir fehlen und ganz besonders für jemanden, der aus Deutschland kommt, die Freundlichkeit, die Herzlichkeit und das Lachen der Chinesen. Das ist eine der schönsten Erinnerungen, die ich aus China mitnehme. Allerdings hoffe ich, diese Eigenschaften im nächsten asiatischen Land wiederzufinden.

Drei Jahre habe ich hier gelebt. Obwohl ich aus dem Westen komme und einen winzigen Beitrag zur Fortentwicklung einiger Menschen in Suzhou leistete, habe ich das Land sicher nicht geändert. China änderte mich als „guten" Deutschen dagegen sehr wohl.

Flexibler und spontaner bin ich geworden. Es war eine meiner Grundeigenschaften, alles weit im Voraus zu planen und dann zu versuchen, es auch entsprechend umzusetzen. In China habe ich gelernt, dass es einfach unrealistisch ist, so weit in die Zukunft zu blicken. So vieles kann passieren, so viele neue Chancen oder Risiken ergeben sich, dass eine sehr langfristige Zukunftsplanung nicht sinnvoll, ja, sogar Zeitverschwendung ist. Ich nehme mir immer noch Dinge vor, allerdings nur für Zeitspannen, die kalkulierbar sind, und ich bin flexibel genug geworden, auf Änderungen einzugehen. Einen meiner früheren Lieblingssätze: „Das haben wir aber doch so gesagt ...", hört man von mir deutlich seltener. Im Übrigen bleibt für mich eine langfristige Strategie zu haben und ihr zu folgen, weiterhin sehr wichtig. Auch hier können wir manches Mal von China lernen.

Meine Zeit in China hat mich vom Kleinstadt- zum Großstadtmenschen gemacht. Ein Leben in der Kleinstadt kann ich mir nicht mehr vorstellen. Ich, der Ruhe als eins der wichtigsten Güter ansah, brauche jetzt auf einmal Trubel, Geschäftigkeit und Leben. Die Welt der Beschaulichkeit ist mir zu eng. Selbst Verhandeln liebe ich nun. War dies früher für mich ein Graus und immer mit dem Gefühl verbunden, dass ich dem Gegenüber widerspreche oder ihm etwas vorenthalte, was ihm zusteht, habe ich es jetzt als eine Art sportlichen Wettkampf entdeckt, der im Kleinen tägliche Erfolgserlebnisse und Glücksgefühle generieren kann. Die Meisterschaft meiner Frau werde ich dabei allerdings nie erreichen.

Ich denke und bin wesentlich internationaler. Früher war ich stolzer Bayer. Dann reiste ich in die Welt hinaus und war irgendwann mal Deutscher. Nach drei Jahren Leben China bin ich Europäer. In Suzhous sozialen Kreisen gibt es die Amerikaner, die Chinesen, die anderen Asiaten und die Europäer. Ich merke, dass mir ihr Denken, ihr Handeln, ihre Werte am Nächsten sind, mir jedoch auch die Unterschiede zwischen Deutschen, Franzosen, Briten und so weiter gefallen. Deshalb fühle ich mich als Europäer. Amerika ist die führende Nation auf diesem Globus. Mit 60 Prozent der Weltbevölkerung und der derzeitigen Entwicklung ist Asien inzwischen eine Welt für sich selbst. Das Leben im Ausland zeigt, dass nur ein vereintes Europa imstande ist, irgendetwas in dieser Welt mit zu beeinflussen. Nur ein vereintes Europa mit ca. zehn Prozent der Weltbevölkerung kann seine Werte einbringen. Dass in dieser Welt jemand auf ein kleines Deutschland, Frankreich oder Großbritannien hört, ist illusorisch. Warum sollte man?

Vieles in Deutschland habe ich erst verstanden, nachdem ich in China gesehen habe, dass es dort genauso oder eben ganz anders ist. Warum es den Tante-Emma-Laden gibt, weiß ich jetzt. Wie sich das Leben mit fortschreitender Mobilität verändert, ist mir nun klar. Dass die Menschen mindestens einmal im Jahr mit ihrer Familie zusammenkommen möchten, scheint überall gleich zu sein, egal, ob man es Weihnachten oder Chinese New Year nennt. Dass eine Gruppe von Menschen einen Versammlungsort benötigt, ob als Tempel, Kirche, Langhaus oder Dorfkneipe, ist ebenfalls eine Erkenntnis. Der Weg von den manuellen Arbeitsplätzen zur Automatisierung ist über wachsenden Wohlstand vorgegeben und was Demokratie wirklich bedeutet und was es bedarf, damit sie die richtige Regierungsform ist, auch das habe ich erlebt.

China war das am deutlichsten „andere" Land, in dem ich je gelebt habe. Viele fremde Länder habe ich besucht, aber ich war noch an keinem Platz, an dem nicht nur die Sprache, sondern auch die Gedankengänge so ganz anders waren. Nicht zu verstehen, was der andere eigentlich meint, obwohl er Englisch spricht, ist mir nur hier widerfahren. Das führt schließlich dazu, die eigenen Denkmuster zu hinterfragen. Und noch etwas erkennt man: Bei aller Unterschiedlichkeit sind die Menschen doch überall gleich. Die Freude an den eigenen Kindern, der Spaß am gemeinsamen Feiern, der Wunsch, es im Leben ein wenig besser als früher zu haben, ja selbst die Vorurteile, dass Frauen gerne einkaufen und Männer nicht, all das ist gleich, obwohl wir so verschieden leben.

Unglaublich viel haben wir erlebt. Nie war es langweilig. Oft war es anstrengend, oft gingen uns „die Chinesen" auf den Geist, immer drängelten sie, waren laut und aufdringlich. Immer hatte man das Gefühl, dass einer etwas von einem will. Oft glaubte man, über den Tisch gezogen werden. Aber: Man kann nur lieben, was auch mal „kratzt". Die Freundlichkeit, die Diversität des Landes, die Größe der Natur und Kultur, ich habe die Chinesen in mein Herz geschlossen und das Leben in Suzhou und China geliebt.

Und was lernen wir aus alledem? Ich kann nur empfehlen, hinaus in die Welt zu gehen, wenn sich einem die Möglichkeit bietet. Nehmen Sie die Kinder mit, wenn es geht. Es wird nicht immer leicht und ist oft nicht so gemütlich wie zu Hause. Aber es gibt viel zu lernen und man hat die Chance, als gereifter und global denkender Mensch mit einer erweiterten Persönlichkeit zurückzukehren.

DANK

Ich danke meiner Frau und meinen Kindern, die mir diese so eindrucksvollen Jahre ermöglicht haben. Ohne Euch wäre es nicht mal annähernd so schön gewesen.

LITERATUR

- Ian Morris, „Why the West Rules – for now"
  2011, Profile Books LTD
- Stefan Lose Travel Handbücher „China"
  2006, DuMont Reiseverlag
- „Traumstrassen China"
  2000, Südwest Verlag

Bibliografische Information der Deutschen Nationalbibliothek:
Die Deutsche Nationalbibliothek verzeichnet diese Publikation in der
Deutschen Nationalbibliografie; detaillierte bibliografische Daten sind
im Internet über dnb.dnb.de abrufbar.

Deutsche Erstausgabe Dezember 2017
2. Auflage März 2018
Copyright © 2017 Christian Scherf
Kitzbühler Weg 7
70469 Stuttgart
Covergestaltung: Thorsten Jurai
www.tomjay.de
Lektorat: Anke Höhl-Kayser
www.textehexe.com
Herstellung und Verlag:
BoD – Books on Demand, Norderstedt
Printed in Germany
ISBN: 978-3-746-02863-7